제2판

읽기 교육 이론의 새로운 지평

심리학, 언어학, 교육학의 학제적 접근과 실제

Diane H. Tracey · Lesley Mandel Morrow 지음
박태호 · 이경화 · 이향근 · 안부영 · 최민영 옮김

아카데미프레스

Lenses on Reading: An Introduction to Theories and Models, 2/E
by Diane H. Tracey, Lesley Mandel Morrow

역자 서문

읽기란 독자가 일정한 상황(독서 상황 변인)에서, 필자가 구성해 놓은 의미를 재구성하기 위하여 독자 자신의 사전 경험(독자 변인)과 필자가 제시한 단서(텍스트 변인)를 상호 보완적으로 활용하는 과정이다(박영목, 1996). 독자 변인이 독서 행위의 주체(개별 독자, 소집단 독자, 담화 공동체)와 독서 행위의 심리적 과정(독자의 배경 지식, 인지 발달, 언어 숙달도)에 관한 것이라면, 텍스트 변인은 주체가 글을 읽는 대상 즉 텍스트의 언어적 요인(어휘, 문장, 통사, 화용의 차원)과 텍스트의 수사 구조 등에 관한 것이며, 상황 변인은 읽기 행위의 주체와 주체 주변의 동료, 담화 공동체와의 사회적 상호 작용, 주체의 읽기 행위에 영향을 미치는 해석 공동체의 읽기 관습과 규범 등에 관한 것이다. 이처럼 독자, 텍스트, 맥락은 읽기 현상을 구성하는 요소이며, 읽기 행위는 이 세 요소들 간의 유기적 상호 작용의 과정이라고 말할 수 있다. 따라서 읽기 현상을 체계적으로 이해하기 위해서는 독자, 맥락, 텍스트를 분리된 관점이 아닌 통합된 관점에서 파악해야 한다.

1990년대 초반 이후 발간된 읽기 교육 관련 연구물이나 단행본들은 주로 구성주의의 연구 성과를 바탕으로 읽기 과정, 읽기 모형 및 전략에 초점을 맞추어 연구를 진행하였거나 인지 처리 이론의 연구 성과를 바탕으로 상향식 모형, 하향식 모형, 상호 작용식 및 상호 보완식 모형 등의 모형 중심의 읽기 교육 연구를 진행하였다. 그동안 이러한 연구물들은 읽기 교육 발전에 큰 기여를 하였다. 그러나 주로 구성주의와 인지 처리 이론의 연구 성과에만 초점을 맞추었기에 행동주의 심리학(1900년~1950년), 사회 학습 이론(1960년~현재), 문식성 발달 이론(1930년~현재) 등이 읽기 교육에 미친 다양한 영향을 반영하지 못한 한계를 지닌다. 이제는 읽기 교육 현상을 보다 다양한 관점에서 총체적으로 해석할 수 있는 담론을 모색할 때이다.

읽기 교육 현상을 구성하는 독자와 텍스트 및 맥락 요인을 보다 총체적으로 해석할 수 있는 이론적 기반을 소개한 책이 바로 Diane H. Tracey와 Lesley Mandel Morrow가 공동 저술한 『Lenses On Reading』이다. 이 책에서는 1920년대부터 진행된 읽기 교육 관련 논의를 시간 순서에 따라 소개하고 있다. 제1장에서는 이론과 모형의 개념 및 연구 경향을 설명하였고, 제2장에서는 초창기 읽기 이론의 학문적 기반을 심성 도야 이론, 연합주의, 계발 이론, 구조주의 등으로 구분하여 살펴보았다. 제3장에서는 행동주의 심리학(1900년~1950년)과 읽기 및 교육 이론의 관계를 고전적 조건 형성 이론, 연결주의, 조작적 조건 형성 이론으로 구분하여 소개하였다. 제4장에서는 구성주의(1920년~현재)와 읽기 및 교육 이론의 관계를 탐구 학습, 스키마 이론, 교류/독자 반응 이론, 심리언어학과 총체적 언어 이론, 초인지 이론, 몰입 이론으로 구분하여 탐색하였다. 제5장에서는 문식성 발달 이론(1930년~현재)과 읽기 및 교육 이론의 관계를 인지 발달 이론, 성숙 이론, 문식성 발달 이론, 읽기 발달 단계 모형, 발생론적 문식성 이론, 가족 문식성 이론으로 구분하여 탐색하였다. 제6장에서는 사회 학습 이론(1960년~현재)과 읽기 및 교육 이론의 관계를 사회언어학, 사회 문화 이론, 사회 구성주의, 사회적 학습 이론, 비판적 문식성 이론, 제3의 공간 이론으로 구분하여 탐색하였다. 제7장에서는 인지 과정 이론(1950년~현재)과 읽기 및 교육 이론의 관계를 정보 처리 이론, Gough의 모형, 자동 정보 처리 모형, 상호 작용식 모형, 상호 보완식 모형, 음운 차이 인식 모형, 평행 분산 처리 모형, 이중 경로 모형, 이중 결함 가설 모형, 신경 과학의 연구 등으로 구분하여 탐색하였다.

이 책이 나오기까지 많은 분의 도움이 있었다. 그 중에서 특히 이 책의 편집을 맡아 열과 성을 다한 아카데미프레스의 편집 위원과 어려운 출판 여건에서도 이 책이 세상에 나올 수 있도록 도움을 주신 아카데미프레스 대표께도 감사의 마음을 전한다.

2015년 6월 10일

저자 소개

교육학 박사인 Diane H. Tracey는 Kean 대학교의 교육학부 부교수로 재직하면서 대학원에서 읽기 교육을 강의하고 있다. 아울러 New Jersey 교육청의 읽기와 쓰기 교육 분야 및 교육용 소프트웨어와 상업용 출판물 분야의 자문위원이기도 하다. Tracey 박사는 주로 읽기와 쓰기 학업성취도 관련 분야를 연구하였고, 지역이나 주 그리고 국가 교육위원회 및 학회에서 왕성하게 활동하였다. 현재 읽기와 쓰기 연구소의 대표이자 「Journal of School Connection」의 공동 편집장 및 「Journal of Literacy Research」, 「The Reading Teacher」, 「The National Reading Conference Yearbook」의 편집위원으로 활발히 활동하고 있으며, 과거에는 「International Reading Association」의 매체 분과 위원장을 역임하였다. 이 공로를 인정받아 2010년에는 Kean 대학교의 우수 학자로 선정되었다. Tracey 박사는 대학에서 근무하기 전에는 유치원에서 학생들을 가르쳤고, 어린이의 읽기 부진 요인을 연구하는 국가 수준의 프로젝트에 공동 연구원으로도 참여하였다.

철학 박사인 Lesley Mandel Morrow는 현재 New Jersey 주립대학교(일명 러커스 대학교) 교육대학원 교수로 재직 중이고, 과거에는 읽기 교육 전문가로 활동하였다. Morrow 박사는 주로 초기 읽기와 쓰기 분야를 연구하였고, 언어교육 프로그램을 개발하여 적용하였다. 저서, 논문, 편저 등을 포함하면 관련 연구물이 약 300편을 넘고, 국가 수준의 연구를 지속적으로 수행하고 있으며, 일부 연구에서는 연구 책임자로 프로젝트를 수행하였다. 이 공로를 인정받아 New Jersey 주립대학교의 연구, 교육, 봉사 부문의 우수 교수로 선정되었고, 최고의 읽기 교사 교육 전문가 상을 수상하기도 하였으며, IRA(International Reading Association)에서 주관한 읽기 교육 및 연구 분야의 최고 권위자로 선정되기도 하였다. 한편, Fordham 대학 동문회상을 수상하였고, 읽기와 쓰기 연구 학회로부터는 Oacar Causey 상을 수상하였다. 과거에는 IRA와 읽기 명예의 전당(Reading Hall of Fame)의 회장을 역임하였다.

감사의 글

이 책이 나오기까지 많은 지원과 도움을 아끼지 않은 학교와 학생, 가족 그리고 친구들에게 감사의 마음을 전한다. 특히, 위대한 편집자이자 동료였고 친구였던 Chris Jennison의 발자취를 잇고 있는 Guilford 출판사의 Craig Thomas에게도 진심으로 감사한 마음을 전한다. 우리는 또한 이 책을 새롭게 출판할 수 있도록 많은 조언과 도움을 아끼지 않은 읽기와 쓰기 교육 분야의 학문 공동체 구성원들에게도 진심으로 감사의 마음을 전한다. 끝으로 이 책의 초판을 출간한 후 지난 5년 동안 우리에게 지도 조언과 격려를 아끼지 않은 Michael Pressley의 사랑을 잊을 수 없다. 다시 한 번 감사의 마음을 전한다.

Diane H. Tracey의 감사의 글

이 책을 집필하는 동안 사랑과 격려를 아끼지 않은 나의 가족과 친구에게 감사의 말을 전한다. 먼저 사랑하는 남편 Stephen에게 고맙고 사랑한다는 말을 전하고 싶다. 나와 딸을 위해 헌신을 하였고, 덕분에 우리가 꿈꾸던 행복한 가정을 이룰 수 있었다. 사랑하는 딸 Julia와 Katite에게도 고맙다는 말을 전한다. 아이들은 내 삶의 등불이었고 희망이었다. 그리고 사랑하는 나의 부모님과 시댁 식구들, 나의 친구들에게도 감사의 말을 전한다.

Lesley Mandel Morrow의 감사의 글

먼저 나의 가족에게 고맙고 감사하다는 말을 전한다. 사랑하는 남편 Frank Morrow, 사랑하는 딸 Stephanie, 사랑하는 아들 Doug Bushell의 사랑과 격려가 큰 힘이 되었다. 사랑하는 나의 손자와 손녀 James와 Natalie가 있어 더욱 행복했다. 특히 이 책의 초반부에 James와 Natalie를 사례로 제시하기도 하였다. 내 앞에서 재롱을 떨던 손자와 손녀는 내 삶의 신선한 산소였고, 그로 인해 나는 행복했다. 내 연구를 도와준 대학원생들에게도 감사의 마음을 전한다. 러커스 대학의 교수로 재직하면서 학생들을 가르쳤고 동시에 나도 성장할 수 있었던 것은 내게 큰 행운이었다. 최고의 대학교에서 최고의 학생들을 가르치면서 교수로서 경력을 쌓을 수 있었던 것은 내 삶의 큰 기쁨이었다. 끝으로 Diane H. Tracey에게도 감사의 말을 전한다. 읽기 교육에 대한 학문적 역량을 구비하고 있었기에 이 분야의 최초의 읽기 교육 관련 이론서를 기획하여 출간할 수 있었고, 나도 공저자로서 참여할 수 있었다.

저자 서문

『Lenses on Reading: An Introduction to Theories and Models』(Second Edition)은 문식성(literacy) 학습의 읽기 요소에 관한 주요 이론과 모형을 정리한 개론서이다. 이 책의 목표는 읽기 과정 및 읽기 교육과 관련된 핵심 이론과 모형을 정리하고, 이것이 교육 연구와 실천에 주는 교육적 시사점을 살펴보는 것이다. 아울러 읽기 교사들에게는 읽기 교육 이론과 모형에 대한 이해를 바탕으로 자신의 읽기 교육 능력을 점검하고 신장시키도록 돕고, 읽기 연구자들에게는 읽기 교육에 대한 이론 체계를 바탕으로 자신의 연구를 성찰하도록 돕는 것이 이 책의 집필 이유이다. 이러한 점에서 이 책은 '읽기 이론의 학문적 기반', '읽기 심리학', '읽기 연구 및 세미나' 등의 대학원 강좌 교재로 활용될 수 있고, 교실 수업 개선을 위한 전공 서적으로도 활용될 수도 있다.

이 책의 핵심 주제 및 주요 특징

이 책의 핵심 주제는 '삶의 상황을 다양한 관점과 시각에서 볼 수 있다'는 것이다. 즉, 특정 개인이 이 세상을 보다 다양한 시각에서 바라볼수록 그만큼 더 유연하게, 궁극적으로는 보다 효과적으로 세상을 이해하고, 관련 사태에 적절히 대응하며, 타인과 소통할 수 있을 것이다. 이러한 생각을 문식성 학습에 적용하면, 교육자가 읽기 과정과 읽기 지도를 다양한 시각에서 연구할수록 문식성 개발에 대해 보다 폭넓게 이해할 수 있고, 보다 체계적이고 효과적이며 종합적으로 설명할 수 있다. 읽기 이론과 모형에 대해 알고, 그것이 교육 연구 및 실천에 주는 시사점을 이해하면, 교사는 읽기 교육 현상을 체계적으로 이해하고, 보다 효과적으로 대처할 수 있다. 이처럼 교사를 정보를 갖춘 의사 결정자로 개념화하는 것은 대표적인 문식성 교육(Pressley, Allington, Wharton-McDonald, Block, & Morrow, 2001)과 일치한다. 연구를 계획할 때, 이론과 모형 및 전략을 알고 활용하면 해당 연구의 교육적 가치가 상당히 높아진다(Creswell, 2002). 따라서 이 책의 첫 번째 특징은 읽기를 지도하고 읽기 연구의 기틀을 잡을 때, 읽기를 다양한 관점으로 파악하는 것의 중요성을 강조하는 철학적 지향성이다.

이 책의 두 번째 특징은 읽기 이론 및 모형을 개론서 방식으로 소개한 책의 구성 방식이다. 때문에 독자 개개인의 이론적 기반이나 배경지식은 고려하지 않았다. 이 책에서는 각 장에서 읽기 이론 및 모형과 관련된 특별한 개념과 용어를 정의하고, 관련된 하위 요소 및 영역들 간의 연결 관계를 살펴보고 있다. 이 책은 고급 문식성 연구자들과 이를 지도하는 교사들을 대상으로 한 책이라기보다는 읽기 교육 및 연구에 입문하는 예비 전문가들을 대상으로 한 책이다.

이 책의 세 번째 특징은 '교실에 적용하기(classroom application)'와 '연구에 적용하기(research application)'에 대한 내용(2~7장)이다. '교실에 적용하기' 부분에서는 각 이론이나 모형을 실제 수업에 적용한 실천 사례와 개인적인 경험을 소개한다. 아울러 읽기 관련 대학원 강좌를 수강하고 있는 현직 교사들의 생각도 소개하고 있다. '연구에 적용하기' 부분에서는 각 이론이나 모형을 적용한 연구 주제들을 제시한다. 또한, 다수의 이론 및 모형을 적용한 표본 조사 연구도 소개한다.

내용의 범위와 순서

이 책에서는 읽기 이론과 모형들을 역사적으로 살펴보고, 이들 이론과 모형이 읽기 교육과 연구에 주는 함의들을 제시한다. 이때, 이론과 모형은 가급적 시간 순서에 따라 제시한다. 왜냐하면, 각 이론을 장 제목에 명확하게 밝히고 그것의 등장 시기까지는 제시했지만, 소개된 이론과 모형이 시대별로 시간 순서에 따라 명확하게 등장하고 소멸한 것은 아니기 때문이다. 연대순으로 봤을 때 이들이 명확한 시간 순서에 따라 등장했다고 볼 수 없으며, 오히려 등장 시기가 서로 중복되거나 상호 영향을 미치기도 한다. 또한, 관련 연구물과 저서가 읽기뿐만 아니라 심리학, 교육학, 사회학 등 다양한 학문과 함께 성장하고 퇴보하였다. 즉, 읽기 과정과 교육에 영향을 미친 인접 학문의 연구 경향과 결과가 상호 복합적이며 영향을 미친다는 것이다. 그러나 이 책에서는 준역사적 관점에서 가장 영향력이 컸던 읽기 교육 이론과 연구물을 시간 순서에 따라 정리하였고, 대략적 시기를 고려하여 각 장을 배열하였다. 이런 방식의 장 구성이 과거 수백 년간 연구되어 온 다양한 읽기 이론들을 제대로 이해하고, 출현 시점까지도 이해하는 데 도움이 되길 바란다. 아울러, 책의 말미에는 참고 자료 두 가지를 수록하였다. 부록 A에는 본문에서 논의한 모든 이론과 모형들을 연대순으로 정리하였다. 부록 B에는 개별 이론과 모형들을 대표하는 실천 사례들을 정리하였다.

읽기라는 주제는 다양한 맥락 내에 자리한다. 하지만 이러한 맥락들과 관련이 있는 모든 이론과 모형들을 조사하여 제시하는 것은 사실상 불가능하다. 저자들은 총론서(모든 것을 포함시킨 책) 발간을 의도한 것이 아니다. 21세기의 읽기 전공생, 읽기 교육 실무자, 읽기 연구자들에게 다양한 정보를 제공하기 위해 읽기와 가장 연관성 높다고 판단되는 인접 학문의 이론과 모형들을 제시하였다. 이 책의 범위를 규정하는 데 있어 무엇을 포함시키고 무엇을 제외할 것인가에 대해서는 명확하게 선을 긋지 않았다. 책을 쓰기 전에 다양한 이론과 모형들을 다수 살펴보았으며, 저자들이 의도한 대로 독자들에게 가장 의미 있다고 판단되는 이론과 모형을 신중하게 선정하였다. 이론과 모형을 선정할 때에는 특정 이론이나 모형의 수업 실천 가능성에 초점을 맞추었으며, 읽기 연구의 계획에 유용한 이론과 모형들도 포함시켰다. 여타 연구 서적처럼, 편집자의 수고와 동료들의 진지한 검토, 저자들 간의 수많은 토의를 거쳐 이 책이 탄생하였다. 이처럼 많은 사람이 최선의 노력을 기울였음에도 이 주제와 연관이 있고 중요한 이론들 중에 저자들이 미처 생각하지 못해 빠뜨린 이론과 모형들이 있을 수 있다. 향후 발표될 연구의 질을 높이는 데 유익한 생각이나 아이디어가 있는 독자들은 저자들에게 연락해 주기 바란다.

이 책에서는 개별 이론과 모형을 수업 활동, 개인적 경험담, 관련 연구 방향 제언 등과 연결하여 기술하였다. 이를 활용하면 다양한 이론들을 설명할 수 있다. 예를 들면, 읽기에 앞서 학생들과 브레인스토밍하면서 생각 그물을 만드는 지도 방법은 연합주의(Associationism), 연결주의(Connectionism), 스키마 이론(Schema Theory)을 적용한 수업 활동의 예로 제시하였다. 따라서 이 책을 읽을 때에는 다양한 이론에 대해 개방적이고 유연한 관점을 갖는 것이 필요하다. 이 책은 독자로 하여금 하나의 수업 실천 사례에 담긴 다양한 이론들을 식별하는 눈을 키워 줌으로써 독자들의 전문적인 식견을 넓혀 주면서 동시에 문식성 교육에 반영된 다양한 관점들을 통합적으로 바라보는 능력을 향상시키고자 한다.

2판의 새로운 특징

『Lenses on Reading: An Introduction to Theories and Models』 2판의 구성은 대체로 1판과 유사하다. 2판에서는 각 장에 제시한 이론의 유형을 줄이는 대신에 보편적으로 알려진 이론들을 보다 심도 있게 다루었다. 특히, 1판에서는 인지 처리 관련 이론들을 세 개의 장에 나눠서 제시했지만, 2판에서 한 개의 장에 모두 모은 것도 이러한 의도에서였다. 인지 처리 이론을 세 개의 장에 분산시키는 대신 한 개의 장에 모아서 정리함으로써, 독자들이 다양한 이론적 관점들에 대한 균형 잡힌 시각을 갖는 데 도움을 주고자 했다. 또한, 일부 새로운 이론과 이론가를 추가하였다. 예를 들면, 제3의 공간 이론(Third Space Theory, Legevre, 1991)을 '사회 학습 관점'을 다루는 6장에 추가하였다. 마찬가지로 Bakhtin(1981)과 Bourdieu(1991)의 관점도 추가하였다. 제3의 공간 이론은 새롭게 부각되는 이론으로서 최근 그 비중이 점차 높아지고 있다.

그리고 선별한 이론가들의 사진도 함께 수록하였다. 독자들이 여러 이론가들의 연구에 대해 읽으면서 인지적으로 경험하고, 그들의 사진을 보면서 시각적 경험도 즐기길 바란다.

『Lenses on Reading』의 2판에서 각 장들은 영어 학습자(ELLs)와 정보기술 활용(technology-enriched) 문식성 지도와 관련된 수업 활용 아이디어에 대해서도 다룬다. 1판에서 제시했던 전통적인 문식성 지도에 대한 수업 활용 아이디어들은 그대로 유지하면서, 새로 추가된 영어 학습자와 정보기술을 활용한 문식성 지도 아이디어를 통해 독자들이 많은 시사점을 얻길 기대한다.

끝으로, 전체적으로 인용과 참고문헌을 가능한 경우마다 추가 수록하였다.

맺는말

광범위한 내용을 다루고 있는 이 책의 목적은 읽기 지도와 읽기 연구에 영향을 미치는 주요 이론과 모형을 소개하고 개관하는 것이다. 따라서 R. Murray Thomas(1996)가 일반 교육 이론에 관한 그의 저서에서 말했듯이, "이 책의 목표는 가이드를 동반한 3주간의 유럽 여행처럼 가이드를 동반한 3주간의 읽기 및 읽기 교육 이론 여행이라고 볼 수 있다"(p.xv). 독자는 이 책이 개론서임을 주지하고 읽어야 하며, 개별 주제들에 대해 보다 깊이 이해하기 위해서는 참고문헌을 추가적으로 찾아서 읽길 당부한다. 사실, 전부는 아니지만 이 책에서 소개한 대부분의 주제들은 그 자체만으로도 몇 권의 책을 쓸 수 있는 것들이다.

정리하면, 이 책은 이야기를 들려주는 것이 목적이다. 즉, 이론과 모형의 이론적 기반을 탐구하고, 이러한 인접 학문의 이론들이 읽기 과정, 읽기 지도, 읽기 연구에 미친 영향을 준역사적으로 살펴보고자 한다. 이 책을 읽는 독자가 읽기 교육 이론에 대한 시간 여행을 하면서 읽기 교육에 대한 사고를 확장시키고, 읽기 교육 현상을 균형 잡힌 관점으로 살펴보며, 읽기 교육과 관련된 배경 지식을 체계적 습득하기를 기대한다.

차 례

Chapter 1

이론과 모형 소개

(기원전 400~1899)

읽기 전에 함께 생각할 문제들

- 이론이란 무엇인가?
- 알고 있는 이론의 유형은 무엇인가?
- 교육 분야에서 '이론'이란 용어는 어떻게 사용되는가?
- 교육 활동에서 이론이 중요한 까닭은 무엇인가?
- 교육관련 연구에서 이론이 중요한 까닭은 무엇인가?
- 이론과 모형은 어떤 점에서 비슷한가?
- 읽기 분야뿐만 아니라 인접 학문의 이론을 살펴보는 것은 어떤 점에서 도움이 되는가?

예쁜 얼굴의 말이 없는 8살 사라(Sara)는 모든 시선이 자신을 향해 있다는 것을 알고서는 불편한듯 의자에서 꿈틀거렸다. 사라는 책을 뚫어지게 쳐다볼 뿐, 읽지는 못하였다. 그 시간이 길어지자 반 친구들은 더 이상 참지 못하고, 자신들이 읽겠다고 서로 말하기 시작하였다. "사라가 읽을 때까지 좀 더 기다려 보자."라고 말은 하지만 고민스럽기는 선생님도 마찬가지였다. 사라가 책을 읽도록 요구를 한 것은 잘못된 것인가? 왜 사라는 또래 아이들에 비해 읽기 능력이 떨어지는 것일까? 사라의 읽기 능력을 향상시키려면 어떻게 해야 할까?

미국뿐만 아니라 전 세계에서 어디에서나 흔히 볼 수 있는 이 장면은 읽기를 가르치는 교사라면 누구나 겪을 수 있는 문제 상황이다. 읽기 교사들은 읽기 능력이 부족한 학생들을 효율적으로 지도하는 방법을 알고 싶어한다. 물론 읽기 능력이 우수한 학생들의 읽기 능력을 더 계발시키기 위한 방법 또한 찾고 싶어한다. 대체로 많은 교사들이 학생들의 읽기와 쓰기 능력을 발달시키기 위해 활용이 가능한 모든 자료와 전략들을 사용한다. 여기에는 학교에서 구매한 읽기 프로그램, 교사들이 개인적으로 수집한 보충지도 자료, 회의와 워크숍에서 얻은 각종 아이디어, 전공서에 소개된 교육 방법, 인터넷에서 내려받은 자료, 동료들의 조언 등이 해당된다. 훌륭한 교사는 학생들의 읽기 능력을 향상시키기 위해 가능한 모든 노력을 다한다. 그럼에도 불구하고 읽기 능력이 향상되지 않으면, 교사는 읽기 연구회나 학회 등 각종 모임에서 도움을 얻을 수 있다.

이 책에서 소개하고 있는 대표적 읽기 수업 이론과 평가에 대한 교사, 읽기 전문가, 읽기 연구자들의 다양한 논의는 학습자들의 읽기 능력 향상에 도움이 될 것이다. 하지만 여기서 생각해 볼 것이 전문가 집단은 주로 이론을 바탕으로 읽기 수업을 연구한다는 점이다. 그러나 대부분의 교사들은 교육 활동을 하기 위해 이론을 먼저 생각하지는 않는다. 사실, 지금 하고 있는 교육 활동이 어떤 이론에 근거한 것인지 말할 수 있는 교사도 드물다. 또한 지금 어떤 이론에 관심을 가지고 있는지를 말할 수 있는 교사도 없다. 지난 10년 동안 '이론'이란 용어는 그것을 꼭 알아야 하는 '상아탑' 안 학자들의 전유물이었다.

이 책은 교사들이 읽기 수업과 관련된 이론들을 이해하고 교실 수업에 적용하는 방법을 아는 것이 읽기 수업과 읽기 연구 양쪽 모두를 발전시키는 것임을 알게 하는 데 목적이 있다. 이 책은 읽기의 과정과 발달을 이해하는 데 필요한 전반적인 이론을 담고 있다. 읽기 과정과 발달에 기초한 지도법이 읽기 수업 개선에 도움이 되기 때문이다.

이론이란 무엇인가: 이론에 대한 일반적 정의

『American Heritage Dictionary』(2007)에 의하면, 이론은 '특히 반복적으로 평가를 받거나 폭넓게 받아들여지는 사실 혹은 현상을 설명하기 위해 고안된 진술 또는 원리'를 말한다(p.1429). 보통 광범위한 연구에 기초한 자료와 그것에 대한 설명이 여러 사람들의 지지를 받게 되면 하나의 신념으로 굳어지는데 이것이 이론이다. 이론 중에서도 확고한 것은 오랜 기간의 연구를 거쳐 그것을 확인하고 토론하는 과정을 통해 정립된다. Mertens(2010)는 "이론은 개념들 간의 연관에 기초한 체계적인 구성이지만 패러다임보다는 그 범위가 더 제한적이다"(p.8)라고 설명한다.

삶에서 일어나는 모든 현상을 기술하기 위해 수많은 이론들이 정립되었다. 그 중의 하나가 인간의 기원에 관한 이론이다. 대표적인 이론 중의 하나가 하나님이 아담과 이브를 통해 순식간에 인간을 창조하였다는 성서의 내용이고, 우리는 이것을 '창조론'이라고 한다. 이와 달리 인간이 낮은 단계의 종으로부터 오랜 기간에 걸쳐 점진적 단계를 거쳐 생물학적으로 진화하였다고 주장하는 진화론이 있다. 대체로 많은 사람들이 이 두 가지 이론 중에서 하나의 이론에 동의한다.

이론은 현재 혹은 미래에 일어날지도 모르는 일을 이해하는 데 도움이 된다. 예를 들어 어떤 사람이 질병에 걸렸을 때 그것의 원인을 종교에서 찾아 '그럴 만하였다' 혹은 '그럴 만한 이유가 있다'고 생각할 수도 있지만, 유전적 성향, 세균에 의한 감염, 영양 섭취와의 연관성, 정신과 육체의 관계 등처럼 생물학적 요인에서 질병의 원인을 찾을 수도 있다. 대체로 사람들은 특정한 이론을 선택하여 그것을 자신의 삶에 투영하는데 이러한 과정을 거치고 나면 이론은 한 개인이 세상을 인식하는 렌즈가 된다.

사람들은 이론에 대해 잘 알고 있는가

이론을 실제로 사용하더라도 그것에 대한 인식은 다를 수 있다. 사람들은 이론을 분석하고 생각하며 다른 사람들과 그것에 대해 이야기를 하면서 자신이 사용하는 이론 또는 신념 체계를 서로 비교한다. 예를 들어, 행동주의 심리학자들은 왜 다른 이론이 아닌 행동주의 이론과 그 이론에 기초한 연구 방법을 선호하는지 설명할 수 있어야 한다. 그러나 이론을 인식하지 못한다고 해서 그것이 실생활에 반영되지 않는 것은 아니다. 바람직한 행동을 했을 때 아이에게 칭찬을 하고 잘못한 행동을 했을 때 벌을 준다면 행동주의 이론을 모른다고 해도 우리는 이미 행동주의 이론을 삶에 적용하고 있는 셈이다. 우리가 특정한 이론에 대해 인지하든 그렇지 않든 간에 이론은 우리가 일상에서 인식하고 사고하고 반응하는 것에 영향을 준다. 다시 말하면 사람들은 이론을 인식하든 그렇지 않든 간에 이론의 관점으로 세상을 인식한다.

이론이란 무엇인가: 교육을 위한 정의

사회 과학 분야에서는 '이론'의 개념에 대해 자주 논의한다. 그 중에서 교육 분야에서는 '이론'을 교수-학습과 관련된 현상을 이해하기 위한 체계적 설명으로 규정한다. 이 설명(즉, 이론)은 그 분야의 내용 지식의 일부이다.

교수-학습 현상의 폭넓은 다양성을 설명할 수 있는 이론은 대단히 많다. 교육 분야에서 말하는 이론은 학습, 동기, 기억, 성취, 지식 등을 설명하기 위한 것이다. 예를 들어, 한 학생이 읽기 학습에 어려움을 겪고 있을 때 이론을 통해 그 원인이 인지적 문제와 관련됨을 밝힐 수 있다. 여기에는 동기, 언어, 행동 그리고 사회적 차이에 관한 이론들이 사용된다.

교육 활동에 있어서 이론의 중요성

위에서 설명한 것처럼, 이론을 이해해야 하는 가장 큰 이유 중 하나는 이론이 행동 및 실천과 밀접한 관련이 있기 때문이다. 앞서 제시한 질병과 건강의 예로 다시 돌아가 보자. 영양 이론을 바탕으로 건강과 질병을 연구하는 사람은 종교 이론을 바탕으로 그 분야를 연구하는 사람과는 다른 치료 방법을 찾을 것이다. 이와 유사한 관점으로 책의 서두에 소개한 읽기 어려움을 겪는 사라의 예를 살펴보자. 청각적 또는 시각적 처리 과정 이론을 바탕으로 읽기를 이해하는 교사는 동기 이론으로 읽기를 이해하는 교사와는 다른 방법으로 사라가 겪는 문제에 대한 해결방안을 마련할 것이다. 이처럼 이론에 의거하여 실제가 수립된다는 점에서 최상의 교실 수업을 하려면 반드시 이론적 지식을 갖추어야 한다. 따라서 교사가 모든 이론을 섭렵한다면 수업 능력은 더욱 향상될 수 있다. 또한 교사는 다양한 이론에 대한 이해를 바탕으로 수업 상황에 가장 잘 어울리는 교육 활동을 선택할 수 있고, 이는 결과적으로 교실 수업 개선으로 이어진다. 교사와 공동연구를 진행한 Hayes(1997)는 이론이 실제 수업에 영향을 미친다는 사실을 분명히 밝히고 있다.

> 교사는 수업 시간에 학생들과 상호작용을 하면서 얻은 내용을 해석한다. 그것은 수업에 항상 존재하는 몇 가지 변수(학생, 내용 지식, 자료, 절차, 시간)와 관련짓는 과정을 통해 이루어진다. 교사는 수업목표를 달성하기 위해 학생 행동과 사고를 어떻게 구조화하는가? 또 수업목표에 따라 이 문제를 어떻게 다루고 생각하는가? 교실 수업은 결코 중립적인 것이 아니라 그것에 내포된 교수 이론을 가지고 있다(p.50).

Hayes는 "교실에서 일어난 일을 이해하고 해석하기 위해서는 이론과 신념이 필요하다"(p.51)고 주장한다. Coker와 White(1993)는 "우리가 교실에서 하는 일이 무엇이든지 간에 그것은 아이들이 가진 성향과 그들이 어떻게 학습하는가에 대한 우리의 이해와 관련이 있다"(p.77)고 설명한다.

또한 교사는 알고 있는 이론을 적용한 교육 활동의 효과를 조사하기 위한 실행 연구를 하기도 한다. Gay, Geoffrey 그리고 Airasian(2006)은 다음과 같이 설명한다.

> 응용 연구는 이론의 유용성을 파악하기 위해 이론을 실제에 적용하거나 검증하는 과정으로 이루어진다. "다중지능 이론이 우리 반 학생들의 학습을 향상시키는 데 도움이 될 것인가?"라고 묻는 교사는 학급의 문제 해결에 필요한 실질적인 답을 찾고 있는 것이다. 이 경우에 교사는 새로운 이론을 만들거나 또는 그것을 일반화하는 것에는 관심이 없다. 단지 다중지능 이론에 기초한 수업 전략의 실제적인 효과에 대한 구체적인 정보 파악에만 관심이 있다(p.6).

교사는 교실 수업에 적용하고 있는 이론에 대해 알고 있는가

이론과 행동이 상호 관련이 있다고 하더라도 교사가 항상 이론을 의식하며 행동하는 것은 아니다(Constas & Sternberg, 2006). 모든 교사가 수업 이론을 가지고 있지만, 그 이론에 대해 명확하게 설명할 수는 없다. Constas와 Sternberg(2006)는 "학습을 향상시키기 위한 모든 노력은 사고가 어떻게 작동하고 지적인 기능과 능력이 어떻게 발달하는지에 대한 이론을 바탕으로 한다"(p.6)고 말한다.

교육 이론과 심리학 이론에 대한 믿음을 가지고 있는 교사는 수업과 관련된 의사결정을 할 때에 이론을 사용한다. 그리고 이론에 대한 이해를 바탕으로 교육 활동을 선택한다. 이처럼 이론에 기초한 교육적 의사결정은 문식성 수업과 관련이 있는데 이는 결과적으로 학습자들의 문식성 능력 향상으로 이어진다(Pressley et al., 2001). Pressley 외(2001)는 효과적으로 학습 지도를 하는 교사는 교육적 처치와 그것의 이론적 근거를 명확하게 설명할 수 있다고 말한다. 또한 그러한 교사는 이론의 적용 과정에서 토론하고 반성한다. 이것은 교육 이론과 교육 활동 사이의 관계를 보다 잘 이해할 수 있는 길을 제공하고 더 나아가 교육적 효과를 높인다. 이와 달리 수업 이론에 대해 알지 못하는 교사는 여러 교수 절차 또는 자료들 중 왜 그것을 선택했는지에 대해서 논리적으로 설명하지 못한다.

교육 연구에서 이론이 갖는 중요성

교사뿐만 아니라 교육을 연구하는 학자들에게도 교육 이론에 관한 지식은 매우 필수적이다. 이상적으로 말하면, 모든 조사 연구들은 이론적 근거를 가지고 있다. Eisenhart와 Towne(2003)은 National Research Council(2002)의 논의를 인용하여 관련 이론을 토대로 연구하는 것은 질 높고 과학적인 연구를 담보하는 원리 중 하나라고 본다. Risko 외(2008)는 사례 연구를 하기 위해서는 토대가 되는 이론, 연구 과제, 주장 사이에 명확한 관련성이 있어야 한다고 보았다. Gay 외(2006)는 이에 대해 다음과 같이 말한다.

> 과학은 현상을 설명하고, 예측하고, 통제하기 위한 것이다. 이것은 모든 행동과 사건이 질서정연하고 눈에 보이는 원인을 가지고 있다는 가정에서 출발한다. 과학이라고 명명하기 위해서는 현상에 대한 이해, 이론의 개발 및 검증 과정을 거쳐야 한다. 이론은 많은 현상을 설명할 수 있을 뿐만 아니라 과학적 발전을 가능하게 한다(p.4).

Gay 외는 "기초 연구는 오로지 이론을 개발하거나 그것을 정교화하기 위해 행해지는 연구이다. 이론을 개발한다는 것은 오랜 시간에 걸쳐 많은 조사 연구를 하고, 그것을 개념화하는 과정이다"(p.6)라고 하였다.

교육 연구를 하기 위해서는 이론이 필요한데 수준 높은 학회지에 게재된 소논문 그리고 대부분의 석사, 박사학위 논문 등이 여기에 해당한다. 교육 연구에서 이론이 중요한 이유는 그것이 그 연구를 설명하는 근거가 되기 때문이다. 어떤 일이 왜 일어났다고 생각하는지, 어떤 일이 왜 일어날 것이라고 예상하는지를 설명할 때 이론이 필요하다. Creswell(2002)은 "담화 연구(narrative research)에서의 이론은 보고서를 작성하는 집단이나 개인을 지지하기 위한 관점 또는 이데올로기이다"(p.524)라고 주장한다. 이론은 조사 연구를 위한 철학적 기반을 제공한다. Sternberg 외(2006)는 이에 대해 다음과 같이 설명한다.

> 학습, 지능 등을 설명하는 이론처럼 인지와 행동에 대해서도 정확하고 상세한 이론이 있다면 그에 대한 설명도 가능할 것이다. 내적이고 맥락적인 인지와 행동에 대한 이론을 마련하는 것은 관련 현상에 대한 정확한 설명뿐만 아니라 이것에 영향을 미치는 다른 요인들을 분석할 수 있게 할 것이다. 인지와 행동을 명확하게 설명하고 이론화하며 그 연구 결과를 실증적으로 증명하면 그것은 과학이 된다(p.218).

또한 이론은 다양한 조사 연구가 다른 연구 분야와 관련을 맺을 수 있도록 하는 틀을 제공한다. 앞서 언급한 이론의 정의에 따르면, 이론은 현상을 설명한다. 만약 한 이론이 'A' 연구의 결과를 설명하는 데 사용된다면, 그것과 관련한 'B' 연구 결과를 설명하는 데에도 사용될 수 있다. 이론적으로 연관성이 높은 연구는 그렇지 않은 연구보다 특정 분야의 지식을 확장하는 데 더 많은 기여를 한다(Creswell, 2002).

이론은 가설을 위한 근거를 제공하고, 연구 결과물을 설명하며, 해당 연구를 다른 연구와 연결하는 것 외에도 양적 연구를 할 때 고려하고 검증해야 할 변인이 무엇인지 알게 한다. 변인(variable)은 '실험자가 처치하고 통제하며 관찰해야 하는 조건 또는 특성'이다(Best & Kahn, 2003, p.162). Creswell(2002)은 통제해야 할 변인과 변인들 간의 관계를 이해하기 위해서는 이론에 근거해야 한다고 본다. 그는 "독립 변인과 종속 변인 사이의 관계를 예측하고 설명하기 위해서는 이론을 토대로 해야 한다"고 말한다.

> 양적 연구를 하기 위해서는 먼저 문헌에서 이론을 찾고, 변인 사이의 관계를 예측해야 한다. 그런 다음 새로운 대상자 혹은 장소를 선정하여 변인 간의 관련성을 확인해야 한다. 이론을 검증하기 위해 연구 목적, 연구 과제, 변인 사이의 관련성을 제기하는 가설을 진술한다. … 이론은 연구를 위한 세련된 접근법을 제공한다(p.137).

Tracey와 Young(2002)은 이론을 사용하여 변인을 생성해 내고 변인 사이의 예상되는 관련성을 언급한 연구의 예를 보여 준다. 연구자들은 가정에서 아이들이 글을 읽는 연습을 할 때에 엄마가 아이의 읽기를 도와주는 방법에 관심을 가졌다. 이들은 사회 구성주의를 이론적 기반으로 삼았다. 사회 구성주의는 학습을 개인과 개인 사이에 이루어지는 사회적 상호 작용의 결과로 인식한다. 또한 음성 언어를 이러한 상호 작용을 가능하게 하는 도구로 파악한다.

연구자들은 부모와 자녀의 상호 작용을 살펴본 유사 연구를 바탕으로 이미 밝혀진 중요한 시사점이 무엇인지 확인하고, 이것들 간의 관계를 사회 구성주의 이론을 토대로 살펴보았다. 그들은 엄마와 아이의 상호 작용에 영향을 미치는 엄마의 교육 수준, 아이의 성별, 읽기 능력을 비롯한 많은 변인들을 연구하였다. 이 연구는 아이가 책을 읽는 동안 아이에게 필요한 엄마의 도움이 무엇인지를 명확히 밝혔을 뿐만 아니라 사회 구성주의 이론적 관점을 확고히 정립하는 데 도움을 주었다. 또한 적용한 변인들은 특정 읽기 상황에서 이루어진 부모와 아이의 역동적인 상호 작용을 이해하는 데 유용한 역할을 하였다.

Gay 외(2006)는 양적 연구뿐만 아니라 질적 연구를 위한 이론의 중요성도 언급하였다.

> 이론은 질적 연구에서도 중요하다. 첫째, 이론을 통해서 사회의 다양한 이슈들을 밝힐 수 있다. 둘째, 이론을 통해서 추상적인 사실을 밝히거나 사실을 추상적으로 기술할 수 있다. 이것은 학술 발표회에서 동료들과 학문적 논의를 가능하게 한다. 셋째, 이론은 수행한 연구에 대한 의의를 마련하게 한다(p.479).

교실 수업에 적용 가능한 바람직하고 적절한 이론이나 모형이 하나가 아닌 것처럼 연구를 계획할 때 적용할 수 있는 이론이나 모형도 하나가 아니다. 따라서 연구를 계획할 때에는 다양한 이론 중 하나를 선택할 수 있다. 또한 다양한 이론을 동원하여 자신들의 연구를 설명할 수도 있다. 중요한 것은 연구에 적용 가능한 다양한 이론들을 인식하고 활용하면 연구에 도움이 된다는 점이다. 아울러 이론에 대한 이해와 적용을 통해서 질 높은 연구를 수행할 수 있을 것이다.

모형은 이론과 다른가

이론과 모형은 모두 현상을 설명하는 기능을 한다. 때문에 교육 분야에서도 '이론'과 '모형'의 혼용 여부에 대한 의견이 분분하다(Kezar, 2001). Kezar는 "설사 그렇게 사용하는 경우가 많다고 하더라도 모형과 이론은 호환 가능한 용어가 아니다. 모형이 일련의 계획 또는 절차를 함축하고 있는 반면에 이론은 추상적인 인식과 통찰력을 제시한다"고 주장한다.

Tracey, Storer, Kazerounian(2010)은 다음과 같은 점에서 이론을 모형과 비교한다. 첫째, 이론은 모형과 달리 인지의 신경 계통에 관한 그래픽 묘사, 컴퓨터 시뮬레이션 등을 만들지 않는다(p.109). 역사적으로 문식성과 관련된 최초의 그리고 가장 지배적인 이론은 서사였다. 서사 이론이 활성화된 것은 컴퓨터를 이용하여 신경을 촬영하지 않고도 읽기의 과정을 설명할 수 있었기 때문이다.

> 서사 이론(narrative theory)은 가설을 지지하기 위해 컴퓨터 시뮬레이션 또는 뇌신경 영상 데이터를 만들 필요가 없기 때문에 인기가 있었다. 이는 연구자가 보다 자유롭게 문식성에 관한 인지적 처리 과정을 살펴볼 수 있게 해 준다(p.110).

둘째, 이론은 (모형과 달리) 전개도를 만들지 않는다.

> 이론이 인지 과정에 관한 서사적 기술을 주로 한다면 모형은 도표와 순서도로 표현한다. 모형은 뇌 안의 처리 과정과 처리 장치 사이의 차이점을 나타내기 위해 만들어진 도표와 순서도로 나타낸다. 그러나 이론은 단지 기술로 끝나기 때문에 컴퓨터 시스템의 구성 또는 뇌신경 촬영을 필요로 하지 않는 장점이 있다. 그래서 생물학적 현상에 대한 추론적인 설명을 산출해 낼 수 있다(pp.112-113).

셋째, 양적 예측의 가능 여부이다.

> 모형은 양적 예측을 가능하게 한다. 즉 인지 처리 과정 모형은 특정 과업과 관련된 인간의 수행에 대한 예측을 명시적으로 나타낸다. 따라서 여러 방법 중 문자를 가장 빨리 인식하는 방법은 무엇인지, 낱말의 의

미를 인식하는 데 걸리는 시간은 얼마인지 등의 다양한 양적 예측을 가능하게 한다. 모형에는 여러 가지가 있는데 어떤 것이 가장 정확한지 서로 비교할 수도 있다. 보다 정확한 이론을 만들기 위해서는 양적인 결과를 이용하는 것이 중요하다(p.116).

그러나 이론과 모형의 개념을 정확하게 구별하기는 쉽지 않다. Rosenblatt(1994) 역시 그론과 모형을 정확하게 구별하지 않았다. "정의에 의한 이론적 모형은 추상적이거나 대상에 대해 생각하기 위해 고안된 일반적인 양식이다"(p.1057)라는 언급에서 볼 수 있듯이 두 개념의 차이를 구분하기 어렵다. Tierney(1994)도 '이론'을 대체하는 용어로 '모형'을 사용하였다. 그는 "[모형]은 다수의 변인과 그 변인들 간의 관련성에 대한 설명을 제시한다"(p.1165)고 말한다. '모형'에 대해 Tomas(1996)는 다음과 같이 말한다. "모형이라는 용어의 개념은 정확하지 않다. 그것을 광의의 개념이나 협의의 개념으로 사용하기 때문이다."(p.12) Thomas는 '모형'과 '이론'을 구별 없이 사용하여 아동의 발달에 관한 이론을 비교하기도 하였다.

비록 '이론'과 '모형'이 서로 다른 개념이기는 하지만 여기에서는 그것을 사용한 저자의 의견을 따라 그대로 인용하고자 한다. 또한 비슷한 이론들을 포괄하는 범주를 설명하기 위해 '관점'이라는 용어를 사용하고자 한다. 이 책은 특정 이론과 모형 그리고 이론과 모형을 포함하고 있는 이론적 관점에 대해 소개하고 있다.

다양한 관점의 가치

1994년 Tierney는 문식성 학습 분야에서 발견되는 모든 현상(즉, 읽기 과정, 읽기 발달, 읽기 장애, 읽기 수업)을 명료하게 설명할 수 있는 하나의 읽기 이론이나 모형을 찾는 일은 힘들 것이라 하였다. 그는 "하나의 읽기 모형으로 모든 현상을 설명하려는 노력은 읽기와 쓰기 경험을 설명하기 위해선 다양한 모형들이 필요하다는 인식으로 인해 사라졌다"(p.1163)라고 말한다. 많은 연구가들은 그의 입장에 전적으로 동의한다. Woolfolk(1999)는 "완벽하게 설명하고 예측하는 이론은 없다. 왜냐하면 한 이론이 모든 것에 대한 해답을 가지고 있지 않으며 또한 각각의 이론에서 해답을 도출할 때 더 의미 있기 때문이다"(p.16)라고 밝히고 있다. Schoenfeld(2006)는 이에 대해 다음과 같이 말한다.

> 이 분야에서는 하나의 이론을 주장하는 경향이 강하다. 이러한 현상은 그 이론이 '거대 이론'일 때 많이 발생한다. 행동주의자, 구조주의자, 인지 과학자, 사회 문화적 이론가 모두 자신의 이론이 모든 것을 설명할 수 있다고 주장한다. 그런데 사실 대부분의 이론은 '적용 가능한 조건(applicability condition)'을 전제로 한다. 즉 특정 이론은 특정 분야에서만 적용 가능하다. 특정 이론을 개선하려면 해당 이론이 어느 조건에 잘 적용될 수 있는지에 대해 말해야 한다(p.22).

M. Siegel(개인적인 서신 교환, 2011년 1월 1일) 역시 가치 있는 다양한 관점에 관심을 가지는 최근의 변화에 대해 다음과 같이 언급한다.

> 나는 다양한 이론적 관점을 바탕으로 교육 문제에 접근하는 최근의 연구 경향에 동의한다. 내가 교수로 임용되었던 1970년대 후반만 해도 이론은 특정 현상을 설명하는 방법으로 인식되었다. 당시에 이론의 범주가 (예를 들면, 정보 처리, 심리 언어학) 있기는 했지만 새로운 이론은 대체로 기존의 이론을 대신하기 위한 시도라고 생각하였다. 즉 이론이 설명하는 내용보다 어떤 가치를 가지고 있는가를 우선 고려했던 것이다. 나는 읽기를 어떻게 가르쳐야 하는가에 대한 토론, 소위 '읽기 전쟁'이 어떤 이론이 현상을 가장 정확하게 설명할 수 있는가를 확인하고 평

가하는 계기가 되었다고 생각한다. 또한 '다양한 관점'을 향한 일련의 시도들은 20세기 말의 포스트모던 사회의 특성을 반영한 연구경향이라고 생각한다.

다양한 관점에 기초한 연구를 주장하는 학자들은 각각의 이론이 현상을 이해하는 데 도움이 된다고 주장한다. 같은 장면을 그린 여러 예술가를 떠올려 교육적 이슈를 이해하는 데 사용되는 다양한 이론의 가치를 설명해 보자. 동일 장면을 그렸지만 예술가마다 그린 그림은 서로 다르다. 예를 들어 어떤 것은 현실주의 그림에 속할 것이고, 또 어떤 것은 인상파 혹은 추상파의 그림에 속할 것이다. 동일 장면에 대한 서로 다른 그림은 장면을 관찰하고 감상하는 방법의 차이에 기인한 것이다. 교육 이론과 모형도 마찬가지이다. 개별 이론과 모형은 교육 현상에 대한 독특하고 가치 있는 관점을 제공한다.

교사 및 교육 연구자가 다양한 관점을 통해 각기 다른 시사점을 얻을 수 있다는 점은 대단히 중요한 일이다. 때로는 행동주의 관점에 기반을 둔 훈련 방법을 사용하여 수업을 하고, 때로는 구조주의자 혹은 인지 이론이나 동기 이론에 기반을 두고 수업을 할 수도 있다. 이처럼 교사는 수업 중에 상이한 관점에 기반한 여러 가지 수업 방법들을 활용하는 데 이 방법들은 상호 보완적이다. 그러나 이론적 틀을 기반으로 연구할 경우에는 하나의 관점을 선택해야 한다. 다양한 관점을 적용한 연구가 가능함에도 대부분의 연구자들은 그렇게 하지 않는다. Brumbaugh와 Lawrence(1985)가 주장한 것처럼 연구자들은 일반적으로 '교육 문제, 연구 목표와 가장 관련이 있는' 이론과 모형을 선택한다(p.22). 또한 많은 연구자들은 그들의 연구를 설명할 때 하나의 이론을 기반으로 한다. Thomas(1996)는 대상을 구조화하는 이론이 달라지면 그 의미가 달라질 수 있다(p.11)고 말한다.

다양한 관점을 사용하는 것은 이 책에서 개별 이론을 설명하기 위해 논의된 교실 적용 활동과 교사의 일화 등에서 확인할 수 있다. 읽기 전 활동으로 브레인스토밍을 하는 것은 연합주의(Associationism), 연결주의(Connectionism), 스키마 이론을 반영한 것이다.

이 책에서 소개하는 이론과 모형

앞서 설명하였듯이 읽기 이론과 모형이 다양하다는 것은 그것과 관련한 현상 역시 다양하다는 것을 의미한다. 읽기 수업과 연구에 시사점을 준 이론과 모형은 그 자체만으로 성립되지 않는다. 이는 보통 교육학, 심리학, 사회학, 언어학, 신경 과학을 포함하는 다양한 학문을 바탕으로 이루어진다. 그리고 이 이론을 기본으로 하여 또 다른 이론이 생겨난다(Thomas, 1996).

이 책은 여러 가지 이론 중에서 읽기 분야에 가장 큰 영향을 미친 이론과 모형에 대해 설명하고자 한다. 여기에는 여러 시대에 걸쳐 많은 학자의 관심을 끈 읽기 이론과 연구에 영향을 미친 이론, 그리고 읽기 분야를 새로운 방향으로 나아가게 한 이론 등이 포함된다. 이렇게 선정된 이론과 모형을 어떤 방식으로 설명하면 좋을까에 대한 고민도 많았다. 이에 읽기 연구에 영향을 미친 이론과 모형을 연구자, 편집자, 서평가의 관점에 따라 기술하되 등장한 시기별로 구분하여 제시하였다. 여러 번 토의를 하였으나 읽기 연구에 영향을 준 이론을 하나로 조직하여 설명하기에는 어려움이 많았다. 이 책에서 빠진 이론을 마치 이분법적 흑백 논리로 나누어서도 안 된다고 결론을 내렸기 때문에 더욱 그러하였다. 마지막으로 이 책에서 소개한 이론의 등장 시기가 대략적이라는 점에 유의해야 한다. 각 이론마다 등장한 시기가 있지만 읽기 분야에 영향을 미친 것은 상대적이기 때문이다. 이 책에서는 이론적 관점을 바탕으로 장을 구성하였다. 그러나 장과 장을 구분하는 기준은 매우 모호하다. 그것은 불교의 경

전에 나오는 말처럼 실제에서는 모든 것이 하나이기 때문이다.

요약

이론이 현상을 설명하는 도구라는 점에는 많은 연구자들이 동의한다. 교육 분야에서 '이론'이라는 용어는 오랜 시간에 걸쳐 발전해 온 교수 · 학습 현상에 관한 설명과 관련이 있다. '이론'과 '모형'을 구분 없이 사용하기도 하지만 모형이 이론을 설명하기 위한 은유로서 사용되기 때문에 명백히 달리 사용해야 한다고 말하기도 한다. 이론과 모형은 때로는 의식적으로 때로는 무의식적으로 사용된다. 의식적이든 무의식적이든 이론은 수업과 연구를 포함하여 삶의 모든 영역에 걸친 개인의 행동에 영향을 준다.

이론과 모형에 대한 이해는 효과적이고 조직적인 교육 활동을 마련해 준다. 이론에 대한 이해가 없다면 특정 교수법이 어떻게 그리고 왜 효과적인지 이해할 수 없다. 이론에 대한 이해를 토대로 교사는 구성에 어떤 교수법을 어떻게 설계하고 적용하는지 명확하고 현명하게 결정할 수 있다. 교사가 적용할 수 있는 이론과 모형의 다양성을 이해할수록 보다 효과적이고 질 높은 문식성 수업을 계획하고 실행할 수 있다.

이론은 연구에 필요한 학문적 기반을 제공한다. 이론과 모형을 통해 연구 가설과 연구 결과에 대해 설명할 수 있다. 무엇보다 이론은 변인 간의 관계와 연구의 목적을 이해할 수 있게 한다. 단 하나의 절대적인 이론이나 모형이 없는 것처럼 연구에서도 하나의 절대적인 이론이나 모형은 없다. 때문에 다양한 이론적 관점을 바탕으로 읽기 과정, 읽기 교육, 읽기 연구를 총체적으로 관찰하고 분석 및 해석을 하는 것은 의미 있는 일일 것이다.

토의 주제

- 이론이란 무엇인가?
- 알고 있는 이론의 유형은 무엇인가?
- 교육 분야에서 '이론'이란 용어는 어떻게 사용되는가?
- 교육 활동에서 이론이 중요한 까닭은 무엇인가?
- 교육관련 연구에서 이론이 중요한 까닭은 무엇인가?
- 이론과 모형은 어떤 점에서 비슷한가?
- 읽기 분야뿐만 아니라 인접 학문의 이론을 살펴보는 것은 읽기 교육에 어떤 점이 도움이 되는가?

주요 활동

알파 상자(Alpha Boxes). 독자의 텍스트 이해 능력을 향상시키기 위해 사용하는 읽기 후(post-reading) 전략이다. 학생은 책을 읽으면서 알파벳의 각 글자에 해당되는 개념이나 예시, 전략 등을 찾아야 한다. L'Allier와 Elish-Piper는 "이 방법은 알파벳과 관련된 아이디어를 찾아야 하기 때문에 깊은 사고를 유도하고, 교재를 다시 읽거나 텍스트와 자신의 배경 지식, 경험을 연결하여 이해하도록 하는 읽기 방법이다"(p.339)라고 말한다. 1장에서 알파 상자 연습에 대한 독자들의 반응을 소집단 또는 학급 전체가 공유할 수 있다.

Chapter 2

이론의 토대

읽기에 적용되는 초기 이론과 모형
(기원전 400년~1899년)

읽기 전에 함께 생각할 문제들

- 역사적으로 읽기 분야에 영향을 미친 초기 이론에는 어떤 것들이 있는가?
- 읽기와 관련된 초기 이론들은 근래의 교실에 어떤 영향을 미치는가?
- 읽기와 관련된 초기 이론들은 근래의 읽기 연구에 어떤 영향을 미치는가?

읽기[1] 이론이나 모형은 교육학이나 심리학 이론과 관련이 있다. 심성 도야 이론(Mental Discipline Theory), 연합주의(Associationism), 계발 이론(Unfoldment Theory), 구조주의(Structualism) 이론이나 모형은 다양한 화제를 제공하면서 교육 이론을 구체화하는 초석이 되었다(Buckingham & Finger, 1997; Schwartz & Robbins, 1995; Sternberg, 1996). 이 장에서는 교육과 관련된 가장 오래된 이론을 소개하고자 한다. 또한 이 이론이 최근 문식성 교육이나 연구의 장에서 어떤 역할을 하고 있는지 소개하고자 한다. 이 장에서 거론되는 많은 이론들은 최근에 전개되고 있는 문식성

1) 역주: 'reading'을 '독서'로 번역할 경우 책 읽기에 한정되는 점이 있다. 이 책 전체 내용의 맥락이나 한국의 교육과정 내용에 비추어 보았을 때 '읽기'로 번역하는 것이 적절하다.

교육의 실천적인 국면과 관련되어 있다. 또한 이들 이론을 적용한 교실 현장 모습도 함께 제시하였다. 학교 현장의 모습을 함께 논의하는 것은 이러한 이론이 실제 교실 현장에서 어떻게 구체화될 수 있는지 보여 주기 위해서이다.

읽기와 쓰기에 대한 일반적인 역사(기원전 20000년~400년)

읽기와 관련된 이론이나 모형은 일반적으로 읽기와 쓰기의 역사적 흐름 속에서 구안되었다. Cobb와 Kallus(2011), Kallus와 Ratliff(2011)는 이에 대한 개요와 연대표를 제시하였다. 이들은 동굴에서 발견된 글자의 형태를 토대로 어표(語標, logographic)를 활용한 의사소통이 기원전 20000년경에 프랑스에서 있었다고 보았다. 기원전 3600년에서 3100년 사이에 메소포타미아 지역에서 설형문자(cuneiform)가 확인되고, 기원전 2000년경에는 페니키아 문자(phoenicain alphabet)가 발견되었으며, 기원전 1000년경에는 이집트 사람들이 종이의 초기 형태인 파피루스를 이용하기 시작하였다. 기원전 850년경에 그리스에서는 호머(Homer)가 최초의 의미 있는 문학 작품인 『일리아드(Iliad)』와 『오디세이(Odyssey)』를 창작하였다. 그리고 기원전 750년경에 그리스인들은 페니키아 문자에 자음과 모음을 추가하여 사용하였다. 교육과 심리학에 영향을 미친 가장 의미 있는 초기 이론은 기원전 400년경에 나타났다.

심성 도야 이론

심성 도야 이론(Mental Dicipline Theory)은 교육 분야의 이론적 토대를 마련한 초기 이론이다. 심성 도야 이론의 뿌리는 Palto(기원전 428~374

년경)와 Aristotle(기원전 384~322년)의 서서에서 찾을 수 있다. Plato와 Aristotle은 '서양 문명의 발상지'라고 불리는 고대 그리스에 살았다. 고대 그리스의 Homer나 다른 여러 사상가들은 세계를 이해하고 설명하기 위해 신화를 활용하였다. 하지만 Plato와 Aristotle은 Socrates와 Isocrates처럼 논리적으로 세계를 설명하려 하였다(Gutek, 1972). Plato가 개발한 하나의 이론은 이후 Aristotle에 의해 정교화되는데 이것이 바로 "정신은 근육과 같다"이다. 특정한 상황에 최적화된, 강하면서도 실용적인 정신을 만들기 위해서는 규칙적으로 정신의 다양한 부분을 자극하고 능력(faculties)[2)]을 연습해야 한다는 것이다. 예를 들어 글을 반복적으로 암송하는 것이 이에 속한다. 이것이 심성 도야 이론이다. Bigge와 Shermis(1992)는 심성 도야 이론을 다음과 같이 요약하였다.

> 심성 도야 이론에서는 눈에 보이지 않는 인간의 정신이 훈련(discipline)을 하기 전까지는 잠들어 있다고 본다. 이 이론에서는 기억력, 의지력, 논리력, 인내력과 같은 정신 능력을 일종의 '정신 근육'으로 파악하여 오직 훈련을 통해서만 강화시킬 수 있다고 믿는다. 때문에 정신 능력을 자동적으로 작동시키기 위해서는 충분한 훈련을 지속적으로 반복해야 한다고 믿는다. 여기서 학습은 정신력 강화를 위한 훈련 도구이자 인지 행동을 실현시키는 도구가 된다(p.21).

심성 도야 이론에 대한 잘못된 인식은 역사적으로 기계적인 반복 연습과 암기 위주의 교육 방법을 양산하였다(Coker & White, 1993). 이 이론을 지지하는 사람들은 교육과정을 아주 쉬운 기능에서 복잡한 기능으로 순차적으로 계획할 수 있다고 보았다(Coker & White, 1993).

---

2) 역주: 여기서 faculties는 선천적으로 타고난 능력을 말한다.

교육사 학자인 Brumbaugh와 Lawrence(1963)는 "Plato의 대화는 이 분야의 그 어떤 저서보다 서양 철학과 교육 이론에 지대한 영향을 미쳤다. 왜냐하면 이 대화법은 핵심적인 것을 찾아 질문하고 그와 관련된 중요한 아이디어를 확인할 수 있는 답변을 하는 탁월한 대화이기 때문이다"(p.10)라고 말하면서 심성 도야 이론을 Plato와 Aristotle의 최고의 작품이라고 언급한다.

교사들은 학생의 정신을 근육과 같이 개발하고 발전시키기 위해서 그들을 연습시키고 자극해야 한다는 의견에 대체로 동의할 것이다. 아래의 예를 통해 교사가 어떻게 심성 도야 이론을 교실에 적용시키고 있는지 살펴보자.

Plato(기원전 429~347년경)

교실 현장 엿보기 **심성 도야 이론**

강의를 들으면서 그리고 지금 이 보고서를 쓰면서 이러한 이론을 학급에 어떻게 적용할 수 있을지 생각하였다. 이때에 심성 도야, 즉 정신을 훈련시킨다는 이론이 눈에 띄었다. 그래서 심성 도야 이론을 새 학기가 시작되는 첫날에 적용하기로 하였다.

1학년 새 학기 첫 주였지만, 학생들을 마치 유치원생들처럼 지도하였다. 글자를 어떻게 쓰는지, 이름을 어떻게 쓰는지 처음부터 다시 철저히 지도를 하였다. 그러나 여름 방학 두 달을 보낸 후에 다시 만났을 때에는 아이들이 마치 그동안 정신이 잠들어 있던 것처럼, 이런 식의 지도는 전혀 받은 적이 없는 것처럼 행동하였다. 크리스마스나 부활절의 긴 연휴를 마치고 등교한 학생들에게서도 이와 유사한 일이 벌어진다. 이런 일들이 2000년 전에도 그리고 지금에도 반복된다는 것이 놀라울 뿐이다.

– Johannah Rogers, 1학년 교사

연합주의

두 번째로 언급할 교육적이고 심리적인 이론은 연합주의(Associationism)이다. 고대에 제안된 연합주의는 현재까지도 교육 현장에서 활용되고 있다. 연합주의는 학습이 어떻게 일어나는가를 밝히는 데 공헌한 이론이다. Sternberg(1996)는 "연합주의는 학습이라는 형태가 가능하기 위해서 일이나 아이디어가 어떻게 연합되는가를 규명한 이론이다."(p.9)라고 언급한다. Horowits(2000)는 "연합주의자들은 지식은 연합주의적인 연결 기관을 통하여 습득될 수 있다는 관점을 취한다."(p.275)고 설명한다. 이 이론에 대해 Warren(1916)은 "하나의 아이디어 혹은 기억의 이미지가 명확하고 명료한 원리에 의해 다른 것들을 따른다는 관념은 일반적인 연합주의 이론의 첫발을 내딛는 생각이었다. 이 기본적인 관념은 Aristotle(기원전 384~322)의 확정적인 유형에서 처음 발견된다."(p.208)고 하였는데, 이는 매우 중요한 설명이다.

Aristotle은 기억이나 학습을 돕는 연결고리를 세 종류로 추측하였다(Sterberg, 1996). Aristotle은 학습을 증가시키는 연합의 첫 번째 유형을 **연상**(*contiguity*)으로 보았다. 같은 시간이나 공간 안에서 동시에 일어나는 어떤 것들은 마음속에서 함께 연합되는 경향이 있다는 것이다. 예를 들어, 이를 닦으면서 샤워를 하고, 옷을 입고 아침을 먹는 모든 활동은 우리가 아침에 일어나서 하는 일과 연합되어 있다. Aristotle이 생각한 두 번째 연결고리는 **유사**(*similarity*)이다. 사람들은 같은 모양이나 성질을 가진 것들을 연결하여 사고하려는 경향이 강하다. 예를 들어, 한 사람이 식료품 목록을 기억하려 한다고 가정해 보자. 가장 손쉬운 방법은 유제품, 공산품, 빵과 고기처럼 비슷한 범주로 묶어 조직하는 것이다. Aristotle이 상정한 세 번째 연결고리는 **대조**(*contrast*)이다. 대조는 상대적인 것을 연결시키는 방법이다. 예를 들어 밝음-어둠, 높음-낮음, 기쁨-슬픔 등의 언어들은 대조적인 의미로 묶을 수 있다. Warren(1916)은 이에 대해 아래와 같이 언급한다.

> Aristotle은 지식에 대해서 구조적인 입장을 취하면서 신체 현상을 통해서는 정신적인 것을 점검하려고 하였다. 이를 위해 그는 자기 자신을 주의 깊게 관찰하였다. 그리고 그는 지식의 연결고리를 발견하였다. 그 연결고리는 유사, 대조, 연상이며 그것이 사고를 완성하는 데 관여한다고 확신하였다(p.209).

Aristotle의 이론은 근대 연합주의에 크게 공헌하였다. Buckingham과 Finger(1997)는 "근대 연합주의의 기본 개념들은 모두 Aristotle의 'De memoria et reminiscentia'에서 찾을 수 있다: (1) 지식은 경험으로부터 나온다. (2) 습관, 행동 혹은 표현의 빈도는 중요하다. (3) 연합적인 연결고리들은 유사성에 의해 연마된다. (4) 연합적인 연결고리는 대조에 의해 주조된다"(p.24)고 하였다.

심성 도야 이론과 연합주의는 지금까지도 교육계에 영향력을 미치는 탁월한 사상으로 인정받는다. 이 사상은 헬레니즘 시대, 로마 제국 시대와 중세 시대를 거치면서 교육 이론을 선도하였다(Gutek, 1972). 또한 이 두 사상이 유럽의 르네상스 시대, 역사적 시대를 통틀어 근대의 시초를 열었으며, 16세기 신교도 개혁의 시초가 되었다(Bigge & Shermis, 1992; Gutek, 1972; Sternberg, 1996).

이 이론에 대한 대안 이론이 등장하기는 하였지만(Gutek(1972) 참고) 심성 도야 이론과 연합주의는 교육 이론 및 학습 이론에서 최고의 가치를 인정받았다. 이 이론들은 거의 2000년 동안 교육 이론 및 학습 이론에 가장 큰 영향을 주었고, 이러한 영향력은 Plato의 시대(기원전 482년)에서 Aristotle의 시대(기원전 384~322)를 거쳐 17세기까지 지속되었다.

한편 근대에 가장 잘 알려진 연합주의자는 『인간오성론(An Essay Concerning Humane Understanding)』을 쓴 John Locke(1632~1704)이다. Locke는 '백지설(白紙說; Tabula Rasa; Blank Tablet) 이론'으로 심성 도야 이론을 바꾸어 놓는다. Locke는 이 이론을 통해 사람들이 천부적으로 타고난 지식은 없다고 주장한다. 백지설 이론의 관점에 의하면, 모든 학습은 개개인이 환경과 감각적으로 상호 작용하면서 획득한 결과이다. Locke는 "인간은 '반성(reflection)'의 과정에 의해 그들의 경험을 확장할 수 있으며 감각과 반성은 '우리의 모든 생각이 시작되는 하나의 근원'이다"라고 주장하였다(Buckingham & Finger, 1997, p.25). Locke가 마련한 이론은 학습에 대한 전환점을 마련하였으며 선천적 지식에 대한 중요성(예를 들어, (타고난) 정신력은 강화될 필요가 있다)에서 벗어나 외부적인 영향력에 의해 학습이 가능함을 보여 주었다는 점에서 매우 중요하다(Brumbaugh &

Lawrence, 1985). Aristotle은 학습 발생에 필요한 내부적인 연합에 집중하였으나, Locke는 학습이 일어나는 외부적 환경을 더 중요하게 생각하였다. 그러나 이들 모두 학습자의 마음속에서 일어나는 지식의 생성에 관심이 있었기 때문에 연합(association)에 대한 고민은 많았다.

Brumbaugh와 Lawrence(1985)는 "Locke의 이론이 연합주의 철학의 토대가 될 수는 없어도 하나의 주춧돌임에는 분명하다"(p.16)고 언급하였다. Sternberg(1996)는 연합주의의 중요성을 언급하면서 "따져 보면 연합주의는 행동주의를 위한 준비 작업이라고 할 수 있으며, 정신의 연결을 바탕으로 하는 인지주의의 본보기가 되었다"(p.9)고 말하고 있다. Shanks(2007)도 연합주의는 지금도 "기본적인 학습과정을 이해하는 우수한 구조틀"(p.295)이라고 말한다.

아래의 예시는 연합주의를 교실에 적용한 사례이다.

교실 현장 엿보기 연합주의 이론

이전에 배운 지식을 회상하거나 좀 더 심화된 내용을 학습해야 할 때 정확한 이해를 위해서는 다양한 경험이 필요하다. 몇 년 전, 스키 여행을 가서 눈사태를 만난 가족의 이야기를 지도할 때였다. 나는 먼저 학생들에게 스키를 탄 경험이 있는지를 물었다. 그러나 아무도 없었다. 이번에는 눈사태에 대해서 물었다. 역시 아무것도 알지 못하였다. 나는 학생들의 이해를 돕기 위해 스키와 눈사태에 대한 신문기사를 준비하였다. 그리고 휘몰아치는 눈폭풍 때문에 집안에 갇혀 지내는 상황에 대해서도 이야기하였다. 물론 눈폭풍 때문에 집안에 갇혀 있는 것과 눈사태 때문에 스키 리조트[3]에 갇혀

3) 역주: 유럽이나 북아메리카의 경우 아파트형 리조트가 아니라 산장과 같이 각각 떨어진 집을 여러 채 지어 놓고 대여해 주는 스키 리조트가 많다.

있는 것은 같지 않다. 하지만 두 경우 모두 눈에 둘러싸여 다른 곳으로 갈 수가 없고, 생존에 필요한 물건이 비슷하기 때문에 두 이야기를 연관 지어 이해할 수 있을 것이라고 생각하였다. 나는 연관 짓기가 읽기에서 가장 중요한 개념 중의 하나라고 생각한다. 텍스트를 자신의 삶과 연관 지을 수 있을 때 의미 있게 이해할 수 있기 때문이다.

– Melissa A. Hudanish, 고등학교 영어 교사

우리 반에는 시각장애 학생들이 몇 명 있다. 그들은 인지 속도가 늦고 필요한 내용을 자세히 언급해 주어야만 학습이 가능하다. 나는 주로 책 상자를 이용해서 이야기를 들려주었다. 이 책 상자에는 다양한 수준의 책과 그와 관련된 물건들이 가득하다. 나는 학생들에게 『샬롯의 거미줄(Charlotte's Web)』(E.B. White, 1952)을 소개하였다. 나는 학생들에게 헛간과 관련된 경험을 알려 주고 싶었다. 어떤 냄새가 나는지, 또한 거기서 어떤 소리가 들리는지. 그래서 나는 마른 짚, 풀과 같이 직접 만질 수 있는 자료들을 준비하였다. 또한 동물을 직접 보고 만질 수 있도록 동물 모형을 제시하였다. 이것은 다양한 감각을 통해 이해를 강화하기 위한 방법이다.

– Cristine Korecki–Diaz, 특수 학급 교사

계발 이론

심성 도야 이론과 연합주의에 처음으로 도전장을 던진 것이 계발 이론(Unfoldment Theory)이다(Dupuis, 1985; Gutek, 1972). 심성 도야 이론에서는 훈련에 기초한 정신력 강화를 주장하고, 연합주의 이론에서는 학습이 연관 짓기를 통해서 일어난다고 주장한다. 그런데 18세기 초에 들어서면서 학습은 개개인이 가지고 있는 호기심과 흥미를 자극함으로써 가능하다는 주장이 제기된다. 교육 철학에서 이러한 변화는 사회 철학의 변화를 반영한 것이었다(Gutek, 1972). 계몽주의 시대의 두드러진 교육 방법은 정신 도야를 통한 논리적 사고력의 강화였다. 그런데 이 시기에 개인의 흥미를 자연스럽게 계발시켜 정서(feeling)와 열정(passion)을 가지도록 해야 한다는 주장이 제기된 것이다. 이 시대를 일컬어 낭만주의(Romanticism) 시대라고 한다(Gutek, 1972).

계발 이론을 지지한 초기 교육학자 중의 한 사람인 Rousseau(1712~1778)는 아동의 학습은 그들의 내적 호기심을 자연스럽게 발달시킬 때 발생한다고 생각하였다. 그는 학습에서 흥미와 열정의 중요성을 배제하던 당시의 교육 제도에 대해 상당히 비판적이었다(Jonas, 2010). Rousseau가 쓴 『에밀(Emil)』(1972)에서 어린 소년인 에밀은 사회적으로 사악한 사람에게서 멀리 떨어진 자연 속에서 자라는데 그러한 환경 때문에 그는 호기심과 흥미를 따라 생활하게 되고 그 결과 에밀은 높은 도덕성과 선량함을 지닌 어른으로 성장한다.

Rousseau 역시 자기 절제력(self-mastery)을 지지하였고, 도전과 고통은 개인의 성장을 위한 기회라는 입장을 가지고 있었다. 이러한 Rousseau의 관점에 대하여 Jonas(2010)는 아래와 같이 언급하였다.

> (교육의) 목적은 고통의 끝을 보는 것이 아니라 자기 절제력이 늘어나는 것을 보는 것이다. 이것은 도덕적인 한 개인의 성장을 위해 필수적

> 인 과정이다. 개인 교사로서 에밀에게 말한다. “투쟁 없이 미덕을 얻을 수 없는 것처럼 용기 없이 행복을 얻을 수 없단다.” 미덕이라는 말은 힘으로부터 나온다. 힘은 모든 미덕의 근본이다(p.52).

Rousseau가 계발 이론 및 『에밀』을 통해 일관되게 주장하는 것은, 교사는 학습자가 언제 무엇을 배우고 싶어하는지 알고 그에 맞추어 지도를 해야 한다는 것이다. Rousseau는 학습자가 흥미있어 하지 않는 것을 학습하도록 한다면 학습은 지체될 수밖에 없다고 주장한다. 또한 어린이의 학습에 어른의 개입을 최소화해야 하며 어린이 스스로 ‘드러내도록’ 해야 한다(Morrow, Tracey & Del Nero, 2011)고 주장하였다. 그는 어린이의 언어 능력은 능숙한 언어 사용자와의 대화 경험을 확대함으로써 계발될 수 있다고 굳게 믿었다(Brumburgh & Lawrence, 1963).

Shannon(1990)은 Rousseau가 어린이의 학습은 자연적으로 이루어져야 하며 10세에서 15세가 될 때까지 읽기와 쓰기를 가르쳐서는 안 된다는 주장을 하였다고 말한다.

Jean-Jacques Rousseau(1712~1778)

Rousseau가 근대의 교육에 근본적으로 미친 영향에 대해 Gutek(1972)는 다음과 같이 말하였다. "Rousseau가 20세기의 진보적인 교육학자들에게 미친 영향은 그 누구보다도 대단한 것이었다. Rousseau의 영향으로 어린이의 흥미와 성향을 쫓아 교육하려는 경향이 강해졌다"(p.146). Douglass(2011) 역시 Rousseau는 "사상사(思想史, the history of ideas)에서 가장 영향력이 있었던 사람"이라고 말하고 있다.

스위스 교육의 개혁가인 Pestalozzi(1746~1827)는 Rousseau의 신념에 크게 영향을 받아 자연스러운 학습에 관심을 가졌다. 그러나 그는 '자연스러운 학습'에서 한 걸음 더 나아가, 어린이의 학습이 가능하기 위해서는 비공식적 교육이 필요하다고 느꼈다. 이러한 생각을 발전시켜 Pestalozzi는 아동-중심(children-center) 학습이라는 접근법을 창안하고, 이러한 생각을 적용하기 위해 두 개의 학교를 세웠다. 그는 효과적인 교육환경은 반드시 학습자들을 따뜻하게 보살피는 형태를 취해야 한다고 주장하였다. 이것이 그가 말하는 계발 이론의 핵심이다. Pestalozzi의 학교는 긍정적이고 아늑한 분위기와 신체에 적합한 (활동적인) 환경을 기획하여 학습에 대한 아동의 호기심을 자극하도록 하였다.

교사의 교수법 역시 학생들의 흥미에 따라 마련되었다. Pestalozzi의 학교는 교육적 성장을 위한 토대로서 감각적인 경험을 매우 강조하였다(McKenna, 2010). McKenna에 의하면 "Pestalozzi는 어린이가 머리와 손과 가슴으로 배운다고 주장하였다"(p.123)고, "Pestalozzi는 가르치는 것을 사랑하고 공감하는 것을 대단히 중요하게 생각하였다"(McKenna, 2010, p.123). McKenna(2010)는 "Pestalozzi가 그 시대에 학교 안에서의 폭력을 금지하였다는 것은 새로운 발상이다. 체벌은 용인되지 않았고 육체적 강요가 아닌 대화와 공감으로 지도되었다"(p.124)고 언급하였다. 『미국 읽기 교육(American Reading Insructionon)』의 저자인 Smith(1986)는 미국에서 읽기 교육의 발전을 역사적으로 바라볼 때, Pestalozzi는 학생들에게 친근한 물건이나 그림, 이야기를 사용하는 교육 방법을 사용하였는데, 이는 조기 읽기 교육에 영향을 미쳤다고 말하였다. McKenna(2010)는 "어린이의 양육과 교육에 대한 Pestalozzi의 사상과 저서는 서양 근대 교육의 사상에 주요한 영향을 미쳤다"(p.212)고 정리한다.

1827년 Pestalozzi가 사망하였지만 그의 사상과 방법은 북아메리카와 유럽에서 지속적으로 적용되었다. Pestalozzi의 신봉자였던 Froebel (1782~1852)은 유아들의 학습을 개발하면서 놀이의 중요성을 강조하였다(Morrow et al., 2011). Froebel의 계발 이론은 Rousseau와 Pestalozzi를 뒤따르던 이들과 달랐다. Morrow(2001)는 이에 대해 다음과 같이 언급한다.

> Rousseau와 마찬가지로 Froebel도 어린이의 지도 방법은 자연스러운 것이어야 한다고 생각하였다. 그래서 그는 학습에서 놀이의 중요성을 강조하였다. 그는 배우기 위한 놀이가 최대의 효과를 발휘하기 위해서는 어른의 안내와 유도가 필요하며 그것이 계획된 환경 속에서 이루어져야 한다고 믿었다. Froebel에게 교사는 학습을 가능하게 하는 놀이와 활동의 계획자였다. (중략) 어린이들의 정원을 의미하는 '유치원(kindergarten)'이라는 말을 창시한 사람도 바로 Froebel이다(p.4).

계발 이론의 주요 이론가인 Rousseau의 사상은 Pestalozzi와 Froebel을 거쳐 1900년대 초에 미국 교육의 선두를 이끌었던 John Dewey의 이론적 토대가 되었다(4장 참고). 이 이론은 1900년대 초기에 미국의 많은 학교에서 사용한 읽기 프로그램을 구성하는 데 영향을 미쳤다. 이 읽기 프로그램은 어린이의 흥미를 기반으로 하여 학습을 위한 도구로서 사용되었다(Smith, 1986).

다음은 특수 학급의 교사가 학급에서 계발 이론을 적용한 사례이다.

교실 현장 엿보기 **계발 이론**

1700년대와 1800년대의 초기에 Rousseau, Pestalozzi와 Froebel은 계발 이론을 구안하였다. 어린이는 학습하는 것에 흥미를 느껴야 하고, 어른은 학습을 자극하는 환경을 조성해 주어야 한다는 의견에 나는 전적으로 동의한다. 특수 교사로서 교직 생활을 처음 시작할 때 무척 힘들었다. 나는 3~4배 정도 수준 차이가 나는 학생들을 한 학급에서 가르치게 되었다. 그 중 몇 명은 심각한 행동 장애를 가지고 있었다. 나는 한 명이 먹을 것을 좋아한다는 사실을 알아냈다. 그래서 그 점을 고려하여 교실 환경을 꾸미기 시작하였다. 일주일 동안 주위에 있는 10개의 음식점을 찾아다니며 메뉴판을 모았다. 학생들과 함께 교실 뒤쪽을 음식점처럼 만들었다. 테이블과 의자, 플라스틱 식기들, 일회용 종이 용품들을 준비한 것이다. 수업 시간에 우리는 전식과 본식, 간이식과 디저트 메뉴를 읽었다. 또한 코너 학습 시간(center time)에는 작은 소품들을 이용하여 음식점에서 할 수 있는 놀이를 하였다. 학생들은 메뉴를 읽고 작은 판에 주문할 음식을 적었다. 모노폴리 놀이의 돈을 사용하여 음식값을 지불하였다. 메뉴에 있는 음식을 교실에 직접 가져 오기도 하였다. 계발 이론의 주요 내용들 – 흥미로운 환경을 만들고 놀이를 중점적으로 활용하며, 자연스런 개발을 유도하는 것 – 덕분에 우리 반 학생들을 행복하게 만들 수 있었고, 학생들은 바르게 행동하게 되었다. 나는 학생들이 이 기간에 학습을 하였다고 확신한다.

– Amy Smith, 7학년 특수 학급 교사

구조주의와 읽기에 대한 초기의 과학적 토대

앞에서 논의한 심성 도야 이론, 연합주의, 계발 이론은 일반 철학자들이 임상적 실험을 거치지 않고 주장한 것으로서 교육의 모든 영역에 적용이 가능하다.

반면, 읽기 영역에 특화된 연구는 실험적인 상황에서 제안된 초기 인지 심리학과 구조주의자들의 이론적 틀 속에서 시작되었다. **구조주의**(*Srtuctualism*)는 지각에 대한 탐구를 통해 마음의 구조를 설명하려 하였다는 점에서 초기 심리학의 가장 주요한 학파로 여겨진다(Jones & Elcock, 2001). 읽기는 읽기 현상 자체를 설명하기 위해 연구되었다기보다는 일반적인 심리 작용을 감지하기 위하여 연구되었다(Venezsky, 1984).

Venezsky(1984)는 읽기 연구의 초창기에 대하여 언급하였다. 최초 읽기 연구는 독일의 Wilhelm Wundt(1832~1920)에 의해 1870년대 후기에 세워진 세계적인 심리 연구실에서 실험을 통해 이루어졌다. 그는 구조주의 관점을 가진 독일의 심리학자였다. 미국인 학생이면서 Wundt의 조교였던 J.M. Cattell(Richards, 2009)은 글자나 단어의 인지, 가독성, 주의 집중 능력(span of attention)[4]처럼 읽기 과정과 관련된 인지 과정에 대한 연구를 진행하였다. Venezsky에 의하면, Wundt의 연구실에서 진행된 연구 중 가장 영향력이 있는 두 개의 연구가 Cattell에 의하여 발표(1886, 1890)되었다. Cattell은 문장 안에 연결되어 있는 단어를 읽는 속도가 연결되어 있지 않은 단어를 읽을 때보다 더 빠르다는 것을 알게 되었다. 또한 단어 안에서 연결된 글자를 읽는 속도가 연결되어 있지 않은 글자를 읽을 때보다 더 빠르다는 것을 알게 되었다. 그러나 아쉽게도 이에 대한 후속 연구는 1950년대까지 이루어지지 않았고, 그때까지 사람들은 이 연구의 가치를 인식하지 못하였다.

---

4) 역주: 순간적으로 제시된 문자의 수나 내용을 확인하고 그것을 다시 말하게 하는 측정 방법을 말한다.

1870년대 후기와 1880년대 초 독일에서 Wundt와 Cattell이 인지 과정에 대하여 연구를 하고 있었을 즈음, 파리 대학(University of Paris)에 있는 Javal은 눈동자의 움직임을 통한 읽기 연구를 진행하고 있었다(Roper-Hall, 2007). Javal은 시각 교정계에서 왕성한 연구활동을 하였으며 '시각 교정의 아버지'로 인정받고 있다(Roper-Hall, 2007, p.37). Javal의 주요한 업적 중의 하나는 '단독성 운동(saccade)' 현상을 발견하고 명명한 것이다. 단독성 운동은 독서할 때 안구가 부드럽게 연속적으로 선을 그리듯이 앞으로 나가는 것이 아니라 순간적으로 짧게 건너뛰면서 움직이는 현상을 말한다. 이 연구 결과가 나오기 전까지는 글을 읽을 때 독자의 눈이 안정적이고 연속적으로 흘러간다고 추정하였다. 역설적이지만 Javal은 녹내장으로 시력을 잃었다(Roper-Hall, 2007).

읽기를 통해 인지 과정을 밝히려는 초기의 이론적 접근은 1800년대 말에서 1900년대 초까지 지속되었다. Venezsky(1984)에 의하면, 읽기와 관련된 심리학에서 자주 언급되는 인지 과정에 대한 세 가지 주요한 이론이 이 시기에 발표되었다.

Quantz(1897)는 눈의 움직임-말하기 시차(EVS, eye-voice span)[5]를 처음으로 언급하였다. '눈의 움직임-말하기 시차'는 피험자가 글을 읽고 읽은 것을 명확하게 말하는 사이에 일어나는 시간차를 말한다. Dearborn(1906)도 눈의 움직임에 대한 탐구를 주제로 박사학위를 받았다. Huey의 책(1908, 1968) 『읽기의 심리와 교육(The Psychology and Pedagogy of Reading)』은 읽기와 인지, 읽기 능률, 하위 발성

---

5) 역주: '눈의 움직임과 말하기 시차(EVS: eye-voice span)'는 소리 내어 글을 읽을 때 눈의 움직임과 그것을 이해한 말(indication)하기 사이의 시간차를 말한다(Levin, Harris(1979), 『The Eye-Voice Span』 참조). EVS는 한국의 연구자들에 의해 합의된 용어가 없어 이와 같이 번역하였다. 한글 읽기에 대해서는 이춘길(2004), 『한글을 읽는 시선의 움직임』(서울대학교출판부)에서 글을 읽을 때 일어나는 시선 운동(eyetracking)과 읽기 능력에 대하여 다루고 있다.

(subvocalization)[6], 의미 구성의 특성, 읽기의 역사와 교육에 대하여 탐구하였다. Hiebert와 Raphael(1996)은 읽기 연구에서 구조주의자들이 이룩한 발전에 대해 다음과 같이 언급하였다.

> 1880년대 후반에 시작된 연구가 1900년대 초반에 이르자 심리학자들은 읽기를 하나의 지각 과정으로 파악하기 시작하였다. 이들은 주로 학생이 글자를 읽고 반응하는 시간을 바탕으로 글(글자와 단어들)에 대한 학생의 인식 능력을 평가하거나 눈동자 움직임과 목소리와의 시차(EVS), 글을 읽는 속도, 묵독을 하는 학생의 입술 움직임 등을 연구하였다(Venezsky, 1984 참조). 그러나 이들은 독자가 텍스트를 어떻게 이해하는지에 대해서는 관심을 기울이지 않았다. 독자가 텍스트를 어떻게 연결하는지 혹은 의미를 어떻게 구성하는지는 이들의 연구 범위를 넘어선 것이었다. 따라서 Venezsky(1984)가 언급한 대로 '황금기'는 분명하였으나, 이러한 접근이 문식성의 복잡한 과정을 이해하는 데 거의 영향을 미치지 못하였으며, 공식적인 교육을 통하여 글을 배워야 하는 학생들의 문식성 발달을 도울 수도 없었다(p.553).

다음은 학급에서 발견한 구조주의의 모습이다.

교실 현장 엿보기 구조주의

구조주의는 읽기 과정의 주요한 요소인 글자를 인식하는 데 중점을 두고 있는 이론이다. 나는 이 이론에 근거하여 학생을 지도하였

---

6) 역주: 하위 발성(subvocalization)은 스스로에게 소리 없이 말하는 것을 말한다. 주로 글을 읽는 과정에서 이해를 위해 스스로에게 말하는 현상으로 읽기 속도는 제한하지만 세부적이고 복합적인 재료를 재생해 내는 능력을 향상시킨다(박권생 역(2000). 『인지심리학 : 이론과 적용』, 시그마프레스 참조).

다. Michael은 듣기 기능이 글자 해독 기능보다 나은 학습 부진아 중 한 명이다. 'Intellitalk'는 학급에서 읽어야 하는 텍스트를 스캔할 수 있는 프로그램이다. 이 프로그램을 이용하면 원래 텍스트보다 더 큰 크기의 텍스트를 만들 수 있었고 이야기를 들려줄 수 있었다. 나는 Intellitalk를 이용하여 Michael에게 계속 책을 읽어 주었다. 구조주의를 이론적 기반으로 삼고 개발된 이 프로그램을 통해 Michael은 읽기를 할 수 있게 되었다.

– Heather Cannon, 4학년 교사

교실에 적용하기

알고 있든 그렇지 않든 간에, 교사가 행하는 많은 교육적 실천은 2000년 전에 만들어진 교육 이론이나 심리학 이론에 바탕을 두고 있다. 예를 들어 학생의 관심을 끄는 교사 활동은 심성 도야 이론과 관계가 깊다. 이 이론은 글자를 읽는 초기 단계에서부터 초인지를 활용하는 고등 단계에 이르기까지 거의 모든 문식성 교육의 실천에서 적용된다. 심성 도야 이론은 철자법이나 어휘 교육, 일견 어휘(sight-word)[7] 인식이나 맥락 단서를 활용하는 분야에서 특히 활용도가 높다.

심성 도야 이론을 가장 잘 반영한 문식성 교육 방법이 **반복 읽기**(*repeated reading*)이다. 반복 읽기에는 학습자가 교사의 시범을 따라 소리 내어 읽는 활동도 포함된다. 이러한 읽기를 통하여 교사들은 학습자들에

---

7) 역주: 일견 어휘(sight-word)는 파닉스(phonic)를 활용하지 않고 한눈에 읽을 수 있는 어휘의 목록을 말한다. 'it, is, some, a, the' 등과 같이 영어문장에서 가장 빈번하게 출현하는 어휘들이 이에 속한다. 영어 교육계에서 'sight-word'라는 원어를 써 왔으나 최근에 '일견 어휘'라는 용어를 사용하고 있어 이를 따랐다.

게 피드백을 제공하며 학습자가 더 나은 수준으로 나아갈 수 있도록 돕는다. 교사들의 피드백 안내는 발음, 표현이나 속도에 직접적으로 영향을 준다. 반복 읽기는 단어 인지 발달, 읽기 속도, 정확도, 유창성과 관계가 깊다(Armbruster, Lehr, & Osborn, 2001). 반복 읽기는 심성 도야 이론에서 비롯되었다. 왜냐하면 읽기 능력을 연습을 통해 강화되는 근육처럼 생각하였기 때문이다.

특수 학급 교사인 Korecki-Diaz(2011)는 학급에서 이루어진 심성 도야 이론을 다음과 같이 묘사하였다.

> 나는 인지 능력이 떨어져 모든 학습 과제에 최대한 도움을 주어야 하는 학생을 지도하는 특수 학급 교사이다. 심성 도야 이론을 알게 된 후 이를 바로 교실에 적용하였다. 내가 지도하는 학생들은 신체적으로나 심리적으로 부족한 부분이 많기 때문에 반복 학습이 필수적이다. 나는 이 이론을 적용하여 원인과 결과의 개념을 소개하였다.
>
> 9월에 이 과정을 시작하였을 때 학생들은 원인과 결과 개념에 대해 거의 알지 못하였다. 그러나 12월 초에 이르자 학생들이 조금씩 이해하고 있음을 알 수 있었다. 그러나 겨울 방학이 끝나고 개학을 하자 그 개념의 이해 정도가 다시 떨어져 있음을 알게 되었다. 학생들이 그 개념을 완전히 이해할 때까지 지속적으로 반복 연습을 해야 한다.

심성 도야 이론은 또한 영어 학습자(ELL)의 학습에도 도움이 된다. 『문식성과 이중언어사용(Literacy and Bilingualism: Handbook for all Teachers)』의 저자인 Brisk와 Harrington(2007)은 반복 연습(rehearsal)은 언어 능력을 계발하고 보존하는 데 효과적이라고 강조한다. 그들은 게임, 노래, 시 등이 언어 학습에서 유용한 방법이라고 본다. 교사가 하나의 게임을 설계한다고 가정해 보자. 교사는 여러 개의 그림을 연결하여 하나의 보드로 만들 수 있다. 그리고 학생들에게 낱말 카드를 차례대로 읽게 한다. 학생들이 낱말을 정확하게 읽는다면, 그들은 보드에 있는 그림과 연결시킬 수 있다. 이 방법으로 어휘에 대한 학습을 신속하게 진행할 수 있다.

연합주의는 근대에 이르러서야 교육 실천의 장에서 그 모습을 드러냈다. 학생의 배경지식을 활성화하거나 확장하기 위한 방법은 연합주의를 반영한 것이다. 학생들이 이미 배운 지식을 기반으로 연관 짓는 활동을 하기 때문이다. 문식성 교육에서 읽기를 통한 이해력은 학생들이 지닌 배경지식의 양이 증가함에 따라 정적으로 발달된다고 보기 때문에 교사는 학생들의 배경지식을 활성화시키려 한다. 예를 들어, 학생이 해변에 관한 이야기를 읽는다면 교사는 그에 대한 다양한 배경지식을 활성화시킬 것이다. 해변 사진을 보여 주고 해변에 갔었던 경험에 대해 질문하며, 해변에 대한 음성이나 영상 자료 등을 활용하고, 해변과 관련된 다른 이야기를 읽어 줄 수 있다. 브레인스토밍이나 생각 그물 만들기도 이와 같은 연관 짓기 유형을 참고한 것이다. 이러한 활동은 '스키마 이론(Schema Theory)'과 관련되므로 4장에서 더욱 자세하게 다룰 것이다.

연합주의와 관련된 소프트웨어로는 'Kidspiration'(Inspiration, Inc.)이 있다. 이 소프트웨어는 유치원에서 초등학교 5학년 학생들을 위해 만들어졌으며 그물이나 선, 벤다이어그램과 같은 그래픽을 만들 수 있도록 도와준다. 그래픽을 만들어 보는 경험을 토대로 학생들은 학습한 개념에 대하여 반성적으로 생각할 수 있게 된다. 이 그래픽 그리기 활동이 전자 환경 속에서 이루어질 때 학생들의 흥미 역시 높아진다.

연합주의는 또한 영어를 학습하는 방법으로 널리 활용되고 있다. 브레인스토밍 활동을 통해 생각 그물을 만들거나 차트를 만드는 활동은 영어 학습자들의 배경지식을 활성화하고, 내용 교과 영역의 학습을 위한 전략이 될 수 있다(Brisk & Harrington, 2007). Brisk와 Harrington은 다음과 같이 말하였다.

그래픽 조직자(graphic organizer)는 학습하고 있는 주제에 대해 중요한 관점과 개념을 시각적으로 인식하도록 한다. 벤다이어그램, 이야기 그물, 주요 생각을 찾는 것과 같은 그래픽 조직자의 다양한 유형은 의미 구조도(Semantic Mapping)로서 의미의 행렬과 세부사항을 파악할 수 있도록 돕는다. 의미 구조도는 어휘력 신장과 배경지식 활성화에 도움을 준다. 이러한 구조도는 단어, 생각, 개념의 범주를 보여 주고 각 단어들이 어떻게 다른 단어들과 연관되는지를 보여 준다. 구조로 그리기는 학생들에게 정보를 시각적으로 조직하도록 도와주는데, 공책을 정리할 때나 계획을 세울 때도 활용될 수 있다. 이것은 매우 유용한 '읽기 전-쓰기 전 활동(pre-reading-pre-writing)[8)]'이 될 수 있다. 그래픽 조직자는 독후 활동(post-reading)[9)]에도 활용도가 높은데, 학습자가 주제에 대한 이해력을 높이고 읽은 내용을 확인하는 데 이용된다. 제2언어 학습자들에게 이것은 지식의 비계를 만들고 어휘를 늘리는 도구가 될 수 있다 (pp.159-160).

18세기에 제안된 계발 이론도 최근 문식성 교육의 바탕이 되고 있다. 문식성을 개발하기 위한 가장 효과적인 방법의 하나로서 문식성 센터를 들 수 있다(Morrow, 2012). **문식성 센터**(*Literacy Center*)는 실제적인(authentic) 환경에서 다양한 문식성 활동을 할 수 있도록 교실 안에 마련된 특별한 공간이다. 문식성 센터는 읽기 활동에 쉽게 참여하도록 설계되었다(Morrow, 2012). 교실에서 문식성 센터를 운영하는 것은 계발 이론을 적용하는 것과 같다. 왜냐하면 환경에 대한 자연적인 호기심에 근거하여 문식성을 개발하도록 디자인되었기 때문이다.

---

8) 역주: 원문에는 ' '로 묶여 있지 않지만, 한 단어의 읽기 교육 용어로서 쓰이고 있는 단어이므로 ' '로 묶었다.

9) 역주: reading을 모두 '읽기'로 번역하였으나, post-reading은 '독후 활동'으로 상당히 굳어진 표현이므로, '독후 활동'으로 번역하였다.

또한 문식성 센터를 교실에서 운영하는 것은 사회적 학습 이론(Social Learning Theory), 발생적 문식성 이론(Emergent Literacy Theory), 동기유발 이론(Motivation Theory)을 적용하는 것이기도 하다. 이 이론들에 대해서는 이후에 논의할 것이다.

문식성 센터를 만들기 위해서는 학습 활동과 교구에 대한 계획이 필요하다. 『문식성 센터(The Literacy Center: Contexts for Reading and Writing)』(제2판)에서 Morrow는 문식성 센터를 운영하기 위한 모든 자료를 설명하였다. 여기서 자세히 다룰 수는 없지만 Morrow가 제안한 내용을 간단히 살펴보면 다음과 같다.

문식성 센터는 물리적 환경을 조성하기 위해서 만들어진다. 주로 교실의 한 구석에 만들어지는 경우가 많은데, 여기에는 책장과 색깔이 고운 양탄자가 이용된다. 학생당 5~8권의 책을 배당할 수 있도록 다양한 장르의 책을 구비하고 다양한 물건들을 쉽게 사용할 수 있게 해야 한다. 흔들의자, 장식용 쿠션, 등받이 방석, 동물 인형과 큰 색깔 박스를 활용하여 개인적인 독서 공간도 마련한다. 또한 책을 빌리고 반납할 수 있는 시스템과 테이프와 헤드셋처럼 오디오북을 활용하고 스토리텔링을 할 수 있는 도구들도 필요하다(Morrow, 2002 참고). 글쓰기 센터 혹은 저자의 자리는 문식성 센터 안이나 바로 옆에 위치한다. 글쓰기 센터를 위한 자료로는 의자와 책상, 쓰기에 필요한 학용품(연필, 펜, 마커, 크레용 등), 종이용품(다양한 크기와 색깔의 종이, 공책, 마커용 판)과 쓰기 결과물을 넣을 수 있는 폴더가 있다. 문식성 센터에 게시판을 활용하는 것도 좋다. 게시판을 통해 완성한 결과물이나 학생들의 생각을 나눌 수 있고 문식성 센터의 규칙을 안내할 수 있으며 일기나 쓰기, 주제나 작가에 대한 정보를 공유할 수 있다. 간단히 요약하면, 문식성 센터의 물리적 환경은 계발 이론에서 언급한 바와 같이 학습자의 호기심을 자극하도록 설계해야 한다.

교사는 생산적이면서도 즐거운 문식성 활동경험을 제공해야 한다. Morrow(2012)는 30~45분을 한 단위로 하는 문식성 시간이 일주일에 적어도 2~3번 필요하다고 하였다. 문식성은 교사가 종이 인형을 이용하여 이야기를 들려주고(flannel board story)[10] 새로운 게임, 새로운 쓰기 활동과 같은 새로운 활동을 소개하는 것으로부터 시작해야 한다. 교사의 시범에 이어 학생들은 원하는 동료와 함께 활동하거나 혼자서 활용할 수 있다.

학생들은 모둠별로 활동을 할 수도 있다. 예를 들어, 학생들이 종이 인형 이야기판(flannel board)을 이용하여 이야기 다시 말하기 활동을 할 경우, 누가 어떤 역할을 할 것인지 정할 수 있다. 또한 한 학생이 리더가 되어 친구들의 활동을 관찰할 수 있다. 문식성 센터 시간에 학생들은 (활동에 참여하지 않고) 다른 학생들을 그저 관찰하는 역할만을 할 수도 있다. 이러한 선택 기회의 제공은 문식성 센터의 핵심 원리이자, 학생들이 문식성 학습에 보다 흥미롭게 참여하도록 유도하기 위한 조치이다(Morrow, 2012). 문식성 센터 시간에 교사는 교실에서 촉진자와 관찰자의 역할을 한다. 교사는 학생들의 활동을 관찰하여 일화 형식으로 적기도 하고, 학생들이 그룹 안에서 혹은 혼자 활동할 때 어떤 것들이 필요한지 확인하기도 한다. 문식성 센터를 운용하는 데 필요한 추가적인 정보는 Morrow(2012)에서 찾을 수 있다.

계발 이론은 'Starfall'(www.starfall.com)과 같은 교육 사이트에서도 활용되고 있다. Starfall은 2002년에 개설된 사이트로서 어린 학습자들의 문식성 개발을 위한 무료 서비스를 제공하고 있다. 이 사이트는 글자나 단어 인지, 이야기 따라 읽기 등의 활동적인 학습 활동을 온라인으로 제공한다. 유치원에서 초등학교 2학년 정도의 읽기 실력이면 이 사이트에서 접속하여 활동을 할 수 있다. Starfall과 같이 무료로 제공되는 교육 사이

10) 역주: 'flannel board story'는 벨크로 테이프로 만들어진 보드에 벨렉스 테이프가 부착된 인형을 붙여 가며 이야기를 들려주는 활동을 말한다. 유아용으로 만들어진 이야기 세트가 시중에서 판매되고 있다.

트는 계발 이론을 반영하고 있다. 학생들이 가장 좋아하는 활동에 관심을 보이고 그것을 할 수 있도록 구안되어 있으며, 이러한 활동을 통해 학습자의 학습과 흥미를 증가시킬 수 있기 때문이다.

Morrow(2012)는 2030년에 미국 학생의 40% 정도가 영어 학습자(ELL)가 될 것이라고 말하였다. 모든 학생들과 마찬가지로 영어 학습자에게도 환경에 의한 자극이 일어나야 한다. 1학년 교사인 Ng는 교실에 적용 가능한 계발 이론의 예로 다음의 활동을 제안하였다(Morrow, 2012).

다양한 문화적 배경을 가진 학생들을 하나의 교실 속에서 뭉치게 하기 위하여 나는 학생들과 함께 교육 연극을 위한 제과점을 만들었다. 제빵사의 모자, 앞치마, 쿠키 자르는 기계, 반죽 밀대, 반죽 그릇, 계량 숟가락, 쟁반 그리고 도넛, 쿠키, 케이크나 파이 등을 구분해 넣어 둘 상자를 준비하였다. 연필과 펜 그리고 제빵을 위한 책과 함께 몇 개의 요리법을 교실에 걸어 두었다. 나는 컴퓨터에 접속하여 요리법을 볼 수 있도록 준비해 두었다.

인터넷은 새로운 요리법을 제공해 주었다. 아이들은 집에서 요리법을 가지고 오기 시작하였다. 그들의 다양한 문화적 배경에 따라, 독일의 스트루들, 이탈리아의 비스꼬띠, 유대인들의 할라 브레드를 만드는 법을 교실로 가지고 왔다.

빵을 사고팔기 위하여 학생들은 패드에 주문하고, 현금과 영수증, 줄서기 표를 만들었으며, 빵의 이름이나 파는 사람들의 이름을 적기 위하여 이름표를 만들었다. 나는 연극을 도와주기 위하여 판매자, 손님 그리고 제빵사의 행동을 보여 주었다. 예를 들어, 판매자는 주문을 받고 주문 내용을 적었다. 제빵사는 요리책이나 교실 벽에 붙어 있는 요리법을 따라 빵을 만들었다. 또한, 손님은 돈을 세고, 빵에 붙은 이름표를 읽고 확인하였다. 교실에서 빵의 기원과 빵을 비교해 보는 활동이 활발하게 이루어졌다.

구조주의 역시 최근 문식성 교육에 반영되고 있다. 교실에서 학생들과 수업할 때 교사들은 주의 집중을 위해 지시봉을 활용한다. 예쁘면서도 재미있는 지시봉은 그 끝이 별모양으로 된 막대기이다. 어떤 교사들은 밝은 불빛이나 글자판을 이용하기도 한다. 교사들은 교실의 불을 끄고 불빛이 나는 지시봉으로 글자를 비춘다. 글자에 주목하도록 하기 위해서 문장에 색깔을 입히기도 한다. 글자의 색깔에 따라 학생들의 주의력을 집중시킬 수 있다. 개인이나 소그룹 학생들을 가르칠 경우, 라인 마커(line marker)[11]나 교사의 손가락을 지시봉처럼 활용할 수 있다.

글을 인식하는 데 도움이 되는 교육용 소프트웨어도 많다. 소프트웨어를 활용하면 글자의 크기나 모양, 색깔을 쉽게 바꿀 수 있다. 특별한 도움이 필요한 학생들은 글자의 모양이 바뀌었을 때 더 쉽게 읽을 수 있다. Intellitalk와 같이 쓴 글자를 읽어 주는 기능을 가진 소프트웨어는 컴퓨터 화면에서 글자를 크게 보여 준다. 그리고 학생들이 인식할 수 있도록 글자를 읽어 준다. 소프트웨어를 활용하는 또 다른 방법은 혼자서 텍스트를 읽게 하거나 그 학생이 읽기 어려워하는 단어가 들어 있는 내용을 보게 하는 것이다. 고등학교 교사인 Gyorfy(2011)는 스마트 보드(smart board)[12]를 활용하여 수업을 하였을 때에 학생들의 참여도가 더 높았다고 한다.

"나는 학생들에게 보드 앞으로 나와 에세이를 쓰도록 하였다. 그들은 에세이의 결론 문장, 주제 문장, 전개 방법 등을 하이라이팅 기능을 활용하여 공부하였다. 스마트 보드가 보여 주는 글은 학생들을 매료시켰고,

---

11) 역주: 형광펜같이 글자 위를 색칠할 수 있는 펜을 line marker라고 한다.

12) 역주: 스마트 보드는 interacitve whiteboard의 대표적인 이름이다. 자세한 설명은 3장의 역주 4) 참조.

그들은 이전보다 더 수업에 몰입하였다"(p.5).

텍스트에 대한 인지 능력을 향상시키기 위하여 첨단 기술을 이용하는 교사들의 생각은 1800년대 후기와 1900년대 초기에 유럽과 미국에서 유행한 구조주의에 기반한 것이다.

연구에 적용하기

초창기 교육 이론에 해당하는 심성 도야 이론, 연합주의, 계발 이론과 구조주의는 지금까지도 교실에서 적용되고 있으며 문식성 연구에도 반영되고 있다.

연습이 학습자의 성취에 미치는 영향을 점검하고 추적하려는 연구자들이나 대학원생들은 Plato, Aristotle 그리고 심성 도야 이론이 자신들의 연구와 이론적으로 연관되어 있다는 것을 알 수 있다. 구어 발달, 파닉스 인지, 읽기 자료에 대한 노출, 이야기책 읽기의 경험이 어린이의 읽기 능력 발달에 영향을 미치는 영향에 대한 연구는 연습의 효과를 보여 준다. 기능의 연습에 대한 연구는 대체로 심성 도야 이론을 근거로 한다.

최근 심성 도야 이론의 약세에도 불구하고 2011년 세계적인 교육학 저널인 「Journal of Educational Psychology」에 심성 도야 이론을 바탕으로 성인 학습의 효과를 연구한 논문이 게재되었다. 이 논문에서는 성인 학습의 효과를 두 유형(통제된 연습 vs 무작위 연습)으로 구분하였다. 그런 다음에 성인의 즉각적 학습(연구하는 동안에 일어난 학습)과 지연된 학습(연구가 끝난 다음에 일어난 학습)의 차이를 제시하였다. 유사 연구에서도 통제된 연습은 즉각적 학습에 탁월한 효과가 있고, 무작위 연습은 장기 학습에 효과가 있다는 것이 밝혀졌다. 이는 심성 도야 이론이 2500년 전에 만들어졌지만 현재 교육 연구에 있어 중요한 의미를 가지고 있음을 보여 주는 증거이다.

연합주의는 1950년대에 나타난 심리학의 두 주류인 인지 심리학과 행동주의 심리학의 학문적 기반을 형성하였다. 그러므로 어떤 연구이든 교육학 연구 및 심리학 연구는 이 두 가지 지류 중 하나에 속하며, 궁극적으로는 연합주의와 연결된다. 벤다이어그램이나 KWL 차트 혹은 이야기 그물과 같은 읽기 활동은 모두 연합주의의 연구 결과이다.

Coleman(2010)은 비교와 대조의 연합 원리가 학습에서 얼마나 중요한지 언급하면서, 5000명의 미국 교사들(유치원에서 초등학교 5학년)에게 전자 설문조사를 실시하였다. 그는 이 설문을 통해 수업 시간에 교사들이 그래픽 조직자를 활용하고 있는지 확인하였다. 응답자의 58%가 두 주제의 공통점과 차이점을 드러내기 위하여 벤다이어그램을 사용하고 있었다. 한편 벤다이어그램을 넘어서는 그래픽 표현들도 활용되고 있었다. 학습 원리로 비교와 대조를 이용하는 것은 거의 2500년 전에 발생한 연합주의와 연계된 것이다.

학습 활동과 학습 환경의 효과를 연구하는 연구자나 대학원생들은 계발 이론이나 Rousseau, Pestalozzi와 Freobel의 이론을 논리적 기반으로 삼을 수 있다. 계발 이론은 또한 아동의 관심과 연결된 흥미 연구에 적합하다. 교실 문식성 센터의 효과와 관련된 연구에서도 계발 이론을 논리적 근거로 삼는다(Morrow, 2001). 문식성 센터는 학습자의 내적 호기심과 흥미로운 학습 환경을 중요시하고 학습자 스스로 학습 활동에 참여하도록 유도하고 있으므로 계발 이론은 문식성 센터의 기반 이론이 될 수 있다.

Morrow(2002)는 교실에서 문식성 센터의 적용에 관한 심도 있는 연구를 진행하였다. 문식성 센터의 물리적 환경, 교사의 시범 활동, 개인적으로 글을 읽거나 쓸 때 할 수 있는 학습자의 활동까지 포함하여 문식성 센터 활동의 효과를 기술한 이 연구에 따르면, 문식성 센터의 활동은 학생들의 읽기와 쓰기에 대한 즐거움을 증가시킨다. 또한, 텍스트 인지 능력이 향상되고 파닉스 인지나 이해력, 어휘력은 물론이고 읽기의 유창성과 쓰기 능력도 발달시킨다.

읽기의 인지와 신경학적인 관계에 대해 연구를 진행하고 싶을 때에는 구조주의를 이론적 기반으로 삼을 수 있다. 최근에 인지 과정 이론(Cognitive-Processing Theory)이 부각되고 있으나 구조주의는 읽기 과정에 대한 신경학적인 인식의 측면을 논의할 때 주로 사용된다(이 책의 7장 참고). 구조주의는 인지 과정 연구의 시초이기도 하다. 인지 과정 이론과 모형은 읽기 과정을 생리학적인 관점으로 설명하기 때문에 보다 폭넓게 활용된다.

이 장의 첫 머리에서 설명한 바와 같이, 읽기와 관련된 초기 연구는 구조주의 관점에서 시작되었다. Cattell(1886, 1890), Quantz(1897), Dearborn(1906), Huey(1908/1968)의 연구는 이 이론의 시금석이라고 할 수 있다. Shaywitz 외(2000)는 구조주의가 근대에 널리 확산된 예를 보여 주고 있다. 최첨단 기계를 활용하여 일반적인 지능을 가진 독자와 난독증 독자의 읽기 과정을 비교한 연구도 그 예에 속한다. Shaywitz 외는 위의 두 그룹에 속한 독자들의 두뇌에서 생리학적으로 다른 점을 발견하였다. **음운 결손 가설**(*specipfic phonological deficit hypothesis*)은 난독증 독자가 말소리를 만드는 데 장애를 가졌다는 연구 결과를 바탕으로 한 것이다.

요약

20세기 전에 읽기 현상을 이해하기 위해 구안된 교육 이론의 유형은 심성 도야 이론, 연합주의, 계발 이론과 구조주의이다. 심성 도야 이론은 정신은 근육을 가진 피부와 같아서 지속적으로 연습하고 강화시켜야 학습이 일어난다는 이론이다. 연합주의는 알고 있는 것들 사이의 연관 짓기를 해야 학습이 발생한다는 이론이다. 계발 이론은 아동의 호기심을 자극하고 학습 환경을 조성해야 내적인 지적 몰입이 발생하여 학습이 일어난다는 이론이다. 구조주의는 인식 과정 연구를 통하여 학습을 설명하고자 한 이론이다.

심성 도야 이론, 연합주의, 계발 이론은 임상 실험을 거치지 않은 철학적 접근 방법으로서 모든 교육 분야에 적용될 수 있다. 읽기 영역에 특화된 연구는 구조주의라는 넓은 이론 아래 인지 과정을 탐구하면서 시작되었다. 이 장에서 설명된 이론들은 발생과 더불어 서로 연결되어 있다. 이 이론들은 오래전에 제안되었지만 아직도 교실에서 적용되고 있다. 또한 각각의 이론은 여전히 최근의 연구에서 이론적 틀로 사용되고 있다.

토의 주제

- 역사적으로 읽기 분야에 영향을 미친 초기 이론에는 어떤 것들이 있는가?
- 읽기와 관련된 초기 이론들은 근래의 교실에서 어떤 영향을 미치고 있는가?
- 읽기와 관련된 초기 이론들은 근래의 읽기 연구에 어떤 영향을 미치고 있는가?

주요 활동

연관 짓기(Making Connection). l'Allier와 Elish-Piper(2007)에 의하면, 이 전략은 독자에게 세 가지 유형의 연관 짓기 활동을 하게 한다. '텍스트-나' 연관 짓기(text-to-self connection), '텍스트-텍스트' 연관 짓기(text-to-text connection), '텍스트-세계' 연관 짓기(text-to-world connection)것이다. '텍스트-나' 연관 짓기는 독자가 주어진 과제와 독자의 일상생활과 경험, 감정을 연결하는 것이다. '텍스트-텍스트' 연관 짓기는 독자가 주어진 과제와 다른 텍스트 자료(종이 자료나 전자 자료)를 자신이 읽은 내용에 비추어 연결하는 것이다. '텍스트-세계' 연관 짓기는 독자가 주어진 과제와 '사회적인 이슈나 사건, 독자의 경험을 넘어서 세계의 사람들'과 연결 짓는 것이다(L'Allier & Elish-Piper, 2007, p.343). 독자는 연관 짓기 활동을 하면서 그들이 참고한 주요 텍스트가 무엇인지, 어떻게 만들어졌는지 어떤 종류의 연결인지를 기록할 수 있다. 활동의 결과는 교실 전체 학생들과, 혹은 소그룹 학생들과 함께 공유할 수 있다.

실천 과제(Class-to-life Writing Assignment). 심성 도야 이론, 연합주의, 계발 이론, 구조주의와 같은 역사적인 주요 이론에 대해 3~5쪽 정도의 분량으로 요약하시오. 당신이 지도하고 있는 교실에서 각 이론을 어떻게 적용할 수 있을지 그 예를 한 가지 이상 설명하시오.

Chapter 3

행동주의

50년 동안 주요하게 작용했던 교육 관점
(1900~1950년대)

읽기 전에 함께 생각할 문제들

- 행동주의란 무엇인가?
- 고전적 조건 형성 이론은 무엇이며 읽기 교육 및 연구에 어떤 영향을 주었는가?
- 연결주의는 무엇이며 읽기 교육 및 연구에 어떤 영향을 주었는가?
- 조작적 조건 형성은 무엇이며 읽기 교육 및 연구에 어떤 영향을 주었는가?

행동주의란 무엇인가

행동주의란 관찰 가능한 인간 행동의 변화를 바탕으로 학습을 설명하는 이론이다. Richards(2009)에 따르면 행동주의는 Freud에 의해 제창된 정신분석 이론(Psychoanalytic Theory)과 같은 심리주의(Mentalism)에 대한 이론적 반발로 발생하였다. 심리주의에서는 활동이나 행동을 관찰 불가능한 것으로 인식하였고 심지어 무의식, 감정, 욕망, 욕정 그리고 욕구에 의해 표출된 어떤 것으로 간주하였다. Watson(1913)과 같은 행동주의 심리학자는 Freud가 말한 정신적 요소들의 존재에 대해 회의적이었다. 그래서 인간의 행동에 대한 연구는 관찰 가능한 어떤 것을 통하여 설명되어야 한다고 보았다. Watson과 초기의 행동주의자들은 관찰 가능한 행동을 통해 학습을 설명해야 하며 이것이 심리학 분야에서 필수적인 요소가 되어야 한다고 생각하였다. 1913년에 Watson은 '행동주의 관점으로 바라본 심리학'을 발표하였다. 이 발표는 행동주의 운동을 촉발하는 계기가 되었다(Richards, 2009). 이후 행동주의는 교육학과 심리학의 주도적인 이론으로 자리 매김하며 50여 년간 위세를 떨쳤다(Richards, 2009).

행동주의는 읽기를 인지 과정으로 인식하지 않고 독립적인 기술이 통합된 하나의 행동으로 인식하였다. 이것은 학생들의 학업 성취도를 향상시켰다. 행동주의에 기초한 직접 교수법은 오늘날에도 주요한 교수법으로 인식된다(Carnine, Silbert, Kame'enui, & Tarver, 2004).

행동주의적 관점에서 학습의 결과는 관찰 가능한 행동의 변화를 의미한다. 행동주의는 두 가지 가설을 주요한 근거로 삼는다. 첫째, 행동은 자극에 대한 유기체의 반응 결과라는 것이다. 둘째, 외부 자극은 유기체의 행동을 강화 혹은 약화시킨다는 것이다(Fetsco & McClure, 2005). 행동주의의 세 가지 주요 이론은 Ivan Pavlov가 개발한 고전적 조건 형성(Classical Conditioning), Edward Thorndike가 개발한 연결주의(Connectionism), B.F. Skinner가 개발한 조작적 조건 형성(Operant Conditioning)이다. 이 세 가지 이론은 2장에서 논의한 연합주의를 기반으로 한다.

고전적 조건 형성 이론

고전적 조건 형성 이론(Classical Conditioning Theory)에 따르면 두 개의 자극을 활용하면 같은 반응을 이끌어 낼 수 있다고 한다(Fetsco & McClure, 2005). Pavlov는 1920년대에 개의 소화 연구를 통해 고전적 조선 형성 이론을 만들었다. Pavlov는 그 연구를 통하여 개가 빈 밥그릇을 보는 것만으로도 침을 흘리기 시작한다는 것을 알게 되었다. 이에 Pavlov는 개가 자신의 주인이 먹이를 주었을 것이라고 믿기 때문에 침을 흘린다는 가설을 설정하였다. 다시 말하면 개는 먹이와 밥그릇을 연결시킴으로써 '**연합을 통한 학습**(*learned through association*)'을 한 것이다. 이 개념에 흥미를 느낀 Pavlov는 연결을 통한 학습 관련 실험들을 계속한다. 결국 Pavlov는 간단히 종을 울리는 것만으로 개가 침을 흘리게 하는 데 성공한다. 이러한 **조건 형성**(*conditioning*)은 개가 종소리와 음식을 주는 행동을 연결함으로써 가능하였다. 그 결과 연구자가 종을 울리고 빈 접시를 개에게 가지고 가도 개는 침을 흘렸다. 종이 울리는 자극으로 개가 침을 흘리는 행동을 유발한 것이다. 이러한 연합주의에 근거한 학습의 형성은 고전적 조건 형성으로 알려져 있다. Shanks는 이에 대해 다음과 같이 언급하였다. "Pavlov학파의 조건 형성이라는 용어를 해석하는 기준은 연합적인 자극 대체라는 측면에서 설명된다. 즉 조건 자극(CS)이 다른 것과 연합되고 활성화되면서, 무조건 자극(US)을 대체하고, 결국 무조건 자극에 대한 반응과 동일한 반응을 일으키게 된다."(p.296)

Pavlov의 연구는 생리과학적 방법으로 행동주의를 연구한 것이다. 행동주의 연구자인 Watson(1878~1958)은 처음으로 인간 행동에 고전적 조건 형성 이론을 적용하였다(Richards, 2009). 그래서 Watson은 행동주의의 아버지로 불린다.

학급에서 학생들을 조용히 시키기 위하여 교실의 불을 끄고 손을 드는 것은 고전적 조건 형성의 예이다. 처음에 "조용히 하세요" 혹은 "쉬!"와 같은 말도 함께 했을지도 모른다. 하지만 시간이 지나면서 불을 끄고 손을 올리는 행동만으로도 학생들을 조용하게 할 수 있다. 이것은 불을 켜고 손을 올리는 교사의 행동과 조용히 하는 학생 행동을 연결시켜 학습한 결과이다. Pavlov학파의 용어를 빌리자면, 불을 끄는 행동이나 손을 올리는 행동은 조건 자극이며, 이것이 학생들이 조용히 하는 조건 반응을 형성하였다고 볼 수 있다.

Fetsco와 McClure(2005)는 고전적 조건 형성은 학생의 감정 반응에도 적용될 수 있다고 언급하면서 다음과 같은 예시를 제시하였다(pp.30-31).

- John은 다른 사람 앞에서 자신이 형편없게 보였을 때 긴장한다. 그는 수학 과제에 대한 평가나 시험 성적이 나쁘기 때문에 수학 선생님이 시험지를 내라고 하면 손에 땀이 맺히고 가슴이 두근거린다.
- Sarah는 초등학교 때에 연극에 두 번 참여하였다. 그런데 무대에 올라간 후 어떻게 움직여야 하는지 그만 깜박 잊었다. 너무 화가 나고 부끄러웠기에 지금도 연극에 참여하라는 말만 들으면 그 일이 생각나서 화가 치민다.
- Mr. Joseph은 고등학교 시절 문제아였고, 성적도 좋지 못하였다. 결국 학교에 대해 좋지 않은 감정을 가지게 되었다. 학교를 자퇴하였고, 부모가 된 그는 교사와 상담을 하기 위해 학교에 갈 때가 있는데, 학교 건물만 봐도 마음이 불편해진다.

위는 학생 때 겪은 일이 부모가 된 후에도 강력하게 작용한다는 고전적 조건 형성의 결과에 대한 예시이다. 긍정적 혹은 부정적 감정은 책, 시험, 교사 그리고 교실에 대한 자극과 연결된다. 따라서 교사는 고전적 조건 형성이 이루어졌다고 판단이 되면 새로운 환경을 만들어야 한다.

Fetsco와 McClure(2005)는 고전적 조건 형성의 원리에 따라 교사가 완전 학습이 아닌 발전 학습을 원할 때에 학습자의 학습 불안은 줄어든다고 하였다.

고전적 조건 형성 이론은 그것이 관찰 가능한 행동의 변화와 학습의 표시로서 자극과 반응에 초점을 맞추고 있기 때문에 행동주의를 표방한다고 볼 수 있다.

교실 현장 엿보기 **고전적 조건 형성**

우리 반에서 찾을 수 있는 고전적 조건 형성의 예는 지너지 차임(zynergy chime)[1]을 사용하여 학생들이 사용한 물건을 치우게 하는 활동이다. 나는 수업시간이 끝나면 사용한 물건을 치우고 다음 시간을 준비할 수 있는 신호를 정하고 싶었다. 그러려면 지속적인 묵독(SSR)시간이든지, 혼자서 공부를 하고 있든지, 혹은 코너 학습 자리에서 활동하고 있든지 간에 학생의 활동을 멈춰야 했다. 새 학기의 첫 날, 나는 학생들 각자가 하고 있는 활동을 정리하고 다른 활동을 하도록 유도하고 싶어서 지너지 차임을 울렸다. 학생들이 그 소리에 놀라 나를 바라보았지만, 무엇을 해야 할지 몰라 혼란스러워하였다. 나는 학생들에게 지금은 정리할 시간이며, 이제 다른 활동을 할 것이라고 설명하였다. 이런 과정을 몇 번 거친 후, 아이들은 차임벨 소리를 들으면 정리 시간이라는 것을 알게 되었다. 지금 내가 차임벨을 울릴 때마다 학생들은 자동적으로 사용한 물건을 치우고 다음 활동을 준비한다.

– Melissa Ricca, 1학년 교사

고전적 조건 형성은 교사가 알든 모르든 간에 교실 현장에서 매일 활용되고 있다. 교사들은 학습을 강화하기 위해 고전적 조건 형성보다는 조작적 조건 형성을 더 자주 활용하는 것 같다. 그런데 고

1) 역주: 미국의 교실에서 학생들의 주의 집중을 위해 많이 사용되는 간이 악기. 사진 참조

전적 조건 형성은 조작적 조건 형성과 함께 작용할 때에 효과를 발휘하는 경우가 많다. 예를 들어 칭찬을 하면서 수업을 즐겁게 운영하는 교사가 있다면 학생은 이러한 수업을 기뻐하면서 더욱 집중하려 할 것이다. 나는 어렸을 때의 교육 경험이 미래를 결정한다고 믿는다. 학교를 사랑하고 아끼는 마음을 갖는 것은 매우 중요하다. 나는 긍정적인 환경을 조성하려 노력하기 때문에 내가 지도하는 학생들은 학습에 대한 열정과 포부를 가지고 있다고 믿는다.

고전적 조건 형성에 대한 또 다른 예는 "자, 누가 준비하고 있지?"라고 말하면 학급 전체가 등을 곧게 세우고 손을 모아 앞으로 내려놓는 것이다. 이것은 학기 초부터 조건화되었다. 나는 처음에 학생들에게 바른 자세로 앉아 있는 소년의 그림을 소개하였다. 그리고 그 소년의 이름이 'Bob'이라고 알려 주었다. 학기 초에는 "누가 Bob처럼 앉아 있는지 보자."라고 말하였다. 몇 달이 지난 후에는 그냥 그 화보를 가리키면 학생들이 바른 자세로 앉았다. 1년이 지난 지금 "자, 누가 준비하고 있지?"라고 말하면 아이들은 모두 Bob처럼 앉아 있다.

– Camille Santamaria, 1학년 특수통합학급 교사(inclusion teacher)[2)]

---

2) 역주: 'inclusion teacher'는 적어도 1명 이상의 장애 학생을 포함한 보통 학급을 지도할 수 있는 교사를 의미한다. 최근 장애 학생들만을 모아서 가르치는 교육보다는 장애 학생과 평범한 학생들을 함께 지도해야 한다는 인식이 확산되면서, 미국이나 캐나다에서는 장애가 있는 학생을 특수학급이 아닌 보통 학급에서 배우도록 조치하는 경우가 많다. 초등학교 수준에서는 이러한 장애 통합학급이 보편적으로 이루어지고 있으나, 중고등학교에서는 아직도 이러한 교육 방식이 확산되지 못하고 있다. 따라서 'inclusion teacher'를 특수통합학급 교사로 번역하였다.

연결주의

Pavlov와 Watson이 행동 이전의 자극에 관심을 가지고 있었던 반면 Thorndike는 "행동 이후에 일어나는 자극이 미래의 행동에 영향을 미친다"는 것을 증명함으로써 행동주의의 연구 영역을 넓혔다(Slavin, 2003, p.140). Thorndike는 **연결주의**(*Connectionism*) 이론을 만들고 효과의 법칙(Law of Effect), 준비의 법칙(Law of Readiness), 동일 요소의 법칙(Law of Identical Elements), 연습의 법칙(Law of Exercise)이라는 네 가지 법칙을 제안하였다. Slavin(2003)은 효과의 법칙을 다음과 같이 설명한다.

> Thorndike가 말한 효과의 법칙은 어떤 환경 속에서 특정 행동이 만족할 만한 결과를 가져왔다면 그와 비슷한 환경에서 그 행동은 증가한다는 것이다. 그러나 그 행동이 불만족스러운 변화를 가져왔다면 그 행동은 줄어든다. 따라서 어떤 사람에게 나타난 행동의 결과는 그 사람의 미래 행동을 결정하는 데 중요한 역할을 한다(pp.141-142).

Thorndike가 언급한 효과의 법칙은 '강화 원칙(Principle of Reinforcement)'으로 잘 알려져 있다.

Thorndike는 또한 준비의 법칙과 동일 요소의 법칙, 연습의 법칙을 상정하였다.

- 쉬운 과제를 어려운 과제보다 먼저 제시하였을 때 학습이 효과적으로 일어나는 것이 **준비의 법칙**이다.
- 첫 번째 학습의 요소(예를 들어, 내용과 절차)가 두 번째 학습에서도 동일하게 존재할 때 학습 효과와 전이가 쉽게 일어난다는 것이 **동일 요소의 법칙**이다.
- 자극-반응(stimulus-response)이 반복될수록 그 결합은 점점 강력해

진다. 반복하여 연습하지 않으면 결합도 느슨해진다는 것이 **연습의 법칙**이다.

Hiebert와 Raphael(1996)은 Thorndike의 법칙이 1900년대 교실에 미친 영향과 그 함의에 대해 다음과 같이 언급하였다.

> 효과, 연습, 준비 그리고 동일 요소(Thorndike, 1903)라는 학습 법칙을 교과 영역에 적용하였다. 그러나 더욱 심도 깊은 적용은 3Rs를 위한 읽기나 쓰기 영역에서 이루어졌다. 준비의 법칙은 읽기 교육에서 중요한 의미를 가진다. 자주 사용하는 단어를 인지하는 것이 읽기에서 중요하기 때문이다. 동일 요소의 법칙과 연습의 법칙은 공부할 어휘(혹은 그보다 먼저 배워야 하는 단어나 글자)를 반복적으로 연습하는 활동으로 이어졌다. 효과의 법칙은 학생이 학습하려는 어휘가 있는 이야기를 읽거나 그것을 연습장에 썼을 때 교사가 그를 칭찬해 주도록 유도하였다(p.554).

Edward Thorndike(1874~1949)

Thorndike의 연결주의는 행동주의 이론으로 인식된다. Pavlov, Watson과 Thorndike 모두 학습을 관찰 가능한 행동의 변화로 규정했기 때문이다. 그러나 Thorndike가 Pavlov나 Watson과 다른 점은 행동과 동시에 주어지는 자극이나 행동 이전에 주어지는 자극보다는 하나의 행동이 발생한 후에 주어진 자극에 관심을 가졌다는 점이다.

교실 현장 엿보기 **연결주의**

Thorndike의 법칙은 우리 반에서는 다음과 같은 형태로 드러난다. 학생들에게 긍정적인 강화를 하는 것은 강화의 법칙으로 알려진 효과의 법칙을 적용한 예이다. 나는 '학생들이 무엇을 잘하는지'를 찾으려고 노력하고 그것을 발견하면 칭찬한다. "Samantha가 공부에 얼마나 집중하고 있는지 좀 봐"라고 말하면 다른 학생들은 모두 그 학생을 바라보는데, 그러고 나면 학생들은 자신의 활동에 더욱 집중하려고 한다. 준비의 법칙은 한 주 수업을 통해 확인할 수 있다. 월요일에는 개념을 설명하는 수업을 한다. 그런 다음에 그 개념과 관련된 후속 수업을 하는데, 내용은 점점 더 어려워진다. 이때에 나는 학생 개개인의 능력에 따라 수준별 지도를 한다. 동일 요소의 법칙은 쓰기를 지도할 때 적용한다. 나는 읽기 능력이 우수한 학생들이 쓰기 능력도 우수하다는 것을 발견하였다. 읽기와 쓰기 모두 언어화의 과정으로서 같은 요소들을 포함하기 때문에 읽기를 잘하는 학생들이 쓰기도 잘하기 마련인 것이다. 연습의 법칙은 학생들 중 누가 숙제를 잘 해 오고 누가 숙제를 잘 해 오지 않는지를 생각하면 잘 들어맞는 원리이다. 집에서 과제를 읽어 온 학생은 그렇지 않은 학생들보다 더 잘 하는 경우가 많다.

– Staci Klein, 4학년 교사

조작적 조건 형성 이론

Skinner는 학습에서 연결이라는 원리를 기반으로 Pavlov와 Watson의 연구를 계승하였다. 그는 강화나 처벌을 통한 행동 변화를 밝힌 Thorndike의 업적을 발전시켰다. 그는 익히 알고 있는 바와 같이 강화와 처벌의 일정을 계획적으로 통제함으로써 다양한 효과를 얻을 수 있다는 연구를 수행하였다.

Skinner는 조작적 조건 형성 이론에 기초한 수업을 '프로그램 학습(programmed learning)'이라고 명명하였다. 우리에게는 '프로그램 교육(programmed instruction)'으로 더 잘 알려져 있다. 프로그램 학습은 내용을 세밀하게 나누어 가르치는 점이 특징인데, 각 단계마다 학습자의 성공 가능성은 최대화하고 실패 가능성을 최소화하였다. 학생이 각 단계를 성공적으로 마치면 보상을 받는다(Fetsco & McClure, 2005).

B. F. Skinner(1904~1990)

프로그램 교육은 행동 목표를 이용하여 설계되는 경우가 많다. **행동 목표**(*behavioral objective*)는 변화를 필요로 하는 행동을 목표로 삼는 것을 뜻한다. 다음과 같은 행동 목표를 설정하였다고 가정하자. '학생들은 스스로 코너 학습 자리(classroom center)[3]에 가서 학습해야 한다. 한 달 동안 모든 학생들이 교사의 도움을 하루 세 번 이하로 받으면서 스스로 코너 학습 자리에서 공부하였을 때 성공한 것으로 판단한다.' 목표 행동을 확인한 후, 교사는 그 목표를 달성하기 위해 조작적 조건 형성 이론을 적용할 수 있다. 앞서 언급한 바와 같이, 행동 목표를 실현시키기 위해서는 긍정적이거나 부정적인 자극이 포함되어야 한다. 위의 예시에 따라 첫째 날 교사는 행동 목표를 소개하고 3분 동안 코너 학습을 하도록 한 후에 긍정적으로 강화한다. 이튿날에는 5분 동안 스스로 코너 학습 자리에서 공부하도록 하고 긍정적으로 강화할 수 있다. 이것을 반복 연습하면 학습자가 스스로 학습할 수 있는 시간이나 코너 학습 자리에서 공부하는 시간이 점점 더 늘어날 것이다. 따라서 얼마나 자주 강화할 것인지를 정하는 **강화 계획**(*schedule of reinforcement*)을 세워야 한다.

목표 행동을 달성하기 위해 행동주의에서 자주 활용하는 기술이 **형성**(*shaping*)이다. 형성은 처음에 조건화 가능한 하나의 전체적인 행동에 대하여 긍정적으로 강화하며 시작한다. 그 후에는 오직 개선된 것들에 대해서만 강화를 지속한다. 부모가 책을 읽고 나서 아이가 그것을 따라 읽도록 하는데, 아이가 아주 어릴 때에는 부모가 했던 말과 동일하게 말하지 않아도 그것에 대해 어떤 언급도 하지 않는 반면 아이가 자라게 되면 바르게 읽은 낱말에 대해서만 긍정적인 강화를 하는 것이 바로 형성의 예이다. **연쇄 짓기**(*chaining*)도 행동주의에서 활용하는 기술이다. 연쇄 짓기는 복잡한 행동을 수행하기 위하여 작은 행동을 연속적으로 수행하는 것이

---

3) 역주: classroom center는 학생들이 공부할 학습 내용이 준비된 장소를 의미한다. 우리나라 교실의 코너 학습 자리와 같다. 따라서 코너 학습 자리로 번역하였다.

다. 연쇄 짓기는 Skinner의 조작적 조건 형성 이론을 교실에 적용할 때에 핵심이 되는 요소이다.

교실 현장 엿보기 조작적 조건 형성 이론

나는 3학년 학생들을 지도하면서 텍스트를 읽고 이해하여 비판력을 키우기 위한 학습에 많은 시간을 할애하였다. 그것을 위해 나는 쌍방향 전자 화이트보드(IEW: Interactive Electronic Whiteboard)[4]를 활용한다. 쌍방향 화이트보드는 학습 내용을 설명하는 데 효과적인 도구이다. 그것을 통해 학생들은 나에게 피드백을 받거나 새로운 지식을 얻거나 여러 가지 읽을거리를 찾을 수 있었고, 나는 학생들에게 어려운 개념을 그림으로 보여 줄 수도 있었다. 또한 학생들이 성공적으로 과제를 수행했을 때 주는 학급 티켓도 조작적 조건 형성의 요소를 보여 주는 예이다. 이 티켓을 활용하여 학생들은 학급에 설치된 책방에 가서 책을 살 수도 있고, 문식성 센터 시간에 자유 선택 활동을 할 수 있는 기회를 얻을 수도 있다.

– Kenneth Kunz, 3학년 교사

---

4) 역주: intercative electronic whitebord는 흔히 IWB라고 하는데, 컴퓨터와 프로젝터의 기능을 함께 가지고 있는 칠판이다. 프로젝터는 컴퓨터의 화면을 그대로 칠판에 옮겨 주며, 손가락이나 IWB용 포인터로 화면을 조작할 수 있다. 이것은 2장의 역주 12)에서 언급한 'smart board'도 IEB의 한 형태라고 할 수 있다. IEB는 미국의 교실에 많이 보급되어 있으며(번역자가 2006년부터 2008년까지 있었던 미국 펜실베이니아 지역의 학교에서도 IWB를 활용하는 교사가 많았으니 현재는 더욱 보편화되었을 것이다.) 최근 우리나라에서도 IWB가 많이 보급되었는데, 주로 영어 전용 교실의 필수 교구로 사용되고 있으며, 일반 교실에는 보편적으로 보급되어 있지 않다고 판단된다.

교실에 적용하기

행동주의는 읽기 과제에 대한 이해, 읽기 교육 과정, 읽기 자료를 만들고 읽기 과정을 평가하는 방법 등을 포함한 읽기 교육의 전 분야에 영향을 미쳤다.

행동주의는 읽기를 부분의 합으로 보는 관점을 취함으로써 읽기에 대한 새로운 관점을 제시하였다. 읽기를 하기 위해서는 — 시각적 구별(모양과 글자를 구별하는 능력), 청각적 구별(알파벳의 소리를 구별하는 능력), 왼쪽에서 오른쪽으로의 진행, 어휘력(어휘 지식), 그리고 이해력(읽은 것을 이해하는 능력) — 여러 능력이 필요하고, 읽기에 대한 이해는 그 하위 기능을 통해 알 수 있다는 것이다. **하위 기능 접근 방법**(*subskills approach*)을 통해 읽기 기능을 더 많은 하위 요소들로 분절하였다. 그런 다음에 이 분절된 요소들을 완벽하게 지도하는 것을 읽기 교육의 목표로 삼았다. Hiebert와 Raphael(1996)은 행동주의 심리학의 등장 이후에 읽기와 읽기 교육을 바라보는 관점이 다음처럼 형성되었다고 한다.

> Skinner(1954, 1965)의 조작적 조건 형성의 관점은 20세기 행동주의의 새로운 장을 열었는데, 특히 학교에서 이루어지는 읽기 교육에 미친 영향이 크다. 행동주의적 관점에서 보면, 읽기는 여러 요소로 분절시킬 수 있으며, 각 요소는 텍스트 안에서 혹은 기계적인 훈련을 통해 연습될 수 있다. 또한, 요소에 대한 반응은 명시적으로 확인할 수 있으며, 이에 따라 빠른 피드백이 가능하다. 반응이 정확하면 긍정적인 강화를 받을 수 있다. 반면 반응이 부적절하면 정확하게 반응을 할 때까지 유도해야 한다. 연구자들은 끝없이 기능의 층위를 만들어 내고 하나의 기능은 그것의 하위 기능들로 다시 보충되었다(p.554).

행동주의는 읽기 교육의 방법을 보여 줌으로써 여러 교육자들에게 영향을 미쳤다. **직접 교수법**(*direct instruction*)은 행동주의에 기초한 읽기 교육 방법이다. 직접 교수법을 적용하면 발달시켜야 하는 기능이 무엇인지 명확히 알 수 있다. 예를 들어 파닉스, 어휘력이나 이해력과 같은 읽기 능력을 직접 드러내어 학생들에게 그 개념을 설명한다. 직접 교수법은 익혀야만 하는 하나의 기능과 하위 기능들을 강조한다. Kame'enui, Simmons, Chard와 Dickson(1997)은 “직접 교수법을 만든 Siegfried Engelmman은 직접 교수법이 특별하고, 교육적이며, 철학적이라고 하였다. 25년 전에 그와 다른 연구자들과 함께 40여 개의 교육과정 프로그램을 저술하였다”(p.61)라고 언급하였다. 직접 교수법으로 읽기를 지도하는 교사들은 이러한 기능에 대하여 명확하게 이해해야 하며 이것이 읽기를 성공적으로 수행하는 데 필수적이다. 또한 학생들의 능력을 어떻게 평가해야 하는지도 알고 있어야 한다. 그래야만 이러한 기능을 바로 시도할 수 있다.

Kame'enui 외(1997)는 직접 교수법의 원리를 다음과 같이 제시하였다: (1) 교사는 학생들의 학습에 대해 책임을 진다. (2) 성공적인 학습의 열쇠는 학생들이 배우지 못한 것을 찾는 데 있다. (3) 교사는 학생 개개인의 반응에 답하는 방법을 찾아야 한다. (4) 기능을 자세히 지도한다면 학생들의 능력은 더 향상될 것이다(p.62). (5) 학습 내용과 학생들이 느끼는 어려움에 대하여 최대한의 피드백을 하면서 지도해야 한다(p.62). Kame'enui 외(1997)는 직접 교수법에서 “만약 우리가 학습자의 상황을 깊이 이해하고 그들에게 가르치고자 하는 것이 무엇이며 어떻게 지도해야 하는지 조심스럽게, 전략적으로 계획한다면 학습자는 어떤 것을 배우더라도 실패하지 않을 것이다”(p.62)라고 말한다.

Carnine, Silbert, Kame'enui와 Tarver(2004)는 직접 교수법이 읽기 교육에서 가장 효과적이고 효율성 있는 접근 방법이라고 말한다. 직접 교수법은 기본적으로 6단계로 구성된다: (1) 목표 명시하기 (2) 지도 전략 나누기 (3) 지도 과정 세우기 (4) 예시 선택하기 (5) 기능의 순서 정하기 (6) 연습 과제와 복습 과제 준비하기이다. 위에서 언급한 바와 같이, 목표는 매우 명시적이어야 하며 관찰 가능한 행동이어야 한다. 직접 교수법을 적용하면서 학생들이 전략을 이용하도록 하는 것은 기능에 대한 정보를 외우도록 하기 위함이 아니라 스스로 적용할 수 있도록 유도하기 위함이다. 직접 교수법을 활용하여 지도하는 과정은 매우 명쾌하다. Carnine 외(2004)는 직접 교수법의 교수 과정을 다음과 같이 설명하였다.

> 직접 교수법은 크게 '소개하기'와 '안내된 연습하기'의 두 단계로 이루어져 있다. 소개하기에서는 전략을 활용한 해결 과정을 연습 과제를 통해 보여 주어야 한다. 안내된 연습하기 단계에서는 학생을 도와주는 횟수를 줄이고 학생들이 그 전략을 스스로 적용하도록 해야 한다. 교사가 유도한 적용 활동에서부터 학생의 자율적인 적용에 이르기까지 학생들이 전략을 적용하도록 돕는 것이 교사의 비계(scaffolding)이다. 안내된 연습의 마지막 단계는 구별하기(discrimination)라고 불리기도 하는데, 교사는 새로운 전략을 적용한 활동과 앞에 지도된 전략과 비슷한 활동을 예시로 보여 준다(p.26).

예시와 기능을 어떠한 순서로 제시할 것인가는 효과적인 직접 교수법 수행을 위한 중요한 요소이다(Carnine et al., 2004).

직접 교수법으로 학생들을 지도할 때 교사가 처음 제시하는 예시는 단순하고 쉬운 것이어야 한다. 그 이후 제시되는 예는 좀 더 복잡하고, 어려운 것이어야 하며, 학습한 각각의 기능을 활용할 수 있는 것이어야 한다. 기능의 순서를 정하는 것은 직접 교수법의 성공 여부를 결정짓는 중요한 사안이다. Carnine 외(2004, p.27)는 하나의 기능을 지도하기 위해서는 다음과 같은 절차[5]를 따라야 한다고 설명하였다.

5) 역주: 5개 순서 모두 수동태로 표현되어 있으나 어색하게 해석되어 모두 능동태로 바꾸었다.

1. 지도하려는 전략을 소개하기 전에 그 전략의 사용에 필수적인 선행 기능을 지도한다.
2. 예외를 설명하기 전에 전략을 적용할 수 있는 예시를 먼저 소개한다.
3. 유용성이 높은 기능을 유용성이 낮은 기능보다 먼저 소개한다.
4. 쉬운 기능을 어려운 기능보다 먼저 지도한다.
5. 혼동되기 쉬운 전략과 정보를 함께 제시하지 않는다.

직접 교수법은 학생 스스로 연습하기, 반복하기, 복습하기의 과정으로 이루어진다.

직접 교수법과 마찬가지로 **읽기 준비**(*reading readiness*)[6]도 행동주의 이론을 기반으로 하는 읽기 교육 방법의 하나이다. 읽기 준비 학습은 읽기 발달을 용이하게 하는 방법에 집중하는 읽기 방법이다. 읽기 전에 익혀 두어야 하는 기능이나 하위 기능이 그 안에 포함된다. 읽기 준비 학습에서 이러한 기능은 대체로 직접 교수법으로 지도하였다. 읽기 준비를 위한 기능에는 청각적 식별(비슷한 음운, 같은 소리가 들어있는 낱말, 글자의 소리 등 비슷한 소리의 차이를 구별하고 확인하는 능력), 시각적 식별(색깔 구분하기, 모양 구분하기, 글자 모양 알기 등), 왼쪽에서 오른쪽으로 진행하기, 시각 운동 능력(선 따라 가위질하기, 선 따라 색칠하기 등), 대근육 운동 능력(건너뛰기, 뜀뛰기, 선 따라 걷기) 등이 있다. 하위 기능을 지도하기 위해서는 종이를 활용해야 한다.

초기 문식성 교육에서는 읽기 준비에 필요한 기능을 익히도록 함으로써 문식성을 준비시킨다. 이 기능은 직접적이고 구조적으로 지도되기 때

6) 역주: Reading readiness는 사람이 읽기를 배울 수 있는 준비가 되어 있는 지점을 말한다. 즉, 읽을 수 없는 상태에서 읽을 수 있는 상태로 넘어가는 지점을 말하는 것이다. 따라서 읽기 준비는 초기 문식성(early literacy)과 발생 문식성(emergent literacy)의 개념을 포함한다. 주로 미국의 읽기 교육 연구에서 사용되는 용어이다. 이 책에서는 주로 읽기 준비도라고 해석한다.

문에 행동주의적 접근 방법을 취하였다고 볼 수 있다. 오늘날 문식성 학습에서 많은 준비 학습이 이루어지고 있다. 그러나 읽기를 통해 텍스트를 이해하도록 지도하는 것은 또 다른 문식성 발달을 의미한다. 이러한 관점에 기초한 발생적 문식성 이론(Emergent Literacy Theory)은 5장에서 살펴볼 것이다.

Shannon(1990)에 의하면 행동주의는 학습자의 읽기 과정을 평가하는 방법과 읽기 자료를 생산하는 방법에도 영향을 미쳤다. 이것은 문식성이 읽기 성취 정도를 확인하기 위하여 읽기 기능을 여러 개로 구별하고, 각각의 기능에 대해 평가할 수 있게 되었음을 의미한다. 행동주의는 또한 교육용 소프트웨어를 생산하는 데도 영향을 미쳤다. 대다수의 교육용 소프트웨어가 행동주의 원리를 바탕으로 만들어졌다. 행동주의는 복잡한 과제를 단순한 과제로 나누고 순서에 따라 목표 과제를 완벽하게 수행하기 때문이다. 교육용 소프트웨어에 영향을 미친 행동주의의 또 다른 요소는 학생들이 학습 과제에 정확하게 반응했을 때 즉시 피드백하는 것이다.

행동주의는 교육 일반 및 영어 학습자(ELL)들의 읽기 교육에 중요한 교육적 요소를 제공하였다. 행동주의는 학생 교육에 필요한 틀과 구조를 제공하였다. 행동주의에 기초한 직접 교수법은 기능-연습 형태(skill-and-drill-type)의 활동이라고 말할 수 있다. 행동주의에 기반하여 프로그램을 만들게 되면 유창한 시범을 위해 교사는 철저한 계획을 세워 학습지를 만들게 된다. 직접 교수법은 부정적으로 인식되기도 하는데, 그것은 교사가 학생들에게 기술적인 정보를 전달해 준다는 점 때문이다. 직접 교수법을 활용하면 교사는 학생의 흥미나 요구를 무시한 채 교육적 처치를 따라야만 한다.

이렇게 본다면 직접 교수법을 지지해야 할 충분한 이유가 없게 된다. 하지만 달리 생각해 보면 우리는 무엇인가를 지도할 때 행동주의의 요소를 제외하고 지도할 수는 없다. 학교에서 일상적으로 진행되는 수업은 행동주의적이며, 이러한 접근은 학생들과 교사들에게 모두 필요한 것이다.

행동주의의 법칙을 따를 때 우리는 하나의 활동에서 다른 활동으로 전이가 어떻게 일어나는지 알 수 있다.

직접 교수법을 잘 활용하기 위해서는 학생 스스로 사고를 촉진하는 학습을 해야 한다. 읽은 이야기에 대한 반응을 이끌어 내기 위해서는 "이야기에 대해서 써라"라고 말하는 것 대신 이야기에 대한 논의를 해야 한다. 이를 위해 가장 좋아하는 부분과 가장 싫어하는 부분 그리고 그것의 차이점에 대하여 말하게 한 후 가장 좋아하는 부분에 대하여 쓰게 할 수 있다. 첫 문장 쓰기를 도와준 후에 어떤 부분을 왜 좋아하게 되었는지 그 까닭을 세 가지 적어 보라고 하는데, 교사는 종이에 줄을 그어 세 부분의 공간을 만든 후에 가장 위 칸에는 1, 중간에는 2, 아래 칸에는 3이라고 쓴다.

또한 다른 이야기를 활용하여 예시를 들어 준다. 예를 들어 『늑대가 들려주는 아기 돼지 삼형제 이야기(The True Story of the Three Little Pigs)』[7]에서 자신이 가장 좋아하는 부분에 대해 "늑대가 기침을 해서 지푸라기로 만든 집이 내려앉았을 때가 가장 재미있었다. 왜냐하면 그런 일은 예상할 수 없었기 때문이다"라고 적을 수 있다. 그리고 2에는 "내가 좋아하는 두 번째 장면은 음식을 상하지 않게 하기 위해서 돼지를 먹겠다고 말한 부분이다"라고 쓰고, 마지막으로 3에는 "내가 이 이야기에서 좋아하는 부분은 마지막 부분이다. 늑대는 감옥에 잡혀갔고, 흰색 바탕에 검은색 줄무늬가 있는 옷을 입고 쇠창살에 갇혔다. 늑대는 자신의 행동에 대해 자신의 잘못이 아니라고 말하였다. 이 부분에서 나는 정말 웃음이 났다"라고 쓸 수 있다. 하나의 활동을 안내하기 위해 직접적이고 명시적으로 지도하는 방법과 학생들이 직접 생각을 구성하여 적도록 하는 방법을 적절히 통합하면 학생들에게 의미 있는 학습 기회를 제공할 수 있다. 이것은 행동주의와 구성주의(Constructivism)(4장 참고)를 적절하게 결합한 경우에 해당된다.

---

7) 역주: Jon Scieszka의 2008년작.

연구에 적용하기

관찰 가능한 행동의 변화에 흥미를 가진 연구자나 학생들은 고전적 조건 형성 이론을 연구 기반으로 삼을 수 있다. 학급에서 일어나는 행동이나 과제(를 해결하는 데 걸리는) 시간, 자율적인 읽기 빈도 등에 대한 연구를 수행할 때에는 고전적 조건 형성 이론을 활용하면 도움이 된다.

Montare(1988)는 고전적 조건 형성 이론에 기초한 읽기 연구를 처음으로 수행하였다. 글을 읽지 못하는 네 살 아이들에게 잘 알 만한 대상(고양이, 강아지, 의자 등)이 그려진 그림과 낱말을 보여 주면서 순간 주의력을 측정 장치(tachistoscope)를 활용하여 조사하였다. 그림과 낱말을 짝짓는 활동을 10번 한 후에 즉석에서 낱말을 보여 주고 읽게 하였다. 실험 결과 95%의 아이들이 관련된 그림 없이도 글자를 정확히 읽었다. Montare는 "글자는 그림에 대해 일종의 고전적 조건으로 작용하였으며, 그림은 그 자체로 이미 학습된 신호가 되었다"(p.619)라고 언급하였다. 이 연구에서 고전적 조건 형성은 하나의 단어를 인지하는 것으로 드러났다. 때문에 이것을 고등 사고 능력을 요구하는 텍스트 읽기 활동에 적용하기는 쉽지 않다.

Thorndike의 법칙과 관련된 연구를 기획하는 연구자나 대학원생들은 연결주의를 바탕으로 연구를 설계할 수 있다. 학습 전이, 학습 장애나 연습 효과와 관련한 교육 방법을 적용한 연구에서 연결주의는 관찰 가능한 행동을 통해 그 효과를 확인하는 연구의 이론적 기반이 된다. 앞에서 언급한 바와 같이 Thorndike가 제안한 동일 요소의 법칙은 선행 학습 요소가 후속 학습과 더 많이 연관될 때 전이력이 높아지며 학습도 쉽게 일어난다. 이러한 이론적 신념은 읽기-쓰기의 연결을 연구하는 영역에서 강조된다. 읽기와 쓰기의 관련성 연구에서는 두 인지 과정이 모두 의미 구성 활동임을 강조한다. 이 연구가 함의하고 있는 것은 읽기와 쓰기가 유사한 인지 과정을 내재하기 때문에 쓰기 기능은 읽기 능력에 유의미한 영향을 줄 것이며, 그 역도 마찬가지라는 믿음이다.

대학에 있는 EFL(English as a Foreign Language) 학생들에게 실시한 읽기-쓰기 통합 프로젝트의 효과를 소개한 연구(Shen, 2009)도 있다. 연구자들은 학생들에게 텍스트의 구조나 이야기 구성 요소들을 지도하고, 읽기 로그[8]를 활용하여 이야기에 대한 반응을 창의적으로 쓰는 활동을 진행하였다. 이러한 활동은 읽기와 쓰기를 계획적으로 연결시킨 것이다. 읽기 로그의 내용과 창의적인 글쓰기 결과물, 학생들과의 질문을 토대로 저자는 다음과 같이 말하였다.

> 학습자의 언어 능력뿐만 아니라 비판적 사고력도 향상되었으며 심리적 성장도 관찰되었다. 읽기는 EFL 학생에게 일종의 촉매가 되었으며, 구조, 어휘, 배경지식의 발달을 포함한 쓰기 능력 향상에도 도움을 주었다. 읽기-쓰기 통합 활동은 EFL 학생의 읽기 초인지 지식에도 영향을 미쳤다. … 이러한 증거에 따르면, 읽기와 쓰기는 통합적으로 지도되어야 한다(p.87).

이러한 연구의 결과는 Thorndike의 동일 요소의 법칙과 연결주의에 부합한다.

조작적 조건 형성 이론을 바탕으로 설계된 연구는 자극(강화와 처벌), 형성, 소거, 강화 계획, 유지, 선행 기능의 학습 역할 등에 초점을 두고 있다. 모든 행동주의 연구에서와 마찬가지로 위에서 제시된 요소로 모든 행동과 변화를 설명할 수는 없다.

조작적 조건 형성에 따른 간섭 효과와 초인지(metacognition, 4장 참

---

8) 역주: log는 날마다 아주 간단하게 메모 형식으로 기록하는 방식을 말한다. 일지라고 할 수도 있으나 일지의 경우 일과를 적는 경우가 많으므로 여기서는 원어를 그대로 사용하였다. 날마다 일기처럼 기록하는 형식으로 log보다 발전된 형태가 Journal이다.

조) 효과를 비교한 Edens(2008)의 연구가 이를 증명한다. 120명의 학부생들이 전자 반응 시스템을 활용하여 이 연구에 참여하였는데, 이 전자 반응 시스템은 '클릭커(Clicker)'로, 학생들이 작은 전자 기계를 활용하여 교수에게 즉각적으로 답신을 보낼 수 있도록 만들어진 기구이다. 학생들의 반응 자료 및 결과는 즉 일시 그래픽으로 변환된다. 조작적 조건 형성 그룹에게는 클릭커 이용이 학습의 흥미를 더해 주므로 학점에 영향을 미칠 것이라는 가설을, 초인지 그룹에게는 수업을 준비하고 이해하는 데 도움을 줄 것이라는 가설을 세웠다. 사전 사후 검사에서 두 그룹은 유의미한 차이를 보이지 않았다. 그러나 조작적 조건 형성 그룹에 있는 학생들이 수업 참여도나 준비 면에서 초인지 그룹에 있는 학생들보다 더 나은 결과를 보였다. 반면에 초인지 그룹에 있는 학생들은 내재적 목표와 자기 통제 기능에서 좀 더 나은 결과를 보였다.

요약

행동주의는 관찰 가능한 행동의 변화를 바탕으로 학습을 설명하는 이론이다. 행동주의에서는 행동이 자극에 대한 유기체의 반응이며, 외부 자극은 개인의 행동을 강하게 혹은 약하게 조작할 수 있다는 점을 강조한다. 행동주의는 1910년에서 1950년대까지 미국의 심리학 및 교육학의 한 관점으로 강력한 힘을 발휘하였다.

이 장에서는 가장 영향력 있는 세 가지 행동주의의 이론인 Pavlov의 고전적 조건 형성 이론, Thorndike의 연결주의, Skinner의 조작적 조건 형성 이론에 대하여 살펴보았다. 연합주의(Associationism, 2장 참조)에 토대하고 있는 Pavlov의 고전적 조건 형성 이론에서는 학습을 무조건 자극이나 조건 자극의 반복을 통해 관찰된다는 조건 형성의 개념으로 설명하였다. Pavlov와 그의 제자인 Watson이 근본적으로 선행 행동에 관심을 가졌던 반면에, Thorndike는 연결주의 이론을 통하여 행동주의를 확장시켰다. 그는 자극과 그 이후에 수반되는 행동 역시 학습에 영향을 미친다는 사실을 밝혀내었다. Thorndike는 효과, 준비, 동일 요소, 연습의 법칙으로 더 유명하다.

Skinner는 조작된 행동의 개념으로 초기 행동주의자들의 이론을 더욱 심화시켰다. 이 연구자에 따르면, 사람은 자신의 행동에 대한 선행 사건과 후속 결과를 기반으로 자신의 환경을 조작하는 방법을 학습한다는 것이다. 여기서 제시한 세 가지 행동주의 이론 모두 교실에 적용할 수 있으며, 관찰 가능한 읽기 행동을 연구하는 이론적 기반으로도 활용할 수 있다. 최근 읽기 교육에서 유행하고 있는 직접 교수법은 행동주의에 기초한 교수법이다.

토의 주제

- 행동주의란 무엇인가?
- 고전적 조건 형성 이론은 무엇이며 읽기 교육 및 연구에 어떤 영향을 주었는가?
- 연결주의란 무엇이며 읽기 교육 및 연구에 어떤 영향을 주었는가?
- 조작적 조건 형성은 무엇이며 읽기 교육 및 연구에 어떤 영향을 주었는가?

주요 활동

텍스트 코딩(Text Coding): 읽고 나서 이 장의 주요 생각을 메모해 보자. L'Allier와 Elish-Piper(2007)에 의하면:

> 텍스트 코딩(Text Coding) 전략은 학생들이 텍스트 내용을 읽는 중이나 읽은 후에 짧게 기록하는 것이다. … 코드는 텍스트의 주변에 있는 빈 공간이나 접착용 메모지를 활용하여 책 위에 붙일 수도 있다. … 이 전략을 이용하기 위해서 우리가 주로 활용하는 범주나 코드는 다음과 같은 것을 포함한다: 흥미(nteresting)(I), 연결(Connetion)(C), 중요(Importance)(I), 질문(Question)(Q), 동의(Agree)(A), 반대(Disagree)(D). (pp.346-348)

대그룹 혹은 소그룹에서 텍스트를 코딩하시오.

실천 과제(Class-to-Life Writing Assignment). 고전적 조건 형성 이론, 연결주의, 조작적 조건 형성 이론 등 행동주의 관점에 대해 3~5쪽 정도의 분량으로 요약하시오. 각 이론이 교실에서 어떻게 적용되고 있는지 그 예를 한 가지 이상 제시하여 설명하시오.

Chapter 4

구성주의

(1920년대~현재)

읽기 전에 함께 생각할 문제들

- 구성주의란 무엇인가?
- 탐구 학습은 무엇이며 읽기 교육 및 연구에 어떤 영향을 주었는가?
- 스키마 이론은 무엇이며 읽기 교육 및 연구에 어떤 영향을 주었는가?
- 독자 반응 이론은 무엇이며 읽기 교육 및 연구에 어떤 영향을 주었는가?
- 심리언어학 이론과 총체적 언어 이론은 무엇이며 읽기 교육 및 연구에 어떤 영향을 주었는가?
- 초인지 이론은 무엇이며 읽기 교육 및 연구에 어떤 영향을 주었는가?
- 몰입 이론은 무엇이며 읽기 교육 및 연구에 어떤 영향을 주었는가?

구성주의: 일반적 개념

행동주의가 전성기를 누리며 미국의 교육계에 영향을 주던 시기에 구성주의 또한 미국의 교육계에 영향을 미쳤다. **구성주의**는 개인의 **'능동적 지식 구성'**을 강조한 학습 이론이다(Gunning, 2010). 구성주의에서는 학습자가 기존의 지식에 새로운 지식을 통합할 때에 학습이 일어난다고 본다.

구성주의의 관점에서 보면 기존 지식과 새로운 지식의 통합은 오직 학습자가 능동적으로 학습 과정에 참여할 때만 이루어진다.

구성주의는 또한 학습을 학습자가 학습 활동에 능동적으로 참여하여 얻게 되는 정신적 산물 외에도 자연스럽게 진행되는 마음의 상태로 파악한다. Christie, Enz, Vukelich(1997)는 "학습은 일시적으로 발생하는 사건이 아니라 축적되고, 유발되며, 강화되는 것이다. 아울러 학습은 뇌가 자연스럽게 지속적으로 무엇인가를 하는 것이다."(p.7)라고 말한 대표적 구성주의자인 Frank Smith(1971)의 의견에 동조한다.

구성주의는 학습자를 지식의 능동적 구성자로서 인식하는데, 학습에 대해서는 다음의 세 가지 중요한 관점을 가진다. 첫째, 구성주의는 학습을 관찰 가능한 행위로 파악하는 행동주의와는 달리, 외부의 관찰자들에게 보이지 않는 내적 기제를 통해 일어난다고 본다. 따라서 구성주의에서 말하는 학습은 관찰 가능한 외적 지표 없이도 일어날 수 있다. 둘째, 구성주의는 학습이 개인의 가설 검증 경험을 바탕으로 이루어진다고 본다. 글을 읽을 때 어떤 단어를 모른다고 가정해 보자. 학습자는 단어의 의미를 추측하고, 이를 통해 이해하고자 노력한다. 만약 단어가 포함되어 있는 문장을 이해한다면, 다시 말해 가설이 옳다고 검증되면 계속 읽을 것이다. 하지만 그 문장을 이해하지 못한다면 — 즉, 가설이 맞지 않다면 — 가설을 수정하여 새로운 가설을 세울 것이다. 이러한 점에서 가설 검증은 구성주의의 핵심 요소가 된다. 셋째, 구성주의는 '추론'에 의해 학습이 이루어진다고 본다. **추론**(*inferencing*)은 타인이 쓴 글이나 담화를 이해하기 위해 공백을 채우는 과정으로 '행간 읽기(reading between the lines)'라고도 한다. 명확하게 진술되지 않은 무엇인가를 문맥을 통해 이해하려고 할 때 추론이 이루어진다. 구성주의는 독자의 의미 이해나 의미 구성 방법과 관련된 읽기 연구에 많은 영향을 끼쳤다(Temple, Ogle, Crawford, & Freppon, 2011).

Renzulli(2006)는 구성주의 학습 활동의 유형을 다음과 같이 제시하였다.

> 구성주의 관점에서의 학습은 지식과 기능이 어떤 조건에 의해 습득되는가에 따라 다음과 같이 나눌 수 있다. 첫째, 지식과 학습이 전적으로 한 개인에 의해 이루어지는 경우이다. 이것은 학생이 자신의 욕구를 충족하기 위해 스스로 학습하는 경우이다. 둘째, 그와 비슷한 수준은 아니더라도 성인이 하는 방법과 유사하게, 모방하여 학습하는 경우이다. 셋째, 특별한 요구가 있을 때 이루어지는 방식이다. 알아야 하고 습득해야 할 내용과 기능을 학습한다(p.230).

여러 교육학자나 철학자들이 읽기 교육에 구성주의를 접목하기 위해 노력하였다. 이 장에서는 Anderson과 Pearson(1984), Bartlett(1932), Brown(1978), Dewey(1916), Flavell(1976), Goodman(1967), Guthrie(2004), Pressley(2000), Rosenblatt(1978), Smith(1971) 등처럼 역사적으로 의미 있는 기여를 한 학자들에 대해 살펴보고자 한다. 그러나 그 전에 구성주의의 또 다른 유형으로 학습의 사회적 양상을 강조하는 사회 구성주의(6장 참조)가 있음을 짚고 넘어갈 필요가 있다. 두 분야의 주제가 너무 광범위하고, 발생 시기 또한 다르기 때문에 이 책에서는 장을 달리해서 다루고자 한다.

탐구 학습

John Dewey(1859~1952년)는 미국의 초창기 구성주의 이론가 중 한 사람이다. 그의 연구는 1900년대 초기에, 특히 1920년대부터 1950년대까지 미국 교육에 매우 중요한 영향을 미쳤다(Morrow, 2012). 행동주의가 정점을 이루던 1950년대에는 Dewey의 영향력이 감소한 것처럼 보였지만 1960년대 초에 Dewey의 연구가 재평가되면서 그의 영향력은 다시 증가하였다. 그의 핵심 저서들은 21세기 교육에도 여전히 영향을 미치고 있다

John Dewey(1859~1952)

(Morrowd, 2012).

Dewey의 학습 이론은 2장에서 이미 설명한 Rousseau, Pestalozzi, Froebel이 제안한 계발 이론(Unfoldment Theory)에 기초를 두고 있다. Dewey는 이들의 연구와 교육학자들의 연구를 결합하여 개인의 성장과 환경 및 학습에서 교사의 역할을 강조하였다. Dewey의 교육 철학은 **탐구 학습**(*Inquiry Learning*)으로 대표된다. 탐구 학습은 민주주의 사회에 성공적으로 기여하고 참여하는 유능한 시민을 양성하기 위해 고안되었다. 이를 위해 Dewey는 추론과 의사 결정을 매우 중시하였다(Cobb & Kallus, 2011).

탐구 학습은 학습자의 흥미 유발을 중시하는 문제 중심 학습(problem-based learning)을 강조하는데(Cobb & Kallus, 2011), 이는 구성주의 관점과 일치한다. 탐구 학습은 가설을 설정하고, 이를 검증하기 위해 자료를 수집하고, 수집한 자료를 바탕으로 결론을 도출하는 과정으로 이루어진다. 학생은 이 과정을 통해 문제를 되돌아보고 해결하는 방법을 모색할 수 있다. Dewey는 경쟁 중심의 교육을 비판하고, 그 대신 협력과 협동, 민주적인 방식을 강조하였다.

Dewey는 사카고 대학에서 탐구 학습에 기초한 실험학교를 운영하하였다. 거기서 자신의 신념을 바탕으로 한 '활동 중심 교육과정(Activity Curriculum)'을 만든다. 유명한 역사학자인 Nila Banton Smith(1986)는 이 활동 중심 교육과정이 학생의 호기심을 자극할 수 있는 다양한 활동으로 구성되었다고 하였다. 탐구학습에서는 학습자의 호기심을 자극한 후에 학습자 스스로 호기심을 구체화하고 그것에 대해 조사하면서 관련 문제들을 해결하도록 격려한다. 문제 중심 학습은 소규모 학습 집단에서 이루어질 수 있다. 활동 중심 교육과정은 문제 중심 학습에서 일어나는 과정을 중시한다. 그래서 하나의 문제를 해결한 후에 또 다른 문제를 찾도록 유도한다. Dewey는 이러한 일련의 교육 내용이 학습자가 성인이 되어 실제 사회에 참여하고 민주사회를 구성하기 위한 활동을 준비하는 최선의 방법이라고 믿었다.

Dewey는 환경의 역할, 문제 중심 학습, 사회적 협동이 포함된 고등 수준의 교육에 많은 시사점을 주었다. 그는 학습에서 동기유발의 중요성을 강조하였다. 교사가 매력적인 교육과정을 만들고 호기심을 유발하며 학습을 촉진하는 교실 환경을 조성하더라도, 결국 학습 활동의 능동적 주체는 학습자이기 때문이다. 탐구 학습은 학습을 하나의 내적 현상(관찰할 필요가 없는)으로 보고 개인에 의한 지식의 능동적 구성을 강조하기 때문에 사실상 구성주의와 관점을 같이한다. 그리고 Dewey의 활동 중심 교육과정 역시 가설 검증과 추론이라는 구성주의 학습 방식을 강조하였다.

교실 현장 엿보기 **탐구 학습**

Dewey가 경쟁을 넘어선 협동을 강조했듯이 나도 협력 학습을 교실에서 적용하였다. 나는 협력 학습을 이용하여 매일 모든 과목을 지도하였다. 개인적으로 협동이 경쟁보다 더 효과적이라고 생각하기 때문이다. 학생들은 경쟁하지 않고 문제를 해결하기 위해 함께 작업하였고 서로 도왔다. 학생들은 협동을 통해 서로 대화하기 시작했는데, 인간이 사회적 동물임을 고려하면, 대화는 학생들의 학습 동기 증진에 효과적이다. 학생들이 같이 작업하고 서로에게서 배울 때에 나를 유일한 정보 제공자로 바라보면서 학습하는 것보다 훨씬 더 많은 의미 구성의 기회를 가질 수 있다.

내 경험에 따르면 문학 동아리는 가장 효과적인 협동 학습 방법이자 능동적인 읽기 학습 도구이다. 지금 문학 동아리에서 읽는 책은『할아버지와의 전쟁(The War with Grandpa)』과『분필상자 아이(The Chalkbox Kid)』이다. 학생 모두 — 심지어 읽기를 잘 못하는 학생들도 — 이야기를 성공적으로 읽었다. 궁금한 부분에 대해 스스로에게 질문하고, 가장 의미 있는 구절을 형광펜으로 표시하였다. 이 과정에서 학생들은 자신만의 지식을 구성하고 능동적으로 의미를 추론하였다. 학생들은 스스로 읽기에 대해 동기를 부여하고 과제를 수행하였다.

Dewey는 소집단에서의 문제 해결 경험이 다른 분야에서도 효과를 발휘할 것으로 생각하였다. 우리 반에서는 매일 문학 동아리 수업을 했는데, 수업이 끝날 무렵 과제 해결 습관과 기능에 대해 스스로 평가한다. 그리고 좀 더 성공적인 결과물을 만들기 위해 무엇이 필요한지 토의한다.

협동과 문제 중심 학습에 대한 Dewey의 이론은 또한 갈등 해결과도 관련이 있다. 우리 반에서는 일주일에 한 번씩 사회적 문제를 해결하기 위한 모임을 가진다. 동그랗게 둘러앉아서 30분 동안 교실이나 운동장에서 일어난 문제들 혹은 사건들을 해결하기 위해 협의한다. 이러한 모임은 학생들로 하여금 공동체 의식을 불러 일으키고 경쟁을 없애 준다. 학생들은 하나의 문제에 대해 자신의 감정을 이야기하고 가장 효과적인 해결책을 찾기 위해 서로 협력한다.

– Michelle Hilke, 3학년 교사

스키마 이론

스키마 이론(Schema Theory) 역시 구성주의 이론의 한 유형이다. 이 이론은 학습자가 어떻게 지식을 만들어 내고 그것을 사용하는지를 설명한다. 스키마 이론에 따르면, 사람들은 자신이 알고 있는 모든 것을 스키마타(Schemata) 또는 지식의 구조들 안에서 조직한다(Gunning, 2010). 그 결과 사람들은 사람, 장소, 물건, 언어, 과정, 기술을 포함하여 삶의 모든 것에 대한 스키마타를 가지게 된다. 예를 들어, 할머니(그들이 할머니에 대해서 알고 있는 모든 것), 식당(그들이 지금까지 방문했었고 이미 알고 있는 식당들에 관한 모든 것), 개(그들이 개에 관해 알고 있는 모든 것)에 관한 것 등이 스키마타에 해당한다. 언어에 대한 스키마타는 언어에 대해 알고 있는 모든 것을 포함한다. 마찬가지로 요리에 대한 스키마타는 요리에 대해 알고 있는 모든 것을 포함한다.

스키마 이론의 중요한 특징은 모든 사람의 스키마타가 개별적이라는 것이다(Cobb & Kallus, 2011). 요리를 많이 한 사람은 요리를 거의 하지 않은 사람보다 요리에 대한 스키마가 훨씬 더 정교할 것이다. 배로 항해한 경험이 없는 사람보다는 선원이 배에 관해 더 많은 다른 스키마를 가질 것이다. 스키마 이론에 따르면, 스키마의 차이는 학습에 매우 큰 영향을 끼친다. 스키마 이론은 어떤 주제(예를 들면, 요리, 항해, 개)에 대한 개인의 스키마가 정교할수록 관련 영역에 대한 새로운 정보를 보다 쉽게 배울 수 있다고 본다. 스키마 이론에 따르면 스키마가 없는 새로운 정보 학습이 매우 어렵다는 것을 알 수 있다.

스키마 이론의 또 다른 주요 특징은 지식 구조가 유연하고 확장 가능하다는 것이다(Reutzel & Cooter, 2012). 패스트푸드 식당에서만 음식을 먹었어도 식당에 관한 스키마를 빠르게 정교화시킬 수 있다. 작은 개만 보았던 어린이도 스키마를 활용하여 그레이트데인(털이 짧고 몸집이 아주 큰 개)에 대한 새로운 지식을 재빠르게 수용할 것이다. 스키마 이론에 따르면 기존의 지식 구조는 끊임없이 변한다.

스키마 이론은 **증대**(*accretation*), **조율**(*tuning*), **재구조화**(*restructuring*)의 세 과정을 통해 지식 구조를 변화시켜 스키마를 습득한다고 본다. 증대는 기존의 지식을 변화시키지 않고 새로운 지식을 받아들이는 경우이다(예를 들어, 여러 종류의 꽃에 익숙한 정원사가 새로운 품종의 꽃에 대해 배우는 것). 조율은 기존 스키마를 변경하여 새로운 정보를 만드는 경우이다(예를 들어, 작은 놀이 배만 보았던 어린이가 유조선을 보는 것). 재구조화는 이전 지식이 불충분하여 새로운 스키마를 만드는 경우이다(예를 들어, 선입견을 가졌던 한 사람이 새로운 경험을 통해 선입견을 수정하는 것).

Bartlett(1932)은 오늘날 우리가 사용하는 '스키마'라는 용어를 만들고 이것을 읽기 분야에서 최초로 적용한 학자이다. Anderson과 Pearson(1984)은 스키마 이론을 읽기 과정에 적용하고 그것이 읽기 수업에 주는 시사점을 제시하였다. Anderson과 Pearson은 독자가 내용에 관한 스키마뿐만 아니라 읽기 과정(예를 들어, 해독, 훑어보기, 추론, 요약)과 텍스트 구조(예를 들어, 문학 텍스트, 비문학 텍스트)에 대한 스키마도 가지고 있다고 주장한다. 이들은 독자 간의 스키마 차이가 이해의 차이를 일으킨다고 말한다. 등산에 관해 정교한 스키마를 가진 독자와 그것에 대해 아주 제한된 스키마를 가진 독자는 등산 관련 텍스트를 서로 다르게 이해할 것이다. 이와 비슷하게 읽기 전략과 텍스트 구조에 관한 스키마 역시 독해에 영향을 준다. 텍스트의 주제, 텍스트 읽기 전략, 텍스트 구조와 관련된 적절한 스키마가 없다면 독해를 제대로 할 수 없다.

스키마 이론은 새로운 지식을 처리하는 데 있어 스키마의 중요성을 강조함으로써 읽기 교수에 중요한 점을 시사한다(Cobb & Kallus, 2010). 스키마가 새로운 지식의 습득에 얼마나 중요하게 작용하는지 아는 교사는 텍스트를 읽기 전에 학생의 배경지식(스키마타)을 활성화시켜 스키마를 구축한다. 생각 그물 만들기, 어휘 활동, 예측 안내, 미리 보기와 같은 교수 활동은 텍스트를 읽기 전에 학생들의 스키마타를 활성화하고 구축한다. 또한 읽기 과정과 텍스트 구조를 지도하는 것 역시 학생들의 스키마타 활성화에 효과적이다.

스키마 이론은 학습과 읽기 과정에서 학습자의 역할을 강조하기 때문에 구성주의의 관점과 일치한다. 학생들은 텍스트를 읽고 능동적으로 자신의 스키마를 구성하고 수정한다. 더 나아가, 텍스트를 효과적으로 읽거나 학습하기 위해 기존의 스키마를 활용한다.

교실 현장 엿보기 **스키마 이론**

구성주의와 스키마 이론에 대해 이야기하자니 최근에 있었던 일이 떠오른다. 나는 학생에게 이야기를 소개할 때 항상 그 이야기와 관련한 경험에 대해 묻는다. 이 질문은 학생들이 그 이야기와 관련이 있다고 느끼게 하고 그 이야기의 주제와 관련하여 알고 있는 것을 확인할 수 있게 돕는다. 그래서 나는 읽기 전에 무엇을 더 살펴보아야 하는지 알 수 있다.

한번은 '낚시하러 가자(Let's go fishing)'라는 이야기를 읽은 적이 있다. 나는 농장에 살면서, 개울에 낚시하러 가는 것을 좋아하는 작은 소녀에 관한 이야기라고 학생들에게 말해 주었다. 우리 반 학생들은 도시에 살지만 사회경제적 수준이 대부분 낮다. 그래서 누구도 작은 만, 개울(creek)이라는 단어를 정확히 알지 못했고, 연못, 호수, 대양, 바다 같은 단어를 소리 내어 읽지 못하였다. 또한, 대부분의 학생이 농장에 가거나 낚시를 해 본 경험이 없었다. 몇몇은 물에 막대를 넣는 것이 낚시하는 것이라고 생각하였다.

반면 실제로 낚시를 해 본 학생들은 자신의 경험을 이용해 미끼, 낚시 바늘, 릴을 감아 물고기를 끌어 올리는 것에 대해 친구들에게 말하였다. 나는 농장과 낚시에 대한 학생들의 스키마를 형성시키려고 노력하였다. 그 과정에서 실제로 농장에 가 본 학생과 실제로 낚시를 해 본 경험이 있는 학생이 이 이야기에 좀 더 흥미를 느끼고 대화에 더 잘 참여한다는 것을 발견하였다. 즉, 이야기에 대한 경험이 있는 학생이 이야기를 좀 더 잘 이해하는 듯 보였다. 그런데 간혹 학생들은 이야기 속 경험을 자신의 실제 경험과 혼동하기도 하였다. 이것을 보면, 학생들이 이야기에서 얻은 새로운 정보를 이미 자신들이 소유한 스키마와 통합하려고 한다는 것을 알 수 있다.

– Johannah Rogers, 1학년 교사

> 나는 『안네의 일기(Anne Frank: The Diary of a Young Girl)』란 책을 소개하기 위해 스키마 이론을 활용하였다. 학생들은 역사 수업에서 2차 세계 대전에 대하여 배웠다. 나는 학생들에게 생각그물을 만들도록 하였다. 그물망의 첫 번째 주제는 2차 세계 대전이었다. 이어 유럽에서 일어난 일에 대해서 토의하였다. 우리는 독일이 유럽을 점령한 후에 유대인들에게 어떤 일이 일어났는지 토의하였다. 생각그물의 두 번째 주제는 친구와 가족이었다. 우리는 가족에게 일어나는 상호 작용의 유형과 그것의 중요성에 대해 토의하였다.
>
> 학생들은 생각 그물을 만들면서 이 책에서 전달하고자 하는 안네 프랑크의 생각을 스스로 찾아내었다. 그러면서 이 책이 그 시대를 배경으로 한다는 것을 유추하였다. 학생들은 책을 읽으면서 생각 그물을 다시 들여다보았다. 이 수업은 읽기 전에 배경지식을 활성화시킨 스키마 이론의 적용 사례이다. 그 뒤 학생들은 책에서 배운 것과 그들이 이미 알고 있었던 것을 연결하였다.
>
> – Jennifer Witt, 6학년 교사

교류/독자 반응 이론

Louise Rosenblatt(1978)은 읽기 분야의 스키마 이론을 좀 더 확장하여 적용한 연구자이다. Rosenblatt은 개인이 독자적인 스키마를 구성한다는 생각에 기초하여 모든 읽기 경험 역시 개개인에게 특별하다고 주장하였다. 독자는 자신만의 배경 스키마를 가지고 있기 때문에 모든 독자들은 자신만의 읽기 경험을 가진다는 것이 Rosenblatt의 **교류/독자 반응 이론**

Louise Rosenblatt(1904~2005)

(*Transactional/Reader Response Theory*)이다(Pearson, 2011). 이 이론을 자세히 이해하기 위해 예를 들어 보자. 두 명의 아이가 이주 농장 노동자에 대한 이야기를 읽었다고 가정하자. 한 아이는 농장에서 일하는 사람이나 이주 노동자에 대해서 잘 모른다. 반면 다른 아이는 부모가 이주 노동자였기 때문에 이주 농장 노동자의 삶에 관한 내용을 잘 안다. 여기서 두 아이가 가지고 있는 스키마의 종류와 양이 서로 다르기 때문에 같은 이야기를 읽더라도 서로 다른 반응을 보인다.

Rosenblatt은 텍스트에 대한 반응을 두 가지로 유형화한다. 바로 원심적 반응과 심미적 반응이다. **원심적 반응**(*efferent responses*)은 사실 지향적이고 **심미적 반응**(*aesthetic responses*)은 주관적이고 감성 지향적이다. Hennings(2000)는 이 두 반응의 차이를 다음과 같이 설명한다.

> 원심적 의미는 텍스트를 읽으면서 얻게 되는 사실(정보)이다. 원심적인 읽기에서 중요한 것은 읽기 후에 남아 있는 것 — 알게 된 사실, 구조화된 추론, 발전된 결론, 생성된 의견 — 이다. 반면에 심미적 읽기에서 중요한 것은 주관적이고 개인적인 느낌이다. … 독자는 텍스트와 상호 작용을 하면서 보고, 듣고, 느낀다. Rosenblatt은 생각, 감각, 느낌, 이미지를 선택하고, 그것을 바탕으로 독특하고 개인적인 무엇인가를 만

드는 과정을 '문학적 환기(the literary evocation)'라고 명명하였다. 책을 읽으면서 이야기나 시와 감성적으로 연결되어 있다고 생각하는 독자들은 그것과 하나가 되는데, 이것이 바로 심미적 반응이다. Judith Langer(1995)는 그것을 '마음속에 있는 텍스트의 세계'를 상상하는 과정이라고 표현하였다(p.131).

교류/독자 반응 이론을 교실에 적용할 때에는 정보 전달 텍스트와 문학 텍스트의 읽기 목적이 다르다는 점을 분명히 기억하고 수업을 계획해야 한다. 정보 전달 텍스트를 이용하여 수업을 계획할 때에는 원심적 반응에 초점을 맞추어야 한다. 이와 반대로 문학 작품을 활용한 수업을 계획할 때에는 심미적 반응의 촉진에 초점을 맞추어야 한다. 심미적 반응을 일으키는 좋은 방법은 텍스트와 학생의 삶을 연관시키는 연결점을 찾는 것이다.

교류/독자 반응 이론은 의미 구성에서 독자의 능동적 역할을 강조하기 때문에 구성주의라고 할 수 있다. Pearson(2011)은 이에 대해 다음과 같이 설명한다.

> Rosenblatt은 의미란 독자의 머릿속에 있는(이미 누군가가 주장해 온) 것도 아니고 인쇄된 자료(다른 이들이 주장하는)에 있는 것도 아닌 무언가라고 주장한다. Rosenblatt은 의미를 독자와 텍스트의 의미 교류 결과로 파악하였다. 그녀가 시를 참고하여 설명한 이 의미는 독자-텍스트 간의 상호 작용 그 이상이다. 따라서 의미는 주체(subject)도 아니고 대상(object)도 아니며, 둘 사이의 상호 작용도 아니다. 대신 그것은 어떤 종류의 입력이나 영향과는 다른, 뭔가 새로운 형태의 교류이다(p.33).

교실 현장 엿보기 **교류/독자 반응 이론**

문학 중심 수업(literature-based lessons)을 계획하면서 나는 심미적 반응을 촉진하는 질문을 만들었다. 나는 등장인물의 입장이 되어 질문하거나 답하게 할 때 학생들이 문학 작품과 잘 교류한다는 것을 알았다. 최근에 나는 이야기를 읽어 준 후 그 이야기의 갈등과 주요 등장인물에 대해 감성적으로 이해하도록 개방형 질문(open-ended questions)을 하였다. 내가 들려준 이야기는 학교에 가기 위해서 남자로 변장해야만 했던 1800년대 한국의 소녀에 관한 이야기이다. 나는 학생들에게 그 소녀가 학교에 가기 위해 계속 비밀을 유지하고, 자신의 정체성을 포기해야 하는지 질문하며 읽기를 계속하였다. 학생들마다 각기 다른 반응을 보이는 것이 매우 흥미로웠는데, 특히 여학생과 남학생의 반응에 매우 큰 차이가 있었다. 여학생들은 주인공에게 애착을 느끼고 그 소녀의 열정과 용기에 경의를 표하는 반면, 일부 남학생들은 교육을 받기 위해 다른 사람을 속이고 거짓말하는 주인공에 대해 부정적 의견을 피력하였다. 개인적인 반응들은 예상대로 텍스트에 대한 이해를 보다 촉진시켰다.

– Jessica Goncalves, 4학년 교사

심리언어학 이론과 총체적 언어 이론

심리언어학 이론(Psycholinguistic Theory)은 구성주의로 분류할 수 있는데, 『New Oxford American Dictionary』(Stevenson & Lindberg, 2010)에서는 심리언어학을 '언어 습득 과정을 포함하면서, 언어 행위와 심리 작용 간의 관계에 관한 연구'로 정의하고 있다(p.1409).

심리언어학의 관점에서는(Goodman, 1967; Smith, 1971) 읽기를 언어 처리과정(language process)으로 파악한다. 읽기에 관한 심리언어학 이론의 핵심 요소는 텍스트를 빨리 읽는 데 도움을 주는 언어 단서 체계(language cueing system)이다. 독자가 사용하는 언어 단서 체계는 다양하지만 심리언어학 이론과 관련하여 가장 자주 인용되는 것은 통사론적, 의미론적, 철자적 단서 체계이다. **통사론적 단서**(*syntactic cues*)는 문법 구조와 언어의 구문론에 관한 것으로 독자가 텍스트에서 다음 단어들을 예상하게 한다. **의미론적 단서**(*semantic cues*)는 텍스트에서 문장과 단어의 의미에 관련한 것으로 문장이나 낱말의 의미를 예상하게 한다. **철자적 단서**(*graphophonic cues*)는 글자, 단어, 그에 상응하는 소리 등으로 텍스트 안에서 예상하게 한다. 심리언어학 이론에 따르면, 무의식적이라도 음성 언어 안에서 이러한 단서 체계들을 내면화하여야만 비로소 읽기를 할 수 있다(Morrow, 2012).

심리언어학 이론은 읽기 과정에서 언어 단서 체계를 활용하는 것뿐만 아니라 독자의 생각을 활성화시키기 위한 언어와 세계에 대한 지식 활용을 중시한다. 이 이론은 독자가 자신의 스키마를 근거로 텍스트의 의미를 예측한다고 주장한다. 만약 텍스트의 내용이 독자의 예상과 일치하면, 그 다음에 이어지는 읽기는 보다 쉽고 부드럽게 진행된다. 하지만 텍스트의 내용이 독자의 예상과 일치하지 않으면, 읽기는 더 느려지고 훨씬 힘들게 된다. 또한 독자는 텍스트를 이해하기 위해 단어와 단어, 글자와 글자 사이를 해독할 필요가 있다(Goodman, 1967).

심리언어학 이론은 독자가 읽기 과정에서 **가설**(*hypothesis*)을 만들고 검증하는 과정을 매우 중요하게 생각한다. 심리언어학 이론에 따르면 독자는 텍스트가 말하고자 하는 것을 생각하고 예측한다. 그리고 낱말의 첫 글자에 주의를 하면서 가설을 검증한다. 만약 독자가 설정한 가설과 텍스트가 연결되면 읽기는 빠르게 진행된다. 만약 독자가 설정한 가설과 텍스트가 다르다면 읽기는 느려질 것이고 독자는 더 많은 것을 텍스트에서 읽어내야 한다. 이것이 상향식(bottom-up) 읽기이다. 심리언어학 이론에 의하면, 읽기 과정에서의 예측과 가설 검증은 빠르고 무의식적으로 일어난다. 이 과정은 종이에 인쇄된 모든 단어를 읽는 것이 아니라 텍스트를 통해서 필요한 단어를 추출하고 이것에 대한 가설을 세우기 때문에 독자는 텍스트를 빠르게 읽을 수 있다. 그래서 심리언어학 이론을 지지하는 사람들은 텍스트를 통해 필요한 단어를 추출하는 것이 텍스트를 빨리 읽고 이해하는 데 도움이 된다고 주장한다. Goodman(1967)은 읽기를 독자가 언어학적 지식을 바탕으로 설정한 가설의 타당성 여부를 검증하는 과정으로 보았다. 그래서 읽기를 '심리언어학적 추측 놀이(psycholinguistic guessing game)'라고 묘사하였다. 읽기는 곧 작가가 말하고자 하는 것을 독자 자신의 언어와 세계에 비추어 재구성하는 것이기 때문이다.

심리언어학 이론은 자신이 사용하는 단서 체계를 활용하여 자신의 읽기를 분석하기 위해 읽기 **오독**(*miscue*)을 분석해야 한다고 보았다. 텍스트에 대한 독자의 반응 중 하나인 오독은 Goodman(1967)이 제안한 용어로, 독자가 작가의 의도와는 다르게 텍스트를 읽는 것을 말한다. 오독은 '읽기 오류(reading errors)'와는 다르다. Goodman은 실제 텍스트를 읽을 때 나타나는 오류를 좀 더 긍정적으로 인식하기 위해 '오독(miscue)'이라는 용어를 사용하였다. Goodman은 오독(reading miscue)을 통해 독자가 텍스트를 읽는 동안의 사고 과정을 분명하게 드러낼 수 있다고 보았다. 그는 오독 분석을 독자 마음속의 '창(windows)'을 분석하는 것이라고 하였다.

Pearson(2011)은 심리언어학 이론이 (1) 읽기 수업에서 학습지를 푸는 것보다 실제적인 읽기 자료의 사용을 강조하고, (2) 읽기 수업의 시작 단계에서 인위적 언어가 아닌, 자연스러운 언어로 쓰인 텍스트의 사용을 권장하고, (3) 독자의 실수가 읽기 전략 및 과정, 다시 말해 '마음속 창'을 나타내는 정보라는 인식을 마련하고, (4) 언어 과정(처리)으로써 읽기 경험을 강조하고, (5) 미래의 독자보다는 이미 독자였던 특정 사람을 발전하고 있는 독자로 인식한다고 하였다.

1971년, Smith는 그의 대표 저서인 『Understanding Reading』에서 심리언어학 이론을 읽기 수업에 적용하였다. Pearson(2011)은 "Smith가 이 책에서 읽기를 가르쳐야 하는 그 무엇인가가 아니라 배워야 하는 그 무엇이라고 주장하였다."(p.28)라고 말하였다. Goodman(1967)과 Smith(1971)는 1980년대 이후 문식성 교육에 강력한 영향을 미치고 있는 **총체적 언어 이론**(*Whole Language Theory*)의 기초가 되는 내용을 저술하였다. Bergeron(1990)은 총체적 언어 이론과 관련된 64개의 전문 학술서의 내용을 분석한 후, 총체적 언어를 다음과 같이 정의하였다.

> 총체적 언어는 언어 발달에 관한 철학일 뿐만 아니라 그 철학에 기초한 교수법이자 그것을 지원하는 개념이다. 총체 언어는 학습의 과정에서 학생의 흥미와 동기를 계발하기 위해 의미 있고, 기능적이며, 협동적인 경험에 기초한 실질적인 글쓰기와 문학 활동을 중시한다(p.319).

총체적 언어 이론은 교사의 수업 전략을 통해 학생의 언어 학습 과정을 설명하려는 철학이다. 이 이론은 심리언어학 이론을 심화시켰고 확장시켰다. 총체적 언어 이론은 어린이가 음성 언어와 같이 의미 있고 실제적인 문식성을 경험하고 양질의 문학 작품을 접하게 되면 읽기 능력 역시 자연스럽게 계발될 수 있다고 주장한다. 또한 이 이론은 듣기, 말하기, 읽기, 쓰기 영역이 서로 연관되며, 특정 영역이 먼저 계발되면 이것이 다른 영역의 발전을 촉진시킨다고 본다. 총체적 언어 이론은 계발 이론의 영향을 받은 아동 중심 철학이다.

총체적 언어 이론은 상업적으로 만들어진 기초 읽기 시리즈보다 양질의 아동문학 작품과 같은 실제적인 자료의 읽기를 더 강조한다. 문식성 활동을 위해 사용된 문학 작품은 다른 내용 영역 안에서 이루어지는 활동을 위한 자료로도 사용된다. 다양한 장르의 읽기 자료를 문식성 센터에 보관하기 때문에 교실은 그 자체로 훌륭한 문식성 공간이 된다. 학교 생활의 많은 부분이 센터 활동(center-based activity)에서 이루어지고 문식성 워크숍에도 많은 시간이 할당된다. 대부분의 활동은 능동적이고 사회적인 상호 작용을 촉진하도록 구성된다. 총체적 언어 이론의 가장 중요한 목표는 학생의 읽고 쓰고 싶은 욕구를 계발하는 것이다. 평가는 다양하고 지속적이며 성장 지향적으로 이루어지는데, 종종 평가 과정의 중요한 요소로 포트폴리오와 협의를 활용한다.

총체적 언어 이론에 기반하면 학습자의 흥미와 필요성을 고려하여 여러 가지 방법으로 수업을 할 수 있다. 하나의 프로그램이 모든 사람의 필요를 충족시킬 수 없기 때문에 어떤 총체적 언어 이론 프로그램도 정답이라고 할 수는 없다. 총체적 언어 이론은 아이들이 영어 교과를 어떻게 학습하는지에 대한 이론이다. 이를 바탕으로 한 구체적인 교수 전략들은 '교실에 적용하기'에서 소개하기로 한다.

교실 현장 엿보기 **총체적 언어 이론**

장애인 올림픽에 관한 책을 읽었다. 책의 표지에서 이미 장애인 올림픽에 관한 내용을 예상할 수 있었다. 학생들은 개별적으로 그 책을 읽었다. 내가 안내된 읽기 수업에서 사용하는 평가 방법은 아이의 책상 주변으로 가서 그의 어깨를 살짝 두드린 다음 읽는 것을 듣는 것이다. 아이가 책을 읽는 동안 나는 개개인의 읽기 상상을 간략하게 기록을 한다. 전체 학생들이 책을 읽고 있는 동안 읽기에 어려움을 느끼는 학생에게 다가갔다. 그 학생은 *handicapped*, *wheelchair*, *exceptional* 같은 단어들을 정확하게 읽었지만, *jumped*, *hurdled*란 단어는 읽지 못하였다. 나는 곧 그 원인을 알 수 있었다. 읽기 전에 책의 내용을 소개하는 과정에서 'handicapped', 'wheelchair', 'exceptional challenged'라는 용어를 사용하면서, 학생들과 함께 이 용어에 대해서 토의를 했었다. 그 학생은 그 때의 정보를 사용해서 글을 읽었다는 것을 알 수 있었다. 나는 그 학생이 휠체어라는 낱말과 휠체어를 타고 있는 동양 아이의 그림을 서로 연결하였다고 생각하였다. 그래서 나는 그 학생이 어떻게 쉬운 낱말들은 어려워하고 어려운 낱말은 정확하게 읽었는지 알게 되었다. Goodman의 이론에 근거하여 모둠 토의에서 살펴보았던 내용을 토대로 텍스트의 의미를 짐작하였음을 알게 된 것이다.

– Dawn Sprinitis, 읽기 전문가

초인지 이론

초인지(metacognition)는 자신의 사고에 대하여 사고하는 과정이다. 초인지의 개념을 읽기 분야에 적용하면서 읽기 능력에 필요한 전략 및 독해 과정과 방법에 대한 논의가 활성화되었다. Allen과 Hancock(2008)은 "텍스트를 성공적으로 이해하는 데 필요한 요소에는 독자, 텍스트, 맥락과 그것 사이의 조정 과정을 통해 의미를 생성해 내는 초인지가 있다"(p.125)고 설명한다.

Flavell(1976)과 Brown(1978)은 아동이 스스로 인지 과정을 제어하고 인식할 수 있는 능력의 발달을 연구한 후에, 1970년대 중반에 초인지와 관련된 일반적인 개념을 소개하였다(Baker, 2002). 읽기 분야에서 학생들의 초인지 능력 개발에 관한 관심은 Durkin의 연구(1978~1979)에 의해 촉발되었다. Durkin은 교사 주도의 안내된 읽기 수업(the directed reading lesson)에서 학생의 독해 능력을 향상시키기 위해 흔히 사용한 기법들이 학생의 독자적인 텍스트 이해 능력 신장에 거의 도움을 주지 못했다고 주장하였다(Duffy, 2002). 전통적으로 교사 주도의 안내된 읽기 수업은 선정된 도서를 소개하고 읽은 후에 읽은 내용에 대해 토론하는 방식으로 이루어진다. 기본적인 읽기 자료가 많고 학습자의 활동이 활발하다고 하더라도, 교사 주도의 안내된 읽기 수업은 학습자 스스로 읽기 방법을 적용할 수 있는 기회나 전략이 제공되지 않으므로 당연히 교사 중심 수업이 될 수밖에 없다.

Durkin(1978~1979년)이 교사 주도의 안내된 읽기 수업의 문제를 비판하자 읽기 연구가들은 학생 스스로 독해 능력을 신장시킬 수 있는 방법을 고민하기 시작하였다(Duffy, 2002). 그 대안이 초인지였다. 초인지에 대한 연구 결과, 능숙한 독자는 글을 읽는 동안 텍스트 이해를 돕는 초인지 전략들을 자주 다양하게 사용한다는 것을 발견하였다(VanKeer & Vanderlinde, 2010). VanKeer와 Vanderlinde는 이에 대해 다음과 같이 구체적으로 설명한다.

> 다시 읽기, 배경지식 활성화하기, 읽기 속도 조정하기 등과 같은 인지적 전략은 독해력 증진을 위한 정신적이고 행동적인 활동이라고 할 수 있다. 초인지 전략은 자기 관찰(self-monitoring), 자기 조정(self-regulation)과 같은 활동으로 읽기 과정 및 결과에 초점을 맞춘다. 초인지 전략에는 자신이 읽는 것에 대한 인식 여부, 과제를 해결하는 데 필요한 요소가 무엇인지를 판단하는 능력, 텍스트의 난이도 및 맥락 그리고 자신의 인지 능력에 관한 인식 등 인지 전략의 방법과 사용 시기에 관한 지식이 포함된다(pp.33-34).

초인지에 관한 연구가 능숙한 독자의 효과적인 초인지 전략 사용에만 초점을 맞추어 진행된 것이 아니다. 미숙한 독자가 능숙한 독자보다, 어린 독자가 성인 독자보다 초인지 전략이 부족하다는 연구도 이루어졌다(Allen & Hancock, 2008). 후속 연구에서는 능숙한 독자가 사용하는 초인지 전략을 모든 학생이 능숙하게 사용할 수 있는 지도 방법에 대한 연구도 진행하였다. 여기에는 '초인지 지도(metacognitive instruction)', '전략 지도(strategy instruction)', '전략의 직접적 설명', '교류적 전략 지도' 등이 해당된다. 읽기 수업에 필요한 초인지에 대해 좀 더 자세히 알아보자.

초인지에 기초한 읽기 지도를 하는 이유는, 독자가 읽기를 하는 동안 스스로 자신의 사고에 대하여 좀 더 민감하게 인식하도록 함으로써 궁극적으로는 독해력을 향상시킬 수 있도록 안내하기 위함이다(VanKeer & Vanderlinde, 2010). 초인지를 이용한 읽기 수업에서 교사들은 학생이 읽기 과정 중에 활용할 수 있는 초인지 전략을 명시적 교수법을 활용해 지도해야 한다. **명시적 교수법**(*explicit instruction*)이란 읽기 과정에서 초인지 전략을 언제, 어떻게 적용하는지에 대해 명확하고 체계적으로 설명하는 교수 방법이다.

초인지 읽기 수업을 효과적으로 진행하려면 교사에게서 학생으로 책임 이양이 점진적으로 이루어져야 한다(Baker, 2002). 초인지 전략에 대한 명확한 설명과 그것을 언제, 왜, 어떻게 사용하는가에 대한 교사의 시범을 통해 점진적인 책임 이양이 이루어질 수 있다. 교사는 시범을 보일 때에 대개 사고 구술을 사용한다. 시범 보이기 단계는 교사가 학생에게 특정 전략을 적용하는 것을 알려 주기 때문에 안내된 사용 단계(guided-use phase)라고 할 수 있다. 이러한 지도가 이루어지고 나면 학생들은 점차적으로 학습해야 하는 전략을 스스로 사용할 수 있게 된다. 따라서 초인지 전략의 사용에 대한 책임 역시 교사에게서 학생으로 이양된다고 말할 수 있다. 책임이 성공적으로 이양되면 또 다른 전략을 지도할 수 있다. 이것은 명시적 전략 교수법(explicit strategy instruction)이 학생의 독해력 향상을 위한 효과적인 교육 방법이 될 수 있음을 보여 준다(VanKeer & Vanderlinde, 2010).

초인지를 활용한 읽기 수업은 구성주의적 관점을 반영한다. 그 이유는 읽기 과정에 중심을 두면서 독자의 능동적이고, 내적이고, 인지적인 참여를 강조하기 때문이다. 수업의 초기 단계에서는 초인지의 사회적인 요소가 드러나기도 하지만, 초인지 이론의 핵심 목표는 독자로 하여금 '독립적으로' 초인지 전략들을 사용하도록 돕는 것이다. 아래는 초인지 중심의 읽기 수업을 교실 수업에 적용한 예이다.

교실 현장 엿보기 초인지

William Butler Yeats는 "교육은 양동이를 가득 채우는 것이 아니라 모닥불을 지피는 것이다."라는 말을 하였다. 이 말은 훌륭한 교사가 어떤 교사여야 하는가에 대해 생각하게 한다. 그것이 내가 이 말을 좋아하는 이유이다. 나는 학생 스스로 학습과 성취를 조정할 수 있도록 동기를 부여하고 싶었다. 또한 학급에서 읽기를 효과적으로 지도하는 데 어려움을 느껴 읽기 전문가가 되어야겠다고 결심하였다. 이제 초인지와 독해 기술에 관한 논문을 완성하였다. 이것으로 독서 전문가가 되고자 했던 목표를 달성하기 위해 필요한 전략과 그 근거 자료들을 갖추었다고 생각한다. 이것을 바탕으로 능숙하게 읽기를 수행할 수 있도록 적절하게 지도하고 싶다.

종종 학생들은 책을 자연스럽게 읽고 싶은 열망을 느낀다. 그러나 이것이 잘 이루어지지 않으면 읽기에 대한 흥미를 점점 상실한다. 특히 학생들은 다른 것을 통해서도 정보를 획득하거나 오락적 즐거움을 누릴 수 있다고 생각하기 때문에 책 읽기에 점점 덜 도전하게 된다. 읽기를 잘 하지 못하는 학생은 읽기 연습을 지속적으로 해야 하며 하룻밤 만에 읽기를 성공할 수 없다는 사실을 알아야 한다. 반복, 구성, 개발, 격려를 통해서 학생 스스로 전략을 사용할 수 있을 것이다. 이러한 과정을 통해 학생들은 성취감을 맛보고, 스스로 학습에 대한 주인의식을 갖기 시작할 것이다.

초인지 중심의 읽기 수업을 시작하자 아이들이 좀 더 수업에 집중하였고 자기 인식을 하기도 하였다. 단지 글을 읽는 수준을 넘어서 읽기에 능동적으로 참여하려고 하였다. 초인지를 이용한 읽기 수업은 의존적이던 독자의 자신감을 현저히 높여 주고 그들이 좀 더 능동적으로 읽기에 참여하도록 하며 자기 인식을 갖도록 도와준다. 초인지를 이용한 읽기 수업을 통해 수업에 참여하지 않았던 학생들이 학습 과정을 수용하는 학습자로 변하였다.

다른 초인지 전략을 소개하고 시범 보인 후 연습하기 위해 나는 이 전략에 대해 쓰인 책갈피를 학생들에게 주었다. 그러자 지도하기 힘들다고 생각했던 학생마저도 그 전략을 이용하고 자주 그 책갈피를 보면서 읽기를 하는 것을 볼 수 있었다. 학기가 진행되면서 학생들은 점차 스스로 읽기를 할 수 있게 되었고, 이러한 과정을 통해 읽기 과정에 대해 스스로 설명할 수 있게 되었다. 그리고 친구들끼리 자신의 읽기 과정에 대해 토론을 할 수 있게 되었다.

– Nicole Mattivi, 8학년 영어 교사

몰입 이론

몰입 이론(Engagement Theory)(Guthrie, 2004; Guthrie & Wigfield, 2000)은 '몰입(engaged) 독자'와 '비몰입(disengaged) 독자'의 차이를 설명하여 학생들을 독서에 보다 몰입시킬 수 있는 지도 방법에 대한 연구를 수행한 이론이다. 이 이론에 의하면 **몰입 독자**(*engaged readers*)는 본질적으로 스스로 읽고 자주 읽는 독자이다. 몰입 독자는 대체로 텍스트에 대한 이해를 높이기 위해 초인지 전략을 사용하기 때문에 읽기에 능동적으로 참여한다. 또한 몰입 독자는 읽은 내용에 대해 다른 사람들과 토의를 하므로 사회적이기도 하다. 이러한 점에서 본다면 몰입 이론에는 초인지 이론의 핵심적인 요소가 포함되어 있다. 몰입 이론은 또한 학습자의 학습 동기와 사회적 참여를 강조한다. Lau(2009)는 독서에 몰입한 학생이 그렇지 않은 학생에 비해 독서 '횟수', '시간', '폭'이 8배 높다는 것을 밝혔다(Guthrie, 2011: 181). Guthrie(2004)는 다음과 같이 말한다.

> 1998년 NAEP(National Assessment of Education Progress)가 9세 어린이를 대상으로 연구한 결과, 몰입 독서와 독해 성취도 간의 관계가 성별, 경제적 환경, 민족과 같은 다른 요인들보다 상관성이 더 높다는 것을 밝혔다(Guthrie et al., 2001). 또한 교육 수준이나 소득 수준이 낮은 가정의 아이가 몰입 독서를 할 경우, 교육 수준이나 소득 수준은 높지만 몰입 독서를 하지 않은 가정의 아이보다 더 높은 성취도를 보인다고 하였다. 대규모 사례를 근거로 한 이 연구는 몰입 독서가 성별, 부모의 교육 수준, 소득 수준과 같이 읽기 성취에 영향을 끼쳤던 전통적인 장벽을 극복할 수 있다는 전혀 뜻밖의 결과를 보여 준다(p.5).

몰입 이론에 흥미를 가진 교육자들은 학생의 독서 몰입(reading engagement)을 높이기 위한 다양한 방법들을 연구하기 시작하였다. Guthrie (2004)는 개념 지향적 읽기 수업(Concept-Oriented Reading Instruction: CORI)을 창안하였다. 이 읽기 수업 방식은 (1) 주제가 있는 읽기 수업 (2) 텍스트에 대한 학생의 자유로운 선택과 텍스트에 대한 자유로운 반응 (3) 참여 활동 (4) 흥미 있는 다양한 텍스트 (5) 사회적 협력과 읽기 반응 활동의 통합의 다섯 가지 중요한 요소로 구성된다. 연구 결과에 따르면 CORI 프로그램에 참여한 학생이 읽기에 대한 동기가 높아지고 초인지 전략을 더 많이 사용하며 개념적 지식을 더 많이 획득하였다(Guthrie, 2011). 동기 유발과 관련된 연구는 대체로 몰입과 밀접하게 연관되어 있는데, Guthrie(2011)는 다음과 같이 설명한다.

> 요약하면, 여러 실험 연구나 질적 연구를 진행한 결과 학생의 흥미, 자신감, 집중력을 높이는 동기 유발이 읽기에 효과적이라는 사실이 증명되었다. 이러한 연구 결과에 따르면 학생의 자기주도 읽기 활동이나 교사의 도움에 기초한 학생 읽기 활동을 촉진할 수 있는 환경을 조성해야 한다. 또한 유의미한 읽기 활동을 하려면, 학생에게 선택권을 주고, 읽기 활동에 대한 자신감을 심어 주며, 서로 협력하면서 읽은 내용을 조정하게 한다.

교실에 적용하기

Dewey의 연구에 기반한 구성주의는 읽기 과정에 대한 이해와 읽기 수업에 강력한 영향을 미쳤다. 구성주의를 수용한 연구자들은 읽기 과정을 독자의 의미 구성 과정으로 인식하였다. Bartlett(1932), Anderson과 Pearson(1984)은 스키마가 독해에 미치는 영향을 연구하였다. 읽기를 수행하는 독자는 자신만의 스키마를 바탕으로 해석하기 때문에 독자마다 해석한 내용이 다를 수 있다는 Rosenblatt(1978)의 연구 역시 읽기에 대한 이해를 증진시켰다. 심리언어학과 총체적 언어 이론은 읽기를 하기 위해서는 언어를 이해해야 한다면서 읽기에서 언어의 중요한 역할을 밝혔다. 초인지 이론은 능숙한 독자가 텍스트에 몰입하는 방식을 자세히 설명하여 의미 구성 과정과 독해에 대한 이해를 확장시켰다. 이들 구성주의 이론은 각각의 요소를 반영한 수업 방법을 창안하였다.

구성주의에 관한 Dewey의 이론은 경험을 학습의 주요 요소로 설정함으로써 읽기 수업에 영향을 끼쳤다. 학생의 능동적 지식 구성을 강조한 자기주도 학습은 Dewey의 연구에 근거한 교육 방법이다. Dewey는 또한 학습에 있어서 문제 해결의 중요성을 언급하며 사회적 인식을 자극하기 위해 소집단 문제 해결 학습을 강조하였다. 만약 교사가 문제 중심 학습법(Problem Based Learning)을 활용한 소집단 학습을 강조한다면 Dewey의 연구에 근거하여 교육을 하는 셈이다.

Anderson과 Pearson(1984)은 브레인스토밍과 생각 그물 만들기를 창안하여 교실에 적용하였다. **브레인스토밍**(*brainstorming*)은 하나의 주제에 대하여 학생들이 가지고 있는 스키마를 활성화시킨 다음에, 그 주제에 대한 학생들의 스키마를 확장시킨다. 브레인스토밍은 텍스트를 읽기 전에 스키마가 활성화되고 강화되면 독해력이 향상될 것이라는 점에 근거한다. 브레인스토밍은 학생들에게 주제에 대하여 자유 연상을 하게 하는데, 이때 주제와 연관된 생각을 자유롭게 말하도록 한다. 그런 다음에 자유 연상한 내용을 칠판, 화이트보드 등에 쓰는데, 이것은 학생들의 토론을 유도하기 위해서이다.

생각 그물 만들기(*webbing*)는 브레인스토밍보다 좀 더 구조화한 것이다. 학생들의 생각을 무작위로 칠판에 쓰는 브레인스토밍과는 달리, 생각 그물 만들기는 교사의 안내에 따라 자신의 생각을 떠올린 순서대로 범주화하여 조직한다. 생각 그물 만들기는 한 장의 큰 전지 가운데에 원을 그리고, 그 안에 '해변'이라는 핵심어를 쓴 후 '조개', '파도', '선탠 로션', '파도타기', '파라솔' 등과 같이 해변에 연관된 생각을 '사람들이 해변에 가지고 가는 것들', '사람들이 해변에서 하는 것들', '해변에 있는 자연의 일부분'과 같이 범주화하고 조직하는 것이다.

널리 알려진 **KWL**도 생각 그물 만들기의 변형된 예이다. 이것은 텍스트를 읽기 전에 해당 주제에 대해 이미 알고 있는 것(K)과 그것에 대해 알고 싶은 것(W)을 써 보게 하고, 텍스트를 읽은 후에 읽기의 결과로 배운 것(L)을 토론한 후, 표를 완성하는 활동이다. 학생들은 KWL 전략을 활용하면서 스스로 의미를 구성하고 기존의 스키마를 활성화하며 이것을 바탕으로 새로운 스키마를 형성하는 학습 경험을 한다.

Rosenblatt(1978)의 교류/독자 반응 이론 역시 교실 수업에 중요한 시사점을 주었다. Rosenblatt은 독자가 읽기를 한 후 가질 수 있는 반응을 유형화하였는데(원심적 반응과 심미적 반응), 이때 독자는 자신만의 스키마를 이용하였기 때문에 다른 독자와 차별화된 해석을 만들어 낸다고 보았다. Rosenblatt에 따르면 학생의 다양한 원심적 반응과 심미적 반응을 촉진할 수 있는 학습 활동이 중요하다.

Rosenblatt의 연구 이후에 교사가 읽기 수업에서 학생의 창의적이고 개별화된 반응을 촉진하기 위해 다양한 후속 활동을 계획하는 일이 보편화되었다. 폭넓은 읽기 반응을 촉진하는 읽기 후 활동에는 감상문 쓰기, 독서 토론하기, 연극, 스토리텔링, 인형극, 비디오 녹화, 이야기 상자, 이야기 지도, 이야기 이어가기 등이 있다. 이러한 활동을 통해 텍스트에 대한 학생 개개인의 원심적 반응과 심미적 반응이 강화될 수 있다.

Rosenblatt의 교류/독자 반응 이론에 기반한 대표적인 활동으로 '연결하기(Making Connections)'가 있다. L'Allier와 Elish-Piper(2007)의 설명에 의하면, 텍스트를 읽는 동안 학생과 텍스트 사이에 일어나는 상호 작용에는 몇 가지 유형이 있다. 첫째는 '텍스트와 자아의 상호 작용(text-to-self)'이다. 이때, 독자는 텍스트에 담긴 이야기나 구성을 자신의 삶과 연관 지어 반응하게 된다. 둘째는 '텍스트와 텍스트의 상호 작용(text-to-text)'이다. 이것은 현재 읽고 있는 텍스트와 과거에 읽었던 다른 텍스트를 연관 지어 반응하는 것을 말한다. 셋째는 '텍스트와 세계의 상호 작용(text-to-world)'이다. 독자는 읽은 내용과 실제 사회를 연관 지어 반응한다. 수업의 도입부에서는 교사가 중심이 되어 이 활동을 전개한다. 하지만 어느 정도 연습이 이루어지고 나면 학생 스스로 이러한 관계를 만들 수 있다. 이러한 활동은 읽고 있는 것과 이미 알고 있는 것 사이의 연결 고리가 강조될 때 텍스트에 대한 이해력이 높아질 것이라는 생각에 근거한다.

스키마 이론과 교류/독자 반응 이론과 마찬가지로 심리언어학과 총체적 언어 이론은 문식성 학습과 관련된 교실 수업에 매우 큰 영향을 주었다. 심리언어학을 통해 안내된 읽기 수업에서 오독 기록의 유용성을 확인할 수 있었다. 부연하자면, **안내된 읽기 수업**(*guided reading lessons*)을 하기 위해선 비슷한 수준의 읽기 능력을 가진 학생을 소집단으로 구성한 후 학생의 수준에 적합한 텍스트를 제시해야 한다. 여러 차례의 음독과 묵독 과정을 거쳐 모든 학생이 텍스트에 익숙해지도록 하는 안내된 읽기가 진행된 후, 모든 학생에게 소리 내어 텍스트를 읽게 한다. 이 과정에서 교사는 학생의 음독 오류를 기록하거나 유형화할 수 있다. 심리언어학은 읽기를 하는 동안 나타나는 음독 오류를 학생의 읽기 과정을 이해하기 위한 '마음속 창'으로 인식한다. 또한 음독 분석은 읽기 부진 학생을 대상으로 한 수업에도 사용된다. 그것은 심리언어학이 학생이 읽은 내용을 이해하였는지를 판단할 수 있는 근거로 관찰 가능한 단서를 이용함을 뜻한다.

심리언어학 이론과 함께 총체적 언어 이론이 적용된 수업 사례는 많다. 총체적 언어 이론은 다음의 활동들과 관련되어 있다.

- 문식성 학습을 위한 실제적이고 양질의 문학 작품을 사용
- 문식성 학습을 위한 실제적이고 유의미한 맥락의 사용
- 학생들의 흥미에 기초한 학생 중심 수업
- 학생의 선택권 강조
- 주제 관련 수업의 적용
- 활동적이고 사회적인 학습 경험 사용
- '지도 가능한 순간'의 인식
- 다양한 모둠 사용
- 통합 문식성 학습을 위한 긴 시간 배분(블록 타임)
- 포트폴리오 평가같이 대안적인 총체적 평가 제도
- 교실에서의 코너 학습

총체적 언어 이론과 관련된 교수 전략이 무수히 많기 때문에 이 책에서는 교실 수업에 적용할 만한 전략을 모두 다루기는 힘들다. 다만 총체적 언어 이론의 대표적인 수업 형태인 주제 중심 지도는 문식성 지도에 많은 영향을 미쳤으므로 살펴보고자 한다.

주제 중심 수업(*thematic instruction*)은 개념 혹은 주제를 중심으로 내용을 통합하여 지도하는 수업 형태를 의미한다. Morrow(2012)는 "각각의 개별 수업은 어휘, 통사, 발음, 이해와 같은 능력을 신장시키는 데 필요한 언어 경험을 제공한다. 이러한 경험은 통합적으로 구성되어야 한다"고 말한다(p.118). Morrow는 주제의 단위는 다양하지만, 흥미롭고 실제적인 맥락에서의 문식성 수업 목표에 따라 통합되어야 한다고 주장한다. Morrow는 주제의 단위를 세 가지 유형으로 분류하였다. 첫째는 문식성 장르나 특정 작가 중심으로 구성하는 것이다. 예를 들면, 잘 알고 있는 우화나 Tomie dePaola와 같은 작가를 중심으로 주제를 구성할 수 있다. 이 유형은 문식성 장르나 작가와 관련된 많은 작품이 있기 때문에 선택의 폭이 넓다. 장르나 작가에 대해 더 자세히 알기 위한 읽기나 쓰기를 활용하는 등의 수업을 할 수 있다.

둘째는 과학이나 사회와 연계된 주제로 구성하는 것이다. 위의 주제와 관련된 읽기 자료는 차후 다른 수업을 이해하는 데 도움이 된다. Morrow는 "만약 주제가 농장에 관한 것이고, 관련 이야기 중의 하나가 『the Little Red Hen』[1]이라면, 일부 활동은 빵을 굽는 활동으로, 일부 활동은 이야기 역할 놀이로 구성할 수 있고, 경우에 따라서는 모든 동물들이 합심해서 빵을 굽는 것으로 이야기를 재구성할 수도 있다"고 하였다(p.16).

셋째는 과학이나 사회 교과의 주제에 의도적으로 다른 영역, 즉 음악,

1) 역주: 예부터 전해 오는 이야기의 하나로, 암탉이 혼자서 밀알 씨를 뿌리고 키워 거둔 후 빻아 밀로 만든 뒤 그것으로 빵을 굽는데, 다른 동물들은 하나도 도와주지 않는다는 내용이다. 우리나라에서도 번역본이 있기는 하나 등장하는 동물이나 이야기의 형식이 다르다.

미술, 연극, 수학, 사회, 과학 등을 통합하여 주제를 구성하는 유형이다. 아동문학 작품들은 대체로 이러한 유형의 주제 통합 수업에 많이 활용된다. 하지만 문학 작품 그 자체가 핵심적인 주제가 되지 않고 중요한 관심사가 주제가 된다. 이러한 유형의 통합 수업을 하기 위해서는 읽기와 쓰기를 촉진하는 문식성 관련 자료뿐만 아니라 주제와 관련된 자료가 교실에 많이 있어야 한다. 읽기와 쓰기는 의도적으로 사회나 과학 교과 수업과 통합하여 이루어진다. 기능은 필요하다고 판단될 때 지도해야 하는데, 일례로 농장을 주제로 병아리의 부화 과정에 대해 저널(journal)을 쓰기 위해서는 이중 자음 'ch'를 가르쳐야 한다. 통합 주제는 모든 내용 영역에서, 전 교과서에서 통합될 수 있다. 통합 주제는 교사, 학생, 학생과 교사가 함께 정할 수 있고, 학교, 집, 사회에 일어난 일을 주제로 선정할 수도 있다. 주제 통합은 교실 수업에 많은 영향을 줄 수 있다. 그러나 주제 통합 수업은 교실에서 적용 가능한 총체적 언어 이론 중 하나에 불과하다.

초인지는 문식성 수업에 강력한 영향을 준 또 다른 이론이다. 초인지 학습은 읽기를 하는 동안 학생 스스로 자신의 사고에 대해 명확히 인식하도록 하기 위해 필요하다. 초인지 학습에서 중요한 것은 학습자 스스로 읽기를 하면서 초인지 전략을 사용하는 것이다. 따라서 교사는 초인지 전략을 언제, 어떻게 적용하는지 명확히 보여 줄 수 있어야 한다. 그리고 교사는 학생들이 초인지 전략을 스스로 사용할 수 있도록 교사 주도의 초인지 전략에 대한 설명과 시범에서 학생의 독립적인 사용에 이르기까지 점진적으로 책임을 이양해 주어야 한다.

초인지 수업에서는 학생들이 읽고 있는 내용을 이해하고 있는지 아닌지를 스스로 판단해 보게끔 한다. 교사는 능숙한 독자에게 자신이 읽고 있는 것을 이해하고 있는지 아닌지에 대해 스스로 생각하며 읽기를 해야 한다고 설명을 하면서 초인지 전략을 지도할 수 있고, 만약 텍스트를 이해하지 못한다고 생각할 때에는 문제를 바로잡는 '수정(fix-up)'하기 전략을 지도할 수 있다. 그런 다음 읽은 것에 대한 이해 여부를 확인하는 것이 왜 중요한지 설명하고 읽은 내용을 이해하지 못할 때 왜 수정 전략을 사용해야 하는지에 대해 설명한다. 그리고 교사는 어떤 텍스트를 언제 읽든지 간에 이러한 초인지 전략(예: 이해 점검)을 사용해야 한다고 설명한다. 교사는 가르치고자 하는 초인지 전략을 설명하고 난 뒤에 시범 보인다. 이때 '사고 구술법'을 이용할 수 있는데, 사고 구술법은 교사가 텍스트에 대한 생각을 묘사하듯이 중얼거리며 말하는 방법이다. 또한 교사는 학생이 잘 못 이해했을 때, 수정 전략을 어떻게 사용하는지도 시범 보일 수 있다.

설명하기와 시범 보이기 단계를 마치고 나면 초인지 전략을 실제로 연습하게 한다. 주로 쉬운 내용이나 짧은 문단으로 연습을 시키되 교사가 전적으로 도움을 제공한다. 쉬운 한 문단을 읽고 그것의 이해 여부에 대해 토론하게 하는 것도 좋은 방법이다. 점차 내용이 더 길고 어려운 텍스트를 이용하여 연습을 시키며 학생 스스로 초인지 전략을 사용하는 단계가 되면 교사의 지원은 점차 줄인다. 이 과정을 거치면서 학생들은 초인지 전략을 사용하게 된다.

구성주의는 영어 학습자(English language learners: ELL)의 학습에 유용하다. 영어 학습자들은 관찰하거나 듣거나 느낀 것에 대해 다른 사람과 언어적인 상호 작용이 가능하다. 이 때문에 그들에게는 소집단, 문제 중심 활동으로 구성된 탐구 학습이 적절하다. 브레인스토밍과 생각 그물 만들기 활동, 스키마 이론은 새로운 어휘 학습이나 기존의 어휘 학습에 도움이 된다. 양질의 문학, 실제적인 학습 활동, 코너 학습의 이용 등과 관련된 총체적 언어 이론은 영어 학습자의 문식성 발달에 영향을 준다. CORI, 참여 이론과 관련된 주제 통합 수업은 영어 학습자의 언어 성장을 자극하는 유의미한 학습 맥락을 제공한다. 구성주의를 적용한 전략은 웹을 이용한 학습(탐구 학습)이나 아이들의 창의적 생각 그물(스키마 이론) 만들기에도 유용하다.

연구에 적용하기

Dewey(1916)는 지식 구성의 주체로서 학습자의 역할을 강조하고 특히 문제 해결 학습과 사회적 협동 학습을 강조한다. 또한 Dewey는 학습의 물리적 환경에 대해서도 강조한다. 그래서 위와 같은 관점에 대해 연구하려면 Dewey의 탐구 학습에 주목할 필요가 있다.

Justice, Rice, Warry(2009)는 대학생들에게 탐구 중심 세미나를 한 학기 동안 진행하면서 그것이 학술적인 연구 능력, 발표 능력, 비판적인 추론 능력, 협동 능력, 자기 인식 능력 등에 미치는 효과를 조사하였다. Dewey의 이론대로 학생들은 한 학기 3학점 강좌에서 자신이 흥미 있어 하는 주제를 선택하여 연구 과제를 개발하고 평가하며 관련 정보를 통합하고 성공 여부를 판단하였다. Justice 외(2009)는 그러한 경험이 "지식을 비판적이며 반성적으로 이해하는 능동적인 자기 주도적 학습자가 되기 위한 지적이고 학문적인 능력을 발달시킨다"(p.2)고 하였다. 연구 결과에 따르면 탐구 중심 학습을 한 학생이 그렇지 않은 학생에 비해 사회적 인식, 대인관계 기술, 이해력의 다양성 측면에서 자기 인식 능력이 훨씬 높다는 것을 보여 주었다. 수행 평가에서도 탐구 중심 학습을 한 학생이 그렇지 않은 학생보다 학술적인 연구 능력과 발표 능력이 더 우수하였다. 간섭 영향을 비교하기 위해 2년제 대학과 4년제 대학의 졸업생들을 연구한 결과, 시간이 지남에 따라 간섭의 영향이 약해졌다. 이에 대해 연구자들은 다음과 같이 말한다.

> 탐구 세미나의 효과에 관한 중요한 의문점은 연구에서 다루어진 바와 같다. 이 연구는 대학교 1학년에서 단 한 해만의 탐구 세미나 과목을 통해서도 학술적이고 지적인 능력을 유의미하게 발전시킬 수 있음을 보여 준다. 연구 결과에 따르면 약간의 간섭(3학점짜리 한 과목)도 학생들에게 큰 도움이 된다는 것을 알 수 있다(p.21).

구성주의적 관점을 가지고 있거나 지식 구조가 읽기 능력에 주는 영향에 관심이 있다면 스키마 이론을 바탕으로 연구를 진행할 수 있다. 스키마 이론은 특히 독해 관련 연구에 유용하다. 배경지식 활성화 및 그것과 관련한 활동의 효과성 연구는 스키마 이론을 기반으로 한다.

Thevenot, Devidal, Barrouillet, Fayol(2007)은 스키마 이론과 정신 모형(Situation Mental Model Theory)[2]을 비교하기 위해 수학 문장제 문제를 해결하게 하였다. 이 연구는 상위 수준의 4학년 학생 36명과 하위 수준의 4학년 학생 36명을 비교하였다. 학생들에게는 다양한 수준의 수학 문장제 문제를 제시하였다. 절반의 학생들에게는 문제를 풀기 전에 수학적인 질문을 제시하였고, 나머지 절반의 학생들에게는 문제를 푼 후 수학적인 질문을 제시하였다. 이 비교 실험을 통해 몇 가지 흥미로운 결과가 도출되었다. 첫째, 문장제 문제를 풀기 전에 수학적 질문을 제시한 것은 모든 학생에게 유의미한 도움이 되었는데, 특히 하위 수준의 학생들에게 도움이 되었다. 둘째, 문장제 문제를 풀기 전에 수학적인 질문을 제시한 것은 하위 수준 학생들에게 문장제 문제의 난해함을 해소하는 데 도움이 되었다. 셋째, 문장제 문제를 풀기 전에 질문을 제시한 것은 고난도 문제를 푸는 데 도움이 되었다. 연구자들은 이러한 결과를 바탕으로 스키마 이론보다는 정신 모형이 더 타당하다는 것을 입증하였다.

교류/독자 반응 이론은 문학 작품에 대한 학생의 반응 연구에 많은 시사점을 준다. Certo(2011)는 문학 동아리의 소집단 토의 활동의 효과에 대해 연구하였다. 특히, 사회적 관계 형성과 리더십에 소집단 토의 활동이 어떠한 영향을 미치는지에 대해 연구하였다. 이 연구에서는 문학 동아리 활동을 하는 1학년부터 5학년까지 10개 학급의 23명 학생을 임의로 선정하여 참여하게 하였다. 참여자의 학년과 학습 능력은 동일하지 않

2) 역주: 인지 심리학에서 정신 모형 혹은 상황 모형으로 불린다.

았다. 학생들의 인터뷰 자료는 지속적인 비교 방법[3](Strauss & Corbin, 1998)을 통해 분석되었고 'HyperResearch'(Hesse-Biber, Kinder, Dupuis, Dupuis, & Tornabene, 2007)를 사용하였다. "서로 도움을 주고 받았다든가 다른 친구에게 도움을 받았다고 응답한 경우가 가장 많았다. 인터뷰에 응한 23명의 학생들 중 17명이 친구를 도왔거나 다른 친구에게 도움을 받았다고 답하였다"(p.71)는 연구 결과를 얻었다. 또한 "75%의 학생들이 대부분 친구를 칭찬하였고 동아리 활동을 하면서 다른 친구를 격려하고 도와주었다고 응답하였다. … 리더였던 학생들은 동아리 내에서 토의가 계속되도록 이끌어 갔다"(p.73)는 응답도 있었다. Certo는 문학 동아리에서 소집단 토의에 참여하는 것은 사회적 관계 형성과 리더십을 발전에 도움이 된다는 결론을 내렸다. Certo는 또한 "효과적인 소집단 토의가 독자의 개별적인 반응을 이끌어 낼 수 있다고 보는 것은 문제가 있다"(p.63)라고 보았다.

Ryder, Tunmer, Greaney(2008)는 총체적 언어 이론에 기반한 음운 인식과 해독에 대한 지도가 효과적인지 알아보기 위해 6, 7세 뉴질랜드 읽기 부진 학생 24명을 대상으로 연구를 진행하였다. 연구에 참여한 학생들은 뉴질랜드 교육부가 추진한 총체적 언어 교수법을 적용하는 교실에서 공부하였다. 임의로 선정된 12명의 학생들은 24주간 매 20~30분씩 이루어지는 음운 인식과 해독에 대한 수업을 받았다. 이 학생들이 받은 지도 프로그램은 뉴질랜드 정부에서 만든 것(Pause, Prompt, Praise[4])이다(Glynn, 1994). 이 실험의 결과 음소 인식, 유사 단어 읽기, 추론, 독해 등 네 영역에서 실험 집단이 통제 집단보다 사전, 사후 검사 모두에서 더 나은 결과를 보였다. 이 결과는 2년간의 후속 연구에서도 동일하게 나타났으며 관련된 텍스트에서의 단어 인식 정확도에도 영향이 있음이 드러

---

3) 역주: constant comparative method, 근거 이론에서 처음 소개되었다.

4) 역주: Pause, Prompt, Praise(PPP)라고 불리는 이 프로그램은 1970년대 중반 읽기 학습에 어려움이 있는 고학년 학생들을 위해 뉴질랜드에서 만든 읽기 지원 전략이다.

났다.

초인지 영역에서는 Curwen, Miller, White-Smith, Calfee(2010)가 교사와 학생을 대상으로 초인지가 전문성 신장에 어떠한 영향을 끼치는지 연구한 바 있다. 캘리포니아 남부의 10개 초등학교에서 시작된 Read-Write Cycle Project[5]의 한 과정으로 교사들은 18일 동안 초인지 영역의 전문성 신장 프로그램을 이수하였다. 해당 기간 동안 전문성 신장 프로그램 활동 녹화 자료, 교실 활동 녹화 자료, 교사의 반성적 글쓰기, 녹음된 인터뷰 등의 자료가 수집되었고 이 자료는 모두 질적으로 분석되었다. IOWA 기초 읽기 능력 하위 검사와 쓰기 평가에 대한 학생들의 점수는 양적으로 분석되었다. 수집된 자료는 기반 이론(Strauss & Corbin, 1998)과 'HyperResearch'(Hesse-Biber et al., 2007)에 의해 분석되었다. 그 결과 교사들은 "부족했던 부분에 대한 인식과 그것을 메우기 위한 활동에 기반한 초인지 학습이 학습자의 앎에 도움이 되었다"(p.138)고 느끼고 있었다. 연구자들은 "교사와 학생 모두 지도와 학습에 있어 초인지 전략을 효과적으로 사용하는 능력이 향상되었다"(p.146)는 결론을 내렸다.

Aria와 Tracey(2003)는 참여 이론을 기반으로 유머가 가미된 어휘 수업이 7학년 학생들의 어휘 성취에 주는 효과를 연구하였다. 네 학급 중 두 학급은 읽기 교사용 지도서에 수록된 어휘를 지도하기 위해 교사가 수업 계획을 세워 수업을 하는 전통적인 어휘 수업을 하였다. 나머지 두 학급은 동일한 어휘를 유머러스한 맥락(예를 들면, 담임 교사인 Aria와 그의 가짜 여자 친구인 Mildred Fleener가 Scranton에 있는 병마개 박물관에 가려고 하는 유쾌한 상황)에서 학습하였다. 연구자인 Aria 선생님이 네 학급을 모두 지도하였으며 이 네 학급은 동질 집단이었다. 실험 전 4주 동안

5) 역주: 이 프로그램은 초등학교 고학년 학습자의 내용 교과 영역의 문식성 신장을 위한 교사 지원 프로그램이다. 이 프로그램은 보고서 및 설명문과 같이 학습한 내용을 글로 쓰는 능력과 내용 교과 텍스트를 읽고 난 후 그것을 이해하는 능력을 동시에 길러 주기 위한 목적을 가지고 있다.

어휘 지도를 하였다. 네 학급은 한 주가 끝날 때마다 읽기 교재에 수록되어 있는 어휘에 대한 시험을 치렀다. 4주 이상의 실험 결과, 유머가 가미된 어휘 수업을 받은 학생들의 점수가 전통적인 어휘 수업을 받은 학생들의 점수보다 현저하게 높았다. 연구자들은 다음과 같이 말한다.

> 우리는 동기 유발 이론의 관점에서 참여 이론을 활용하였다. 연구 결과, 유머가 가미된 어휘 수업을 받은 학생들이 전통적인 학습 방법으로 수업을 받은 학생들보다 성취 점수가 높았으며 어휘 학습에 대한 동기도 강하였다. 학생들의 참여에 대한 형식적인 측정은 하지 않았지만 유머가 가미된 어휘 수업에서 학생의 참여가 매우 높다는 사실은 분명 주목할 만하다. 유머는 교실 수업에서 느낄 수 있는 스트레스와 학습의 무관심을 줄이고, 학생들과 교사 사이의 정서적인 거리를 좁혀 주며, 면학 분위기를 만들어 준다. 그뿐만 아니라, 교실 안에서의 유머는 학습이 즐거움 그 자체가 되도록 도와준다.
>
> '재미있는 어휘 수업'이 지속적으로 이루어지자 실험 집단은 어휘 수업에 더 능동적으로 참여하고 기다리기 시작하였다. 실험 집단의 학생들이 "이 재미있는 문장 한 번만 더요"라고 말할 때 수업에 대한 참여 정도를 확인할 수 있었다. 또한 학습한 어휘를 연습하면서 생기를 느꼈다. 이것이 통제 집단과 뚜렷이 비교되는 점이다. 학습한 어휘를 이용하여 문장을 지어 보도록 하였을 때 실험 집단의 학생들은 교사들보다 훨씬 재미있는 문장을 만들려고 시도하였다. 뿐만 아니라, 친구들과 함께 자신이 만든 문장에 대해 이야기를 나누기도 하였다. 이 연구는 유머에 대한 상상력과 유머 감각을 이용하려는 내적 동기를 통해 힘들고 단조롭다고 생각할 수 있는 학습 활동에 흥미를 유발시킬 수 있음을 보여 준다. 참여 이론을 사용하여 실험 집단의 학생들에게 흥미 있는 수업을 제공한 결과, 학생들은 어휘 수업에 능동적으로 참여하였고, 이 때문에 통제 집단의 학생들보다 더 나은 결과를 보였다(p.171).

연구자들의 결론:

유머가 가미된 어휘 수업은 두 가지 면에서 의의가 있다. 첫째, 연구 결과처럼 유머가 가미된 어휘 수업은 어휘에 대한 단기 기억 및 새로운 어휘의 활용에 도움이 된다. 실험 집단의 학생들이 어휘 수업을 즐겼기 때문이다. 어휘 수업이 있는 날 우리는 교실에서 학생들이 웃는 소리가 들렸고 밝아진 교실 분위기를 느꼈으며, 학생들은 열정적으로 수업에 참여하였다. 실험 집단의 학생들은 어휘 지식이 증가되는 것을 깨닫지 못한 채 단지 수업이 재미있다고 생각한 점이 그 증거이다. 이러한 수업은 딱히 그렇다고 말하기에는 어려움이 있지만 특히 중등 수준의 학생들에게 적합해 보인다(p.172).

요약

구성주의는 개인에 의한 능동적인 지식 구성을 강조하는 학습법이다. 이 이론에 의하면, 가설 검증에 의한 학습은 관찰되지 않더라도 이루어질 수 있으며 추론이 학습의 핵심 요소가 된다. 구성주의는 독자의 의미 구성 방식과 이해의 과정에 대한 설명을 가능하게 하였기 때문에 읽기 분야에서 활발히 연구되고 적용되었다.

이 장에서는 여섯 개의 구성주의 이론을 제시하였다. 탐구 학습, 스키마 이론, 교류/독자 반응 이론, 심리언어학/총체적 언어 이론, 초인지 이론, 참여 이론이 바로 그것이다. Dewey(1916)에 의해 개발된 탐구 학습은 흥미와 호기심을 기본으로 한 문제 해결적 학습과 사회적 협동, 학습자의 동기를 강조한다. Bartlett(1932)이 처음 제시하고 Anderson과 Pearson(1984)이 발전시킨 스키마 이론은 구조화된 지식이 학습과 읽기에 어떻게 관여하는지를 이론적으로 밝혔다. Rosenblatt(1978)이 제안한 교류/독자 반응 이론은 독자가 고유한 스키마 때문에 텍스트에 대한 독자적인 반응을 하게 된다고 주장함으로써 스키마 이론의 적용을 확장시켰다. 심리언어학은 읽기 과정에서 언어의 역할을 강조하고, 총체적 언어 이론은 문식성 학습과 지도에 대한 이론적 틀을 마련하였다. 초인지 이론은 읽기 과정 동안 정확한 이해와 이해의 조정을 위해 정신적인 개입의 중요성을 강조한다. 마지막으로 참여 이론은 학습의 과정에서 동기, 개념화된 지식, 사회적 상호 작용의 역할을 강조하면서 초인지 이론들의 핵심적인 특징들을 통합한다. 이 장에서 제시한 모든 이론은 개인이 지식 구성의 능동적인 주체라는 전제 위에 만들어졌고, 교실 수업과 연구 양쪽 모두에 통용되는 가치를 지니고 있다. 사회 구성주의 이론은 6장에서 별도로 다룬다.

토의 주제

- 구성주의란 무엇인가?
- 탐구 학습은 무엇이며 읽기 교육 및 연구에 어떤 영향을 주었는가?
- 스키마 이론은 무엇이며 읽기 교육 및 연구에 어떤 영향을 주었는가?
- 독자 반응 이론은 무엇이며 읽기 교육 및 연구에 어떤 영향을 주었는가?
- 심리언어학 이론과 총체적 언어 이론은 무엇이며 읽기 교육 및 연구에 어떤 영향을 주었는가?
- 초인지 이론은 무엇이며 읽기 교육 및 연구에 어떤 영향을 주었는가?
- 몰입 이론은 무엇이며 읽기 교육 및 연구에 어떤 영향을 주었는가?

주요 활동

문학 동아리(Literature Circle). 고전을 중심으로 한 문학 동아리: 『Voice and Choice in the Student-Centered Classroom』(Daniels,1994). 문학 동아리는 텍스트에 대해 유의미한 대화를 한다. 개별 참여자는 동아리 활동을 시작하기 전에 먼저 완수해야 할 '역할'을 부여받는다. 이 '역할 임무'는 보통 읽어야 할 장을 제시한 과제로 제공된다. 다음은 '역할 임무'의 예이다: **토론 책임자 혹은 사회자**(이 참여자는 텍스트를 기반으로 모둠 구성원들과의 토론을 위한 질문을 3~5개 정도 만든다), **예술가**(이 참여자는 모둠원들과 공유할 수 있는 시각적 반응 자료를 만든다), **조사자**(이 참여자는 배정된 텍스트와 관련된 추가 정보를 수집하여 공유한다), **연결자**(이 참여자는 배정된 텍스트와의 개인적인 관련성을 세 가지 공유한다), **어휘 박사**(이 참여자는 배정된 텍스트에서 5개의 중요하거나 익숙하지 않은 어휘들의 의미를 알아보고, 그것을 모둠원들과 공유한다), **요약자**(이 참여자는 모둠을 위해 그 장의 중심 생각들을 요약한다). 그 뒤 각 개개인은 수업 시간이 끝날 때까지 소집단 안에서 자신에게 주어진 역할 임무를 공유한다.

실천 과제(Class-to-Life Writing Assignment). 주요 구성주의 관점에 대해 3~5쪽 정도의 분량으로 요약하시오: 탐구 학습, 스키마 이론, 교류/독자 반응 이론, 심리언어학 이론과 총체적 언어 이론, 초인지와 참여 이론. 또한 각 이론을 교사가 실제 교실 수업에 반영할 수 있는 방법을 한 가지 이상 예를 들어 설명하시오.

Chapter 5

문식성 발달 이론

(1930년대 ~ 현재)

읽기 전에 함께 생각할 문제들

- 인지 발달 이론은 무엇이며 읽기 교육 및 연구에 어떤 영향을 주었는가?
- 성숙 이론은 무엇이며 읽기 교육 및 연구에 어떤 영향을 주었는가?
- 문식성 발달 이론은 무엇이며 읽기 교육 및 연구에 어떤 영향을 주었는가?
- 읽기 발달 단계 모형은 무엇이며 읽기 교육 및 연구에 어떤 영향을 주었는가?
- 발생적 문식성 이론은 무엇이며 읽기 교육 및 연구에 어떤 영향을 주었는가?
- 가족 문식성 이론은 무엇이며 읽기 교육 및 연구에 어떤 영향을 주었는가?

1900년대 초반, Dewey(1916)와 같은 구성주의자들은 학습을 개인의 내적 이해로 설명하기 위해 노력하였고, Watson(1913)이나 Thorndike(1903, 1931)와 같은 학자들은 학습을 관찰 가능한 행동으로 파악하였다. 이와 비슷한 시기에 발달 이론가들은 문식성 발달을 통시적인 관점에서 설명하려고 하였으며, 시간에 따른 특정 행동과 능력 발달의 관계를 발달 이론의 관점에서 상세히 다루고자 하였다.

읽기 영역에서 발달 이론가들은 다음과 같은 연구 과제를 탐구하였다.

- 초기 읽기 능력은 어떻게 발달하는가?
- 초기 읽기 능력을 신장시키는 방법은 무엇인가?
- 초기 읽기 능력에서 발달상의 문제점들은 어떠한 특징이 있는가?

이 장에서는 여러 가지 발달 이론에 대해 살펴볼 것이다. 여기에서 소개하고자 하는 발달 이론은 Piaget의 인지 발달 이론(Piaget & Inhelder, 1969), 성숙 이론(Morphett & Washburne, 1931), 문식성 발달 이론(Holdaway, 1979), 읽기 발달 단계 모형(Frith, 1985; Chall, 1983), 발생적 문식성 이론(Morrow, 2012), 가족 문식성 이론(Taylor, 1983) 등이다. 앞 장에서처럼 해당 이론에 대한 현장 교사들의 교수 경험이나 수업 사례, 연구에 활용한 예와 함께 개별 이론을 살펴보고자 한다.

인지 발달 이론

Burman(2007)은 Piaget를 역사상 가장 잘 알려진 심리학자 중 한 사람이라 평한다. Piaget는 1896년에 스위스에서 태어나 연체동물에 대한 논문으로 생물학 박사학위를 받았다. 아동과 관련된 그의 연구는 생물학적 관점에서 인식론(지식의 본질에 대한 연구)과 관련된 쟁점들을 이해하기 위해 시작되었다(Gardner, 2005). 자신의 자녀들에 대한 Piaget의 연구는 그의 집필에 결정적으로 기여를 하였다. 특히, 그는 자녀들의 성장 과정을 관찰하여 얻은 정보를 새로운 방식으로 설명하고자 노력하였다.

Piaget는 구성주의자이자 발달 이론가로 분류된다. 그 이유는 여느 구성주의 이론가들처럼 Piaget는 아동을 인지 발달이 지속적으로 이루어지는 행동적인 유기체로 보았기 때문이다(Penn, 2008).

하지만 Piaget는 구성주의자인 동시에 발달 이론가였다. Piaget는 수년 동안 아동의 인지 발달을 연구한 결과를 토대로 **인지 발달 이론**(*Theory of Cognitive Development*)을 만들었는데, 이 이론은 시간의 흐름에 따른 아동 사고의 질적 변화를 설명한 것이다(Penn, 2008). Woolfolk(1998)에 따르면, Piaget는 아동의 성장 과정에서 사고의 질에 영향을 미치는 네 가지 요인—생물학적(즉, 육체적) 성숙, 활동, 사회적 경험, 평형화—을 확인하였다. **생물학적 성숙**(*biological maturation*)은 출생 시에 주어지는 개인의 유전적 특징이며, 아동의 성장에 궁극적으로 영향을 미친다. **활동**(*activity*)은 아동이 가진 신체적 경험과 관련이 있으며, 이를 통해 아동은 그들의 지식 기반을 형성하게 된다. **사회적 경험**(*social experiences*)은 아동이 성장하면서 다른 사람과 맺게 되는 상호 작용을 의미하며, 이것은 아동의 성장에 영향을 미친다. **평형화**(*equilibration*)는 인지적 불균형 또는 부조화가 일어났을 때 인지적 균형감을 찾는 것을 말한다.

Piaget는 아동의 인지 발달에 영향을 주는 네 가지 핵심 요인을 밝힌 것과 더불어, 아동이 성인의 사고를 갖게 되는 과정에 질적으로 다른 네 단계의 사고 유형이 있음을 확인하였다. 이것이 우리가 알고 있는 **Piaget의 인지 발달 단계**(*Piaget's Stages of Cognitive Development*)이다. 첫 단계인 감

Jean Piaget(1896~1980)

각운동기(*sensorimotor period*: 출생~2세)는 아동 사고가 세계에 대한 자신의 감각적인 탐구에 기초하는 시기이다. 이 단계에서 아동이 인지하는 것은 보고, 듣고, 느끼고, 맛보는 감각이다. 이 단계의 아동은 아직 자신의 경험을 언어로 기록하는 데 필요한 언어를 충분히 갖고 있지 않다. 두 번째 단계는 **전조작기**(*preoperational period*: 2~7세)인데, 급속한 언어 발달이 일어나는 시기이다. 이 시기에 아동은 단어로 자신의 세계를 범주화하고 조직화하기 시작하며, 사고가 매우 구체화된다. 세 번째 단계는 **구체적 조작기**(*concrete operational period*: 7~11세)이다. 이 시기의 아동은 추상적인 개념 인식을 위한 매개체로 구체적 대상을 사용할 수 있다. 네 번째이자 마지막 단계는 **형식적 조작기**(*formal operational period*: 11세~성인)인데, 이 단계의 아동은 언어를 추상적으로 사용할 수 있다. 비록 발달 심리학과 관련된 가장 최근의 연구에서 인지 발달 단계 간의 유연성을 강조하고 있다할지라도, Piaget가 제시한 이 발달 단계는 폭넓게 영향을 미치고 있다.

Piaget의 저술은 아동의 인지 발달 방법에 대한 설명이 기본을 이룬다. 교사들은 학생들의 발달 단계에 적합한 수업과 활동을 구안하기 위해 아동의 사고가 발달 단계에 따라 다르다는 것을 이해할 필요가 있다. 읽기 기능 발달과 관련된 연구에서는 독해력, 단어 빨리 읽기(word attack), 어휘력의 향상과 아동의 인지 발달 사이에는 정적인 상관관계가 있음을 밝히고 있다(Cartwright, 2002). Hennings(2000)는 Piaget의 인지 발달 이론이 교육 실천에 준 영향을 다음과 같이 정리하였다. "Piaget의 인지 발달 이론은 교사가 학생들이 발달 단계에 따라 사물이나 사건을 이해하는 방식이 다르다는 것을 이해할 수 있도록 도와준다"(p.88). Gardner(2005)는 Piaget의 기여에 대해 다음과 같이 설명한다.

> 우선 Piaget는 아이의 마음을 단지 어른의 축소 모형으로 간주하는, 널리 알려진 개념을 일축하는 데 큰 기여를 하였다. 그는 아동의 발달 단계에 따라 나타나는 지식의 형태를 기술하였다. 수년 동안 Piaget는 스

> 위스의 제네바에 있는 아동을 대상으로 실험을 수행하였으며, 자신의 세 아이가 보인 인상적인 특징들을 정리하여 일련의 논문으로 발표하였다. 많은 연구들이 지식의 특별한 형식들—수, 공간, 인과 관계에 관한 아동의 개념—을 증명했지만, 이를 하나로 묶으면 이 연구들은 모두 아동기의 주요 지점에 나타나는 아동의 마음에 대한 보편적인 그림을 생산해 냈다(p.15).

Gardner는 "아동의 마음을 기록하는 데 있어 Piaget는 인지 발달 분야를 발견하였다"(2005, p.15)고 말하며, "아이의 마음에 대한 Piaget의 묘사는 인간 특성에 대한 Freud의 통찰을 지속시키려고 했을 가능성이 높다"(p.18)고 결론짓는다.

성숙 이론

1900년대 초반의 연구 문헌을 살펴보면, 당시는 취학 전 아동의 문식성 발달에 대해서는 거의 관심을 기울이지 않았다(Morrow, 2012)는 것을 알 수 있다. 당시에는 아동의 문식성이 초등학교 1학년에 입학하여 공식적인 교육을 받으면서부터 시작된다고 보았다. 이 시기의 읽기 수업에 강력한 영향을 미친 것이 발달 심리학자들이 주장한 성숙 이론이다. 1900년대 초반의 유아원과 유치원 교사들은 일반적으로 읽기 학습을 무시하거나 기피하였지만, 이들은 2장에서 소개한 것처럼 Pestalozzi나 Froebel의 교수법에 기초한 계발 이론(Unfoldment Theory)을 따랐다(Morrow, 2012).

그러나 Morphett과 Washburne(1931)은 아동이 초기 읽기 과제를 성공적으로 수행할 만큼 충분한 나이가 되기 전까지는 읽기 수업을 하지 않아야 한다고 주장하였다. Morphett과 Washburne은 읽기 수업을 하기에 적합한 최적의 나이를 결정하는 연구를 수행하였다. 그들은 정신 연령이 6세 중반을 지난 아동이 그보다 어린 아동보다 읽기 성취 시험에서 높은 점수를 보인다는 결론을 내렸다. 그들의 연구 결과는 **성숙 이론**(*Maturation Theory*)의 초석이 되었다. 이 이론에 따르면, 6세 반 이전의 아동에게 읽기 교육을 시키지 말아야 한다. 또한 부모들 역시 가정에서 자녀들에게 읽기를 가르치지 말아야 한다. 성숙 이론의 기본 신념에 따르면, 교사나 부모가 너무 어린 나이의 아동에게 읽기를 지도할 경우, 아동의 읽기 능력이 손상을 당할 위험이 높다고 한다.

성숙 이론은 1930년대부터 1950년대까지의 지배적인 읽기 교육 이론으로 수백만 미국 아동들의 읽기 지도에 영향을 미쳤다. 이 이론의 영향으로 아동의 정신 연령이 6세 중반이 될 때까지 가정이나 학교에서의 공식적인 읽기 지도는 보류되었다. 하지만 1950년대 성숙 이론의 위상은 행동주의(3장 참고)와 구성주의(4장 참고)의 도전을 받았다.

교실 현장 엿보기 **성숙 이론**

대부분의 문식성 학습 이론들은 성숙 이론의 제약을 넘어서면서 발전해 왔다. 그러나 어린 독자들의 교수 · 학습에 영향을 주는 생각들이 나타났다. 최근에 많은 교사들이 초등학교 학생들을 위한 철자법 쓰기 전략으로 '고안한 철자 쓰기(invented spelling)'를 적용하고 있다. 이 철자 쓰기가 여러 학교에서 많이 적용되었지만, 필자의 개인적인 관찰결과에 의하면 많은 학교에서 학생들에게 그들이 옳다고 믿는 것이나 이미 들어서 알고 있는 것을 바탕으로 새로운 낱말의 철자를 만들어 내도록 허용하는 듯하다. 그 이론은 아동이 쓰기를 할 때 철자법 오류를 지적하는 것은 그들을 좌절시키고

> 발달 단계상 적절하지 않다는 믿음에 기초한다. 아동은 적당한 학년이 될 때까지 공식적으로 수정받거나 지도받을 필요가 없고, 마음대로 철자를 사용해도 된다. 교사들은 아동이 적절하게 '준비가 되었을 때' 철자를 배울 것이라고 주장하면서 이 과정을 지지한다. 고안한 철자 쓰기를 통해 철자법을 지도하는 교사들은 아동이 충분히 발달하기 전까지는 철자 체계를 지도하지 않아야 한다는 성숙 이론을 기반으로 한다. 실제로 이러한 신념을 지닌 교사들은 아동에게 철자법을 너무 일찍 가르치면 아동의 자신감이 하락하고 쓰기 능력 신장에도 도움이 되지 않는다고 믿었다.
>
> – Elizabeth Soriero, 3학년 교사

문식성 발달 이론

성숙 이론의 뒤를 이어 Holdaway(1979)의 문식성 발달 이론이 새로운 핵심 이론으로 떠올랐다. 이 두 이론 사이에는 50년이란 시간의 격차가 있다. **문식성 발달 이론**(*Theory of Literacy Development*)은 세 차원으로 나누어 설명할 수 있다: 문식성 학습의 발달적 특성에 대한 설명, Holdaway가 문식성 학습의 핵심으로 보았던 네 단계에 대한 설명, 발달적 문식성 학습을 촉진하도록 고안된 교수 방법에 대한 설명.

Holdaway는 읽기 학습이 아이의 성장 과정에서 자연발생적으로 이루어진다고 본다. Holdaway(1979)에 따르면, 읽기 학습은 아동이 처음에 그들의 부모가 읽는 것을 보거나 부모가 그들에게 이야기를 읽어 줄 때 시작된다. 이 이론에서 부모는 아동의 모델이고, 아동은 부모의 읽기 행위를 모방하려고 노력한다. 이러한 모방적 실행은 아동의 첫 읽기 활동으로 이어지거나 유사 읽기 행위로 이어진다. 이것은 Holdaway의 '발달 가능역(gross approximations)'에 해당한다. Holdaway는 아동의 모방적 읽기 행위가 부모에 의해 주도적으로 이루어지고, 당연히 강화되어야 한다고 믿었다. 문식성 발달 이론에 따르면, 아동이 조금씩 모방적 읽기 행위를 시도하면서 읽기 기술이 향상되고, 이후에 아동은 실제로 글을 읽기 시작한다. 그러므로 Holdaway에 의하면, 읽기 발달은 자연적이며, 아동의 자연스런 언어 사용 능력의 발달은 지극히 모방적이라고 할 수 있다.

Morrow(2001)는 Holdaway(1979)가 제시한 자연적 발달 과정에 관여하는 요소들을 다음과 같이 요약하여 제시하였다.

> 첫째 요소는 문식성 행동들 — 예를 들면, 성인이 글을 읽기나 쓰는 행위를 보거나 스스로 글을 쓰는 것 — 의 관찰이다. 둘째 요소는 필요할 때에 서로 격려하거나 동기를 부여하고 도움을 제공하며 상호 작용하는 개인과의 협력이다. 셋째 요소는 연습이다. 학습자는 자신이 배운 읽기와 쓰기 활동을 연습한다. 그리고 어른의 지시나 관찰 없이 스스로 읽기와 쓰기 활동을 시도한다. 연습은 아동에게 그들의 수행을 평가하고 잘못된 것을 고치도록 하며, 기능을 향상시킬 수 있는 기회를 제공한다. 넷째 요소는 수행이다. 학생은 자신이 배운 것을 공유하며, 자신을 도와주고, 격려해 주며 흥미를 느끼도록 유도했던 성인으로부터 인정을 받고자 한다. Holdaway가 초기 읽기 학습의 핵심으로 본 일련의 모든 과정들은 의미 중심 교수법에 근거한 것이다(p.134).

Holdaway는 자연스러운 문식성 발달이 문식성 학습의 특성임을 밝혔다. 이러한 특성은 풍부한 가정 문식성 환경, 앞에서 언급한 바와 같은 부모와 아이의 상호 작용을 통한 모방 및 강화와 관련이 깊다. Holdaway는 문식성 학습을 위한 교실 환경을 풍부하게 만들고, 교실 주위의 주요 물품마다 이름표를 붙이며, 아동의 독립성과 자기 조절 능력을 발달시키는 학급 운영 방식을 사용하고, 아동들을 수준 높은 아동문학 작품과 유의미한 언어 경험 속에 노출시킬 것을 추천한다(Gunning, 2010; Reutzel & Cooter, 2012; Temple et al., 2011). Holdaway는 또한 학생들 간의 상호작용을 매우 강조한다. 교실 수업에서 빅북의 사용과 읽기 기능의 공유는 그가 가장 추천하는 교수 전략 중 하나이다. 이러한 교육적 접근법에 대해서는 이 장의 '교실에 적용하기' 부분에서 다루고자 한다. Holdaway의 이론은 근본적으로 문식성 발달 이론이지만, 총체적 언어 이론과도 일맥상통한다(4장 참조).

교실 현장 엿보기 **문식성 발달 이론**

내 자신의 경험을 떠올려 볼 때, 나는 Holdaway의 이론에 동의한다. 예를 들면, 내가 어린 시절에 처음으로 책을 읽었을 때의 기억은 어머니와 함께한 것이다. 비록 책이 많지는 않았지만, 그 책들은 내게 아주 특별하였다. 내가 읽은 첫 번째 책은 Seuss 박사의 『한 마리 물고기, 두 마리 물고기, 빨간 물고기, 파란 물고기(One Fish, Tow Fish, Red Fish Blue Fish)』였다. 어머니가 내게 그 책을 계속해서 읽어 준 기억이 난다. 그러나 당시에 나는 스스로 글을 읽고 싶었다. 그리하여 마침내 나는 단어 발달 영역(gross approximations)을 구성한 것 같다. 그리고 어머니는 내가 몇 가지 간단한 단어들을 배울 수 있게 도와주셨다. 내가 처음으로 책 몇 쪽을 스스로 읽었던 순간은 내 인생에서 가장 행복한 날이었다. 왜냐하면 나는 내가 스스로 읽는 것을 어머니에게 보여 주고 어머니를 기쁘게 해 드렸기 때문이다.

– Lisa Hamilton, 중학교 특수 교육 교사

읽기 발달 단계 모형

1980년대 초반에 읽기 능력 발달에 흥미를 가진 교육가들은 독자들이 능숙한 읽기를 향해 나아갈 때 거쳐 가는 단계를 모형으로 제안하기 시작하였다. 읽기 발달은 지속적이고 점차적으로 진행되기 때문에 읽기 단계와 성장을 분리하는 것은 다소 인위적이다. 그러나 Gunning(2003)에 따르면, "이것은 읽기 과정에 대해 보다 나은 이해를 제공하기 위한 것이다. … 독자들이 성취한 것이 무엇인지, 그들이 현재 어떤 읽기 단계에 속하는지 그리고 그들이 어떤 단계를 향해 가고 있는지를 이해함으로써 교육자들은 독자에게 필요한 것을 좀 더 이해할 수 있고 그에 대한 계획을 세울 수 있다"(p.11)고 한다.

읽기 발달 단계 모형(Stage Models)의 핵심은 아동이 읽기 과제에 접근하는 방법이 읽기 능력이 발달하면서 변한다는 것이다(Gunning, 2010). 단계 모형 이론가들은 아동의 읽기 능력이 발달하면서 읽기 수행 전략의 수와 종류도 증가한다고 믿는다. 더 나아가, 단계 모형 이론가들은 선수 발달 단계에서 독자가 이미 습득하여 사용하는 전략들은 후속 발달 단계에서 좀 더 개선된 읽기 기술로 결합되어 획득된다고 믿는다. 읽기 발달 단계에 관련된 논의들은 Ehri(1991), Chall(1983), Gough, Juel, Griffith(1992), Frith(1985)를 포함한 많은 읽기 이론가들에 의해 이루어졌다. 역사적으로 살펴볼 때, 이 연구자들이 읽기 단계에 관하여 다양한 용어를 사용했지만, 최근에는 식별 가능한 네 단계가 폭넓게 사용되고 있다(Gunning, 2010).

Gunning(2010)은 각 단계를 다음과 같이 설명한다. 첫 번째는 **알파벳 이전 단계**(*Prealphabetic Stage*)이다. 이 단계를 Ehri(1991)는 '어표 단계(logographic stage)'라 부르는데, 아동은 단어 인식의 기본 방법으로 시각적 단서들을 사용하고 모양에 의해 단어를 기억한다. 이 발달 단계에서의 단어 식별은 문자와 소리를 연결하는 지식과 연결되지는 않는다. '맥도날드(MacDonald's)'라는 낱말 안의 친숙한 색, 글자체, 상징과 같은 맥락적인 정보가 시각-단서 읽기 발달 단계에 있는 아동이 사용하는 단서의 형태이다.

읽기 발달 단계 모형에 따르면, 영어와 같이 알파벳(자모)으로 된 언어에서 어표적 읽기는 매우 비능률적이다. 따라서 아동이 성숙함에 따라 그들은 점차 발달의 두 번째 단계인 **부분적 알파벳 단계**(*Partial Alphabetic Stage*)로 이동한다. 이 단계는 또한 '음성적 단서 읽기(Phonetic cue reading)'라고 불린다. 아동들이 단어 식별의 '부분적 알파벳 단계'에 있을 때, 그들은 단어를 알아보도록 돕는 글자-소리 단서들을 사용한다. Gunning(2010)은 "부분적 알파벳 단계에서 아동은 단지 한 글자 또는 두 글자를 사용할지도 모른다. 그들은 단어의 첫 글자만 사용할 수도 있고 문맥 속에서 글자의 소리를 조합할 수도 있다"(p. 187)라고 말한다.

아동이 성장함에 따라, 그들은 점점 더 정확한 단어 식별을 위해 글자-소리 지식에 매우 의존할 것이다. 단어 식별의 세 번째 단계는 **완전한 알파벳 단계**(*Full Alphabetic Stage*)(Gunning, 2010)이며, 이 단계에 이른 아동은 단어 속의 글자를 모두 처리하려고 노력한다. 그러나 Gunning이 지적한 것처럼, 이 단계의 아동들은 글자 해독(letter by letter)에 너무 전념해서 글을 읽는 속도가 느려질 수 있다. 글자 해독에 지나치게 집중하는 것에 대한 또 다른 우려는 어휘 식별을 위한 대체 전략들을 사용하지 않는다는 것이다(Gunning, 2010).

Gunning(2010)은 단어 식별의 네 번째 단계를 **통합된 알파벳 단계**(*Consolidated Alphabetic Stage*)로 보았다. 이 발달 단계에서 아동들은 소리와 글자를 연결하는 자동화된 지식을 사용하여 단어 내의 글자 패턴을 사용하면서 읽기를 한다. 또한 '단어족(word families)'이나 '표음문자(phonograms)'로 알려진 글자 패턴들은 독자들이 좀 더 빨리 단어를 식별하는 데 도움이 된다. 단어 내의 패턴들을 사용한 읽기는 성숙한 독자들이 흔히 사용하는 텍스트 읽기 전략이다(Adams, 1990).

교실 현장 엿보기 **읽기 발달 단계 모형**

학기 초에 소집단 학생들의 읽기를 관찰하였고, 그들 중 대부분이 부분적 알파벳 단계(partial alphabetic stage)에 있다는 것을 알았다. 그들은 글자 소리를 식별하고 문장 안에서 의미를 찾으며 알지 못하는 단어들을 소리 내어 읽는 것을 배웠다. 나는 학생들이 그 단어들을 어떻게 읽어야 하는지 시범을 보이기 시작하였다. 학기가 계속되어 중간쯤에 이르렀을 때, 잘 읽는 학생들이 완전한 알파벳 단계(full alphabetic stages)와 통합된 알파벳 단계(consolidated alphabetic stages)로 발전하는 것을 확인할 수 있었다. 이 단계에 이르자 학생들은 이미 글자와 소리의 관계에 대해 이해할 수 있고, 학생들이 하나의 뜻을 가진 단어의 덩어리인 청크(Chunk)별로 소리 내는 것을 볼 수 있었다. 나는 최근에 도움을 거의 주지 않고 학생들에게 글을 읽게 하는 시험을 보았다. 어느 한 여학생은 모래(sand)라는 단어를 어려워하였다. 그래서 나에게 그 단어가 무엇인지를 물었고, 나는 그것이 무엇인지 말해 줄 수는 없지만 함께 소리 내어 읽어 볼 수는 있다고 말하였다. 처음에는 그 여학생이 낱자 s가 대표하는 소리를 냈다. 내가 s를 받아들이자, 소녀는 그 뒤 나에게 a-n-d 글자와 함께 'And'라고 말하였다. 'and'를 청크(chunk)로 인식하고 소리 낸 것이다. 이것은 읽기 단계 모형의 한 예를 보여 주는 것이다. 여러분도 학생들이 교실에서 글을 읽으면서 다음 단계 또는 다른 수준으로 나아가는 것을 관찰할 수 있다.

– Revecca Yedlock, 1학년 교사

발생적 문식성 이론

읽기 발달 단계 모형은 교사가 아동의 초기 읽기 발달 상황을 이해하는 데 도움을 주었다. 하지만 그들의 연구는 근본적으로 읽기 경험의 단어 인식 차원에만 초점을 맞춘 것이었다. 다른 이론가들과 연구자들은 단어 인식보다 더 넓은 관점에서 초기 문식성 발달을 연구하였으며, 읽기 발달 단계 모형과 비슷한 시기에 문식성 발달의 상호 보완적 측면을 연구하기 시작하였다. 이것이 **발생적 문식성 이론**(*Emergent Literacy Theory*)이다. 발생적 문식성 이론은 초기 문식성 발달을 설명하고, 초기 문식성 신장에 필요한 교육적 지침을 제공한다. '발생적 문식성(emergent literacy)'이라는 용어는 아이가 태어나서 관습적인(대략 초등학교 3학년) 수준의 읽기와 쓰기를 할 수 있을 때까지의 기간을 말한다. 발생적 문식성이라는 용어는 Marie Clay(1966)가 처음으로 사용하였다. 중요한 것은 이 용어가 실제 나이보다는 기능적인 수행 수준과 관계가 깊다는 점이다. 성숙한 아동은 실제로 초등학교 3학년이 되기 이전에 관습적인 수준(즉, 3학년 수준의 읽기를 할 수 있는)에 도달할 수 있다. 이와 유사하게, 심각한 장애를 갖고 있는 학생들은 3학년을 훨씬 넘긴 나이에도 발생적 문식성 단계에 머무르고, 심지어 그들 삶의 대부분을 이 단계에 머무를 수도 있다.

발생적 문식성 이론은 아동의 초기 문식성 발달이 이루어지는 방법에 대한 믿음을 바탕으로 성립하였다. 발생적 문식성 이론의 중요한 신념 중 하나는 아동의 듣기, 말하기, 읽기, 쓰기 능력의 발달이 상호간에 밀접한 관계를 맺는다는 것이다(Morrow, 2012). 이것이 뜻하는 바는 듣기와 말하기 능력이 우수한 아동들은 초기 읽기와 쓰기 능력도 우수한 경향이 강하다는 것이다. 역으로, 듣기와 말하기 영역에서 어려움을 겪거나 지체된 아동들은 읽기 장애나 지체를 경험할 위험성이 더 높다고 한다(Morrow & Gambrell, 2011). 또한 이 기능들 간의 밀접한 관계로 인해 한 영역의 긍정적인 문식성 성장이 다른 영역의 문식성 성장에 긍정적 영향을 미친다는 것이다. Morrow(2009)에 따르면, 모든 아동들은 구어와 문어의 관계를 점점 인식하는 발생적 문식성 단계를 겪는다고 한다. 발생적 문식성 이론가들은 아동들이 구어와 문어의 관계에 대하여 점차적으로 폭넓게 인식을 하는 것이 그들의 초기 문식성 행위를 돕는다고 생각한다.

발생적 문식성 이론의 두 번째 중요한 믿음은 문식성 발달이 출생과 함께 시작되며, 지속적으로 진행된다는 것이다(Morrow, 2012). 이 믿음은 앞서 아동이 6세 반이 될 때까지는 문식성을 지도해서는 안 된다고 주장했던 성숙 이론과 첨예하게 대립된다. 이 믿음은 또한 아동이 단어 인지를 시작할 때까지 아동의 문식성 성장을 무시하는 단계 이론과도 대치된다. 발생적 문식성 이론에서는 아동들이 말하고 이야기했던 최초의 경험까지도 문식성 발달의 일부분으로 포함시켜야 한다고 강조한다.

말할 것도 없이, 발생적 문식성 이론은 아동들의 듣기, 말하기, 읽기, 쓰기 기술이 출생과 함께 시작된다고 주장하기 때문에, 이 이론은 또한 아동들의 문식성 발달에 가정환경이 매우 중요한 역할을 한다고 주장한다. 이와 관련된 연구는 문식성이 풍부한 가정환경에 있는 아동들이 좀 더 이른 시기에 보다 능숙한 문식성 기능을 습득하는 경향이 있음을 보여 준다. 여기서 말하는 **문식성이 풍부**(*literacy-rich*)**한 가정환경**은 집에 아동과 성인이 읽을 수 있는 책들이 많아야 하고, 부모가 아동에게 자주 책을 읽어 주거나 아동 스스로 책을 찾아 읽어야 하며, 부모가 책, 신문, 잡지를 포함한 다양한 자료들을 읽어야 하고, 가족 구성원이 읽는 것을 즐거워해야 한다. 또한 부모가 아동을 도서관이나 서점에 자주 데려가야 하고, 아동은 읽기 자료들을 쉽게 접할 수 있어야 하며, 가정의 사회적, 감정적, 지적인 분위기가 아동의 문식성 성장을 촉진시키는 데 기여해야 한다(Morrow, 2005). 발생적 문식성 이론은 부모의 교육, 가정, 사회경제적 수준과 같이 아동의 초기 읽기 성공에 영향을 주는 많은 가정적 요인들이 있지만, 이들 중에서 가정의 문식성 환경의 질이 아동의 초기 문식성 능력에 가장 영향을 미친다고 본다(Morrow, 2005).

Gunning(2010, p.123)은 아동들이 발생적 문식성 단계에서 알아야 할 것을 목록으로 작성하였다. 아래에 제시한 개념들은 가정과 교실 모두에서 향상시킬 수 있다.

- 우리가 말하는 것과 다른 사람들이 말하는 것을 받아 적고, 읽을 수 있다.
- 그림이 아닌 단어를 읽는다.
- 문장은 단어로 구성되며, 단어는 글자로 구성된다.
- 글을 좌에서 우로 그리고 위에서 아래로 읽는다.
- 책은 앞에서 뒤로 읽는다.
- 우리가 말하는 것은 단어 단위로 나뉜다. (예를 들면, 어떤 학생들은 "How are you?"를 한 단어로 믿는다.)
- 띄어쓰기는 단어를 구분한다. 학생들은 구두 언어와 문자 언어를 대응시킬 수 있어야 한다.
- 문장은 대문자로 시작한다.
- 문장은 온점, 물음표, 느낌표로 끝난다.
- 책에는 제목, 작가 그리고 가끔 삽화가 있다.

이에 대한 이해는 종종 아동들이 읽기에 성공하기 위해 학습해야 하는 '활자에 대한 개념(concepts about print)'과 '책에 대한 개념(concepts about books)'으로 언급된다. 단어 인식 정보와 관련된 발생적 문식성 이론은 읽기 발달 이론가들에 의해 자세히 설명되었으며, 이 이론은 아동들이 훗날 글을 잘 읽으려면 어린 시절에 많은 것을 학습할 필요가 있다고 정리한다.

교실 현장 엿보기 **발생적 문식성 이론**

발생적 문식성 이론은 문식성이 어떻게 발달하고 해당 기간 동안 어떤 교수 방법이 필요한지 설명하려고 노력한다. 성숙 이론이나 단계 모형 이론과는 다르게 Morrow는 문식성 발달이 출생과 함께 시작되고, 가정환경이 아동의 문식성 발달에 중요한 역할을 한다고 믿는다. 내 경험을 돌이켜보면, 어린 시절 책이 없는 나는 상상할 수 없다.

나의 어머니는 열렬한 독서광이시고, 내가 2살 때부터 지역 도서관에서 일하셨다. 나와 형제들은 스스로 이름을 쓸 수 있는 나이가 되자마자 도서관에서 대출 카드를 발급받았다. 그 뒤 우리는 일주일마다 책을 대출받았다. 부모님들께서는 종종 우리에게 책을 읽어 주셨고, 그분들도 규칙적으로 책을 읽으셨다. 우리는 항상 읽은 내용을 공책에 썼고, 나는 어머니와 함께 도서관에 가는 것을 좋아했으며, 어머니 책상에서 타자를 치기도 하였다. 어머니 말씀에 따르면, 초등학교 시절 우리는 별 무리 없이 읽기, 쓰기, 말하기를 자연스럽게 하였다고 한다.

나는 어린 시절의 이런 경험이 우리 형제가 성공적인 독자가 되도록 도왔다고 생각한다. 우리의 경험과 우리 집의 가정환경이 우리의 문식성 발달을 용이하게 하였다는 점에서 발생적 문식성 이론의 좋은 예가 된다고 생각한다.

– Deirdre M. Taylor, K-3 문식성 지도 교사

가족 문식성 이론

가정환경이 문식성 학습에 중요한 영향을 미친다는 연구의 기원은 적어도 150년의 시간을 거슬러 올라간다(Phillips, Hayden & Norris, 2006) 할지라도, '가족 문식성(family literacy)'의 개념은 1983년 Taylor가 이 주제에 대해 중요한 연구 결과를 발표하고 나서야 처음으로 세상에 등장하였다. 그 이후 가족 문식성은 '가족 구성원들이 가정과 그들의 공동체에서 문식성을 사용하는 방법'(Morrow, 2009, p.378)으로 정의되었다. '가족 문식성 이론'이라는 용어는 한 명의 연구자에 의해 제안된 것이라기보다는 (1) 가족 구성원들의 문식성 발달을 용이하게 하기 위한 프로그램의 계획, 수행, 평가, (2) 가정 안에서 문식성 사용과 학생들의 학업 성취도의 관계, (3) 문식성이 가정 안에서 자연스럽게 사용되는 방법들에 대한 관심을 공유하는 많은 연구자들에 의해 제안된 일련의 생각들과 관련이 있다(Phillips et al., 2006).

Paratore와 Edwards(2011)는 가족 문식성의 중요성에 대하여 다음과 같이 설명한다.

> 학생들의 학업 성취도에 있어서 부모의 개입이 갖는 중요성은 그동안 많은 연구를 통해 폭넓게 받아들여져 왔다. 포괄적인 연구들을 종합해 보면, Henderson과 Mapp(2002)은 부모의 개입이 학업 성취에 주는 영향은 다양한 방법을 통해 폭넓게 입증되었다고 말하였다. 부모가 적극적으로 개입하는 학생들은 더 높은 출석률, 더 좋은 사회적 기술과 행동, 더 높은 시험 점수, 더 낮은 유급 비율, 더 높은 고등학교 졸업률과 대학과정 진학률 등을 보였다. 더욱이 어머니의 교육 수준이 낮은 아동의 경우 부모가 자식의 문식성 학습에 보다 적극적으로 개입한다는 것을 알 수 있었다. 이러한 양상은 심지어 전통적으로 우리가 알고 있는 부모의 교육 수준에 의해 아동의 학업 성취도 차이가 발생한다는 인식

조차 무너뜨리는 것이었다(pp.336-337).

Jordan, Snow, Porche(2000)는 이러한 연구를 통해 문식성이 풍부한 가정환경이 훌륭한 유치원이나 어린이집보다 아동들의 성공적인 초기 문식성 발달에 강하게 기여한다는 것을 입증하였다고 말하였다. 그들은 "비록 훌륭한 공식적인 수업이 고위험군의 학생들에게조차 문식성 학습의 성공을 확신할 수 있을지라도, 가정과 협력하기 위한 노력은 그러한 성공의 기회를 훨씬 증가시킨다"(p.524)고 주장한다.

자녀의 학업에 대한 개입을 어려워하는 부모들의 요구에 주목한 Edwards(2009)의 연구를 기반으로, Paratore와 Edwards(2011)는 관리자들이 가족 문식성을 촉진시키기 위해 고심해야 하는 세 가지 '행동(action)' 범주를 제시한다. 첫째, 관리자들은 부모와 교사의 능동적인 관계 구축을 용이하게 해 주어야 한다. Paratore와 Edwards는 자녀가 학교생활을 어떻게 하고 있는지에 대해 교사가 학부모에게 일방적으로 정보를 제공하는 전통적인 방식에서 벗어나 부모와 교사가 학생의 가정과 학교에서의 생활에 대하여 정보를 서로 공유할 필요가 있다는 것을 강조한다. 둘째, 관리자들은 학생의 성공을 위해 학교 문화와 학생들의 실제 행동들을 부모들에게 알려 정보를 공유할 필요가 있다. 셋째, 관리자들은 부모들이 자녀의 학업 성취를 지원하는 데 필요한 가정에서의 행동이 무엇인지 이해하도록 도울 필요가 있다.

가족 문식성에 대한 연구 성과를 바탕으로, 가정에서 부모와 자녀가 함께하는 이야기책 읽기에 대한 연구는 문식성 발달을 촉진하는 다양한 상호 작용에 대한 정보를 제공하였다. 부모와 자녀가 함께 이야기책을 읽으면서 기록한 질문과 답변에 대한 분석은 다음에서 말하는 변수들이 아동들의 문식성 발달과 중요한 관련이 있다는 것을 입증한다. 여기서 말하는 변수들에는 이야기책을 읽는 동안 아동이 말한 단어의 전체 수, 읽기 전과 읽기 후에 부모가 아이에게 물어본 질문의 수, 부모의 질문 중 아동에게 높은 수준의 비판적 사고를 필요로 하는 질문의 수, 아이에게 주어진 능동적인 피드백의 양 등이 해당한다(Flood, 1977; Tracey & Morrow, 2002).

가정에서의 경험이 아동의 문식성 발달에 기여한다는 가족 문식성 이론의 주장은 발생적 문식성 이론과 상통한다. 가족 문식성 이론은 또한 부모와 부모 개입이 아동의 문식성 발달에 주는 중요한 영향과 그 역할을 강조함으로써 문식성 학습의 개념을 확장하였다.

교실 현장 엿보기 **가족 문식성 이론**

나는 풍부한 문식성 환경에서 자란 덕분에 이미 글을 읽을 수 있는 문식성 기반을 가지고 학교에 입학하였다. 나는 지금도 어머니가 매일 밤 나에게 읽어 주셨던 낡고 찢어진 그 책을 가지고 있다. 그 책에는 365개의 이야기가 날짜별로 수록되어 있으며, 매일 저녁 어머니는 침대에서 그 이야기를 내게 읽어 주셨다. 해가 바뀌어도 침대에서의 읽기는 계속되었고, 그 이야기들이 매년 바뀌지는 않았지만, 나는 여전히 어머니가 들려주시는 이야기를 열심히 들었다. 그러다가 언젠가 나는 어머니를 따라서 책을 읽기 시작하였다. 몇 년 전에 어머니가 지하실을 청소하시면서 '오래된 쓰레기' 같은 책 더미를 치우려고 하셨다. 그런데 그 책 더미에서 매일 밤 내게 이야기를 들려주시던 그 책이 있었고, 나는 그 책을 지금도 간직하고 있다.

나는 도서관에서 약 여덟 블록정도 떨어진 곳에 살았다. 나는 매주 도서관에 걸어가곤 했으며, 여름에는 거의 매일 갔다. 먼저, 우리는 부모님이 주신 2달러를 가지고 가게에 들러서 피자 한 조각과 소다를 샀다. 그 뒤, 우리는 도서관에 가서 에어컨으로 땀을 식히고, 책을 보고, 집으로 가져올 수 있는 만큼 많은 책을 대출하곤 하였다. 우리는 도서관에 갈 때마다 이러한 특별한 모험을 했고, 늘 새로웠으며 가장 기억에 남는 어린 시절의 추억 중에 하나가 되었다. 내가 이러한 경험을 처음 했던 시기는 아마도 내가 7살이 되면서 부모님이 혼자서 도서관에 걸어 가는 것을 허락했던 때라고 기억한다.

어린 시절 나의 모든 읽기 경험은 긍정적이다. 나는 독서를 좋아하며 자랐다. 지금도 여전히 틈이 날 때마다 책을 읽는다. 내가 이러한 경험을 학생들에게 말하면, 학생들은 내가 교사이기 때문에 그러한 말을 한다고 생각하고, 대부분의 교사들 역시 그렇게 말한다고 한다.

– Renee Ben-David, 7학년 특수 교육 교사

교실에 적용하기

Piaget의 이론은 문식성 교육자들에게 서로 다른 발달 단계의 학생들이 어떻게 사고하는지를 이해하는 데 필요한 체계를 제공한다(Slavin, 2003). 초기 언어 발달이 일어나는 전조작기(2~7세)에 해당하는 아동의 문식성 발달은 가정이나 교실에서의 이야기책 읽기 경험에 의해 상당히 영향을 받을 수 있다. 추상적 개념에 대한 사고를 위해 구체적 대상을 사용하는 구체적 조작기(7~11세)에 있는 아동들의 문식성 발달은 읽거나 쓴 내용을 도표나 그물망 같은 그래픽 조직자를 사용하면 체계적으로 정리할 수 있다. 추상적 언어 사용이 가능한 형식적 조작기(11세~성인)에 있는 학생

들은 읽기 수업에 적용되는 다양한 전략의 도움을 얻을 수 있다. 나이 많은 학생들이 성공적으로 초인지 전략 수업에 참여하는 것은 그들이 이 수준의 인지 발달에 도달했다는 것을 의미한다.

Morphett과 Washburne(1931)의 성숙 이론은 아동의 문식성 발달을 설명하는 데 더 이상 도움이 되지 않는다. 아동들의 문식성 발달 교육사에서 중요한 비중을 차지하기 때문에 수록하였다. 이미 설명했듯이 1931년부터 1950년대 읽기 준비도에 대한 연구가 출현하기 전까지는 아동이 '준비'되기 전에 읽기를 지도하는 것은 그들의 발달에 해롭다(Morrow, 2005)는 믿음이 지배적이었기에 6세 반 이전의 학생들에게는 문식성 수업을 하지 않았다. 비록 성숙 이론의 기본적인 전제가 오류로 밝혀졌다 할지라도, 성숙의 개념은 오늘날 문식성 교육에서 여전히 중요한 역할을 한다. 이 장에서 언급된 다른 이론들(문식성 발달 이론, 읽기 단계 모형, 발생적 문식성 이론, 가족 문식성 이론)은 모두 성숙의 개념을 바탕으로 하되 좀 더 현대적인 논의를 반영한 것이다.

Holdaway(1979)의 문식성 발달 이론은 아동의 문식성 성장을 가정에서 시작하는 자연스러운 과정으로 파악하였다. Holdaway는 가정에서 아동의 문식성 발달을 촉진하는 과정을 기반으로 그것을 교실에 적용할 수 있는 교육 방법들을 소개한다. 그 중 가장 대표적인 것이 빅북과 함께 읽기이다.

Holdaway(1979)는 자연적인 문식성 발달을 촉진하는 기술로 빅북의 사용을 추천한다. 빅북은 실제 책보다 훨씬 크게 출판된 양질의 아동 책이다. 빅북은 일반적으로 60~90cm의 높이와 너비로 만들어진다. 교사는 카펫이나 자신의 발 근처에 앉아 있는 아동에게 빅북을 읽어 준다. 빅북을 사용하는 목적은 아동이 가정에서 그들의 부모님 무릎에 앉아 이야기를 듣는 것과 같이 구체적인 느낌을 모든 아동에게 주기 위함이다. Holdaway의 관점에서, 빅북은 가정에서 아동이 부모의 무릎에 앉아서 이야기를 들었던 좋은 느낌과 유사한 종류의 정서를 교실에서 만들어 낸다. 뿐만 아니라 Holdaway는 이와 같이 이야기를 자연스럽게 들려주는 상황이 아동의 구어를 강화시키고, 책을 왼쪽에서 오른쪽 방향으로 읽는 것을 돕고, 글자, 낱말, 이야기 문법에 관한 개념들을 형성하는 것과 같은 문식성 성장을 촉진하는 데 이상적이라고 주장한다.

Holdaway(1979)는 우리가 '함께 읽기(shared reading)'로 알려진 이야기책 읽기 교수법으로 유명하다. 함께 읽기는 책의 크기와 상관없이 적용 가능하다. '함께 읽기'는 스스로 책을 읽기보다 듣는 것에 익숙한 학생들에게 적합한 양질의 책을 선정하는 것부터 시작된다(Reutzel & Cooter, 1996). Reutzel과 Cooter(1996)는 함께 읽기를 위한 책을 선정할 때 고려해야 하는 몇 가지 기준을 다음과 같이 설명한다.

> 함께 읽기를 위해 선정하는 책과 이야기는 아동이 좋아하는 것이어야 한다. 함께 읽기를 위한 책이나 이야기는 문학적인 매력과 몰입할 만한 내용을 가지고 있어야 한다. 그림들은 텍스트와 일치해야 하고 이야기 순서에 맞게 배치되어 있어야 한다. 텍스트에는 반복되고 누적되는 사건의 연속, 운(rhyme), 아동들을 매혹시키고 그들을 언어적 패턴에 빠져들게 하는 리듬 등이 있어야 한다. 끝으로, 아마도 가장 중요한 것으로, 함께 읽기를 위해 선정된 책들은 30명의 아동들의 시선을 끌 만큼 시각적 매력이 있어야 한다. 이것은 보통 크기의 책이 한 명의 아동이나 부모에게 적합한 것과 같은 이치이다(p.365).

양질의 교재를 선택하고 나면, 함께 읽기 수업은 읽기 전, 읽기 중, 읽기 후의 세 단계로 나누어 진행된다(Reutzel & Cooter, 1996). **읽기 전 단계**(*prereading phase*)에서 교사는 함께 읽을 책을 소개한다. 교사는 학생들에게 책 제목을 읽어 주고, 책 표지를 보여 주고, '그림 살펴보기(picture walk)[1]'를 통해 무엇에 관한 이야기인지 예상하고, 그 이야기의 내용과 관련된 학생들의 배경지식을 활성화하고 구축한다. 책을 소개한 후 교사는 **읽기 중 단계**(*reading phase*)를 시작한다. 이 단계에서 교사는 열정적으로 표현하며 책을 읽어야 한다. 만약 텍스트가 반복적인 장면으로 구성되어 내용을 예상할 수 있다면 교사는 학생들의 읽기 참여를 격려해야 한다. 읽는 동안 학생들을 읽기에 참여시키는 또 다른 방법은 그들에게 질문하고, 그 이야기에 대해 예상하게 하는 것이다. 이야기를 읽고 나면, 교사는 토론을 비롯한 후속 활동이 이루어지는 **읽기 후 단계**(*postreading phase*)를 시작한다. 이 단계 동안 교사는 단순히 사실적 회상을 강화하는 질문에서부터 특별한 제약 없이 높은 수준의 비판적 사고를 촉진하도록 고안된 질문까지 다양한 수준의 질문을 해야 한다. 이상적으로 말하면, 후속 활동들은 학생들에게 그 이야기의 내용에 반응할 수 있는 다양한 방법에 대한 선택을 제공할 것이다. 학생들이 좋아하는 반응 방법에는 쓰기, 그리기, 이야기 다시 말하기, 극화하기 등이 있다. 미술, 음악, 움직임, 사회적 협동과 통합된 활동들은 보통 학생들의 동기 유발에 유용하게 사용된다. 함께 읽기 활동에는 항상 전날 읽었던 이야기를 다시 읽는 활동도 포함된다. 다시 읽기는 읽기 유창성과 이야기 이해력을 신장시킬 수 있다. 하지만 지루해지는 시점까지 다시 읽어서는 안 된다는 점에 유념해야 한다. 함께 읽기 교수법은 단어 인식, 어휘, 독해, 유창성 영역에서 학생들의 문식성 발달을 촉진시키는 데 효과적이라는 것이 입증되었다(Reutzel, Hollingsworth, Eldredge, 1994).

읽기 발달 단계 모형 역시 교실에서 아동들에게 적용 가능한 다양한 문식성 활동들을 만들어 냈다. 알파벳 전 단계/어표 단계(단어들이 모양과 문맥에 의해 기억되는 단계)에 있는 아동들에게 효과적인 활동은 익

---

1) 역주: picture walk는 이야기에 있는 그림을 보고 내용을 예상하는 학습 활동을 말한다. 원문에서 'a picture walk'라고 하였으므로 표지 그림을 보여 주고 이야기의 내용을 예상하는 학습 활동을 의미한다.

숙한 환경과 관련된 그림들을 모아 그것들을 사진 앨범 속에 넣는 것이다. 예를 들면, 맥도날드, 버거킹, 웬디스, 던킨 도넛, 치리오스, 게토레이와 같은 상표 이름과 로고가 새겨진 종이가방, 냅킨, 라벨과 같은 품목들을 오려서 문식성 센터 안의 사진 앨범에 모은다. 이와 유사하게 고양이 사료, 개 사료, 식료품, 청소용품과 같이 쉽게 인식할 수 있는 물건들을 위한 쿠폰은 사진 앨범 안이나 쿠폰 상자 안에 넣어 둘 수 있다. 아동들이 주변 환경에서 이런 로고들을 자주 볼 수 있기 때문에 그것들은 아동들이 가장 읽기 쉬운 활자일 것이다. 이러한 어표 읽기의 성공적인 경험들은 아동들이 문식성 발달의 다음 단계로 나아가는 데 필요한 동기를 유발시킬 뿐만 아니라 자신감을 키우는 데도 도움을 준다.

부분적 알파벳 단계와 알파벳 발달 단계(아동들이 단어를 읽기 위해 글자-소리 단서를 능숙하게 사용하는 시기)에 있는 아동들은 퍼즐, 카드 게임 그리고 단어 안에 있는 첫소리, 끝소리, 중간소리에 집중하도록 돕는 분류 게임 등 무의식적인 글자 인식을 돕는 활동을 한다. Morrow (2001)는 이들 활동에 대해 자세히 설명한다. 그녀는 아동들이 자신에게 유의미한 글자(예를 들어, 그들의 이름 안에 있는 머리글자)를 가장 쉽게 익히며, 이런 접근법이 매주 한 글자를 가르치는 것보다 더 성공적이라고 말한다. 아동들이 글자-소리 관계에 능숙해지기 위해서는 먼저 알파벳을 완전히 익혀야 한다. 아동들은 글자 퍼즐, 감각 글자[2], 자석 글자, 나무 글자, 글자 도장과 같이 다양한 조작이 가능한 글자 익히기 연습을 할 수 있도록 해야 한다. 아동들은 만화를 통해 글자를 가르치는 소프트웨어뿐만 아니라 알파벳 글자 책과 테이프를 통해서도 글자를 익혀야 한다.

주요 글자들은 운송 수단 중 하나인 boat의 b, train의 t, car의 c같이 주

---

2) 역주: felt letters는 감촉이 느껴지는 천이나 사포지, 골판지 등으로 글자 모양을 만들어, 아동이 손가락으로 글자 모양을 만지면서 낱자를 익힐 수 있도록 만들어진 교구이다.

제와 관련된 수업 속에서 지도되어야 한다. 아동들은 그들이 학습하는 글자들을 잡지에서 찾을 수 있고, 또한 위에서 설명했듯이 어표적인 자료들에서 목표 글자를 찾을 수도 있다. 교실에서 대상 찾기와 같은 목표 글자로 시작하는 게임, 가방 안에서 만져 보며 대상을 확인하는 게임, 고전적인 글자 빙고 게임은 글자와 소리 간의 친숙함을 형성하는 데 널리 사용되는 인기 활동들이다. '자신만의 단어 목록'을 가진 학생들은 그들이 배우기 원하는 특별한 글자들을 가질 수도 있다. 아동들은 그들의 이름에 있는 글자와 엄마, 아빠, 사랑같이 그들의 생활에서 자주 사용하는 주요 단어들을 학습할 때에 가장 흥미를 느낀다.

학생들은 p 같은 첫 글자를 독립적으로 학습하거나, 그 글자로 시작하는 낱말의 그림과 그렇지 않은 낱말의 그림을 분류할 수 있다. 만약 교사가 퍼즐 형식(예를 들어, 글자 p로 시작하는 낱말의 그림 카드들만 함께 모을 것이다)으로 낱말 카드를 준비한다면 이들 자료는 변형이 가능하다. 또 다른 방법은 개별 아동이 알파벳의 각 글자만을 가지고 한쪽 분량의 일기를 쓰도록 하는 것이다. 그 뒤, 아동들은 학습한 단어들을 출력하고, 그들이 잡지에서 오린 단어들을 붙일 수 있다. 글자-소리 지식을 구축하는 데 적용 가능한 추가적인 방법은 전문 서적에 소개되어 있다.

마지막으로 통합된 알파벳 단계(읽을 때, 무의식적인 글자 인식과 글자 유형의 사용으로 특징지어지는)에 있는 아동들은 단음절이나 다음절(多音節) 단어들 안의 단어를 인식하는 훈련을 받을 수 있다. 『The Reading Teacher's Book of Lists』(Fry, Kress & Fountoukidis, 2000)는 영어의 어족 유형과 개별 어족과 연합된 단어들을 가장 잘 목록화한 유익한 자료이다. 학생들이 단어들 안에 있는 글자 유형을 학습하도록 돕는 가장 효과적인 방법은 다음과 같다. 먼저 학생들에게 'an'과 같은 어족의 한 카드를 제공하고 b, c, d 등과 같은 글자들로 된 많은 카드들을 제공한다. 학생들은 그들이 만들 수 있는 모든 'an' 단어들의 목록을 쓴다. 이와 같은 활동은 우수한 학생이 부진 학생을 도울 수 있는 이질 집단에서 이루어질 수 있다. 이 활동은 단어 바퀴(word wheels)[3]와 계산자(slide rule) 설계를 이용하여 변형할 수 있다. 운(thyme)에 초점을 맞춘 게임, 운을 강조한 문학 작품의 사용, 그리고 시는 학생들이 단어 안에서의 글자 유형을 완전히 익히는 것을 돕는 데 효과적이다. 단음절 단어를 통해 글자 유형을 익힌 학생들은 다음절(多音節) 단어를 익히기 위해 글자 유형을 사용하는 새로운 방법을 배우게 될 것이다.

빅북, 함께 읽기, 어표, 알파벳, 정자법 기능 신장을 촉진하는 수업에 이르기까지 앞서 설명한 모든 활동들은 발생적 문식성 단계의 학생들에게 적용할 수 있는 교육 방법이다. 발생적 문식성 이론을 교실 수업에 적용하려는 교사들은 수업 설계시에 다음에 제시하는 발생적 문식성 이론의 핵심 논의들을 반영한다: (1) 듣기, 말하기, 읽기, 쓰기는 서로 밀접한 관련이 있다. (2) 문식성 발달은 계속해서 멈추지 않고 진행된다. (3) 부모는 아동의 문식성 발달에 강력한 영향을 준다.

발생적 문식성 이론을 교실 수업에 적용하는 교사들은 종종 그들의 교실을 풍부한 문식성 환경으로 구성한다. 자신의 교실을 문식성 환경이 풍부하고 문식성이 강화된 교실로 만들려고 노력하는 교사들은 문식성 환경이 풍부한 가정과 유사한 환경을 만든다. 이러한 교실에는 많은 양의 책과 쓰기 자료가 비치되어 있으며, 아동에게는 유의미한 방법으로 자료들과 상호 작용할 수 있는 기회를 풍부하게 제공한다. 발생적 문식성 이론에 기초한 교실은 책, 오디오테이프, 관련된 스토리텔링 소품을 활용하

3) 역주: 동그란 바퀴 모양의 바퀴살 사이에 단어를 적어 넣고, 바퀴중심에 가리킴 바늘을 놓거나 여러 개의 바퀴를 겹쳐서 사용하는 교구. 가리킴 바늘을 돌려서 나온 단어를 이용하여 학습 제재로 삼거나 게임 도구로 사용할 수 있다. 아래 사진 참조.

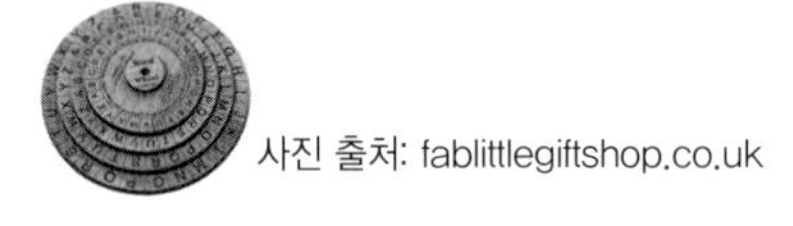
사진 출처: fablittlegiftshop.co.uk

사진 출처: wordsandeggs.tumblrom

여 학생들의 호기심을 자극하고 촉진하는 환경을 조성한다. 이러한 교실에는 풍부한 자료를 갖춘 문식성 센터가 마련되어 있다. 문식성 센터에 관한 자세한 정보는 2장에서 소개하였다.

폭넓은 교육 활동들은 발생적 문식성 이론과 관련이 있다. 이러한 활동들에는 문식성의 성장을 확인하기 위한 다양한 평가 도구의 사용, 교실에서 주제 중심 교수법의 사용(또한 '범교과 학습'으로 대표되는 수업), 교수 도구로서 수준 높고 실제적인 아동문학 작품의 사용, 학생들 간의 사회적 상호 작용을 촉진하는 교육적 접근, 문식성 수업의 필수 요소로서 문식성 센터의 활용 등이 포함된다(Morrow, 2001, 2005).

가정 문식성 이론을 적용하는 데 관심을 갖고 있는 교사들은 상호 간의 존경과 쌍방향 대화를 구축하기 위해 부모들과 동반자 관계를 만들려고 노력한다(Paratore, 2001). 이런 관계 안에서, 교사는 가정에서의 가족 문식성 활동에 대한 정보를 **부모로부터 얻고**, 아동의 문식성 성장을 촉진하는 방법에 대한 정보를 **부모에게 제공하려고** 노력한다.

교사와 학부모의 상호 평등한 관계 속에서 만남을 지속하고, 부모, 조부모, 보호자들은 자녀가 다니는 학교와 교실을 자유롭게 방문한다. 이러한 관계에서 방문자들은 그들이 학생들과 함께 할 수 있는 특별한 기술이나 취미(예를 들어, 바느질, 요리, 목공일, 직조하기, 음악)를 공유할 수 있다. 이런 기술들과 취미들은 전체 학습이나 하나의 센터 활동으로 공유된다. 많은 부모들은 초대받은 독서가로, 읽기나 쓰기의 가정교사로 또는 학습 센터의 보조 교사로 기여를 한다. 성인 방문객들은 또한 교실 수업 연구 영역과 관련된 정보를 제공할 수 있다. 예를 들어, 한 아동의 할아버지가 초등학교 3학년인 손녀의 교실을 방문하여 2차 세계 대전 동안 독일의 유대인 탄압 때문에 난민 생활을 했던 경험담을 들려줄 수 있다.

가족 문식성 이론을 교실 수업에 적용하려는 교사들은 개별 학생들의 가정 생활에 대한 정보를 모으는 데 치중할 것이다. 여기에 적합한 방법은 가족 이야기의 제작이다(Buchoff, 1995). Buchoff는 학생들이 가족에 관한 이야기를 만드는 데 도움을 주기 위해 가족이라는 주제를 중심으로 주제 통합 학습을 한다. 학생들은 이야기 정리하기, 오디오와 비디오테이프로 기록하기, 직접 가족 이야기 쓰기 등 다양한 매체를 활용하여 가족과 관련된 경험을 이야기로 만들어 공유한다. 또 다른 활동에는 전통적인 가족 앨범이나 전자 앨범 만들기와 가족 일기 쓰기가 있다. 학생들은 그들의 이야기를 만들어 낼 때 이야깃거리를 조사하기 위해 가족 구성원들에게 질문할 필요가 있다. 교사들은 이러한 조사 활동을 촉진시키기 위해서, '어린 시절 당신이 살았던 곳의 이웃에 대하여 자녀에게 말해 주세요'나 '당신이 어린 시절 가장 좋아했던 친척에 대해 자녀에게 말해 주세요'와 같이 이야깃거리를 끌어낼 수 있는 질문을 제공할 수 있다. 이러한 과제를 통해서 교사는 가족 문식성의 상호 작용을 강화하는 동시에 학생들의 가정생활에 대해 알 수 있다.

Morrow(2012)는 일반적으로 발생적 문식성 발달에 기초한 최선의 교육 활동들이 영어 학습자들(English Language Learner: ELL)에게 적합하다고 하였다. 더욱이 몇몇 교육 활동들은 이들을 위해 특화되어 있다. Morrow는 교실에 있는 다양한 학생들의 모국어 사용을 통해 다양한 문화적, 언어적 배경을 존중하도록 하기 위한 노력이 필요하다고 말한다. 이러한 노력에는 번역서, 외국어 신문 등이 포함된다. Brisk와 Harrington(2007)은 발생적 문식성 단계에 있는 제2 언어로서 영어를 사용하는 학생들에게 '점심식사를 위해 줄을 서세요', '저를 좀 도와주실래요?', '화장실에 가도 될까요?', '보건실에 가도 될까요?'와 같이 자주 쓰는 문장과 그림이 함께 있는 작은 안내 책자를 제공할 수 있다고 말한다. Brisk와 Harrington은 또한 이 학생들이 수업에 참여할 준비가 될 때까지 교실 대화를 단지 듣기만 하도록 하는 것이 좋다고 말하고 있다. 브레인스토밍, 생각 그물 만들기, 벤다이어그램의 사용은 영어를 제2 언어로 사용하는 학습자들의 발생적 문식성 학습에 매우 효과적이다(Brisk & Harrington, 2007).

수많은 웹사이트들 역시 발생적 문식성 학습에 활용할 수 있는 자원이 된다(보다 자세한 목록이 필요하다면 Morrow, 2012 참조). 'RIF[4] Reading Planet'(www.rif.org/kids/reading planet.htm)은 온라인으로 텍스트를 소리 내어 읽을 수 있으며, 단어와 읽기 게임을 제공한다. 'Abracadabra'(abrlite.concordia.ca)와 'Starfall'(www.starfall.com)은 다양한 초기 문식성 기능을 강화하기 위한 활동들을 안내하고 있다. 'Reader's Theatre Collection'(www.readerstheatre.ecsd.net/collection.htm)은 저학년 학생들을 위한 짧고 쉬운 대본들을 게시하고 있다. 발생적 문식성 단계의 학생들이 공부하는 교실에서 컴퓨터 사용 공간의 확보와 그것의 사용은 모범적인 교실 활동에 해당한다. 이 컴퓨터에는 앞서 설명한 것과 같이 쉽게 사용 가능한 양질의 교육용 소프트웨어와 전자 이야기책들을 설치해야 한다.

연구에 적용하기

연구의 초점을 읽기와 학습을 하는 동안 학생들이 사용하는 인지 과정에 맞춘 연구자들과 대학원생들은 이론적 기반으로 Piaget의 인지 발달 이론을 선택할 수 있다. 이와 유사하게 발달 단계에 따라 나타나는 학생들 사고의 질적 변화에 관심이 있는 사람들 역시 Piaget의 이론적인 맥락을 반영하려고 할 수도 있다. Bryant(2002)는 아동들이 철자 규칙(혹은 정자법이라 불리는)을 학습하는 방법에 관한 연구들을 기반으로 한 자신의 연구 결과를 설명하기 위해 Piaget의 인지 발달 이론의 요소를 사용하였다. Bryant는 그의 연구에서 아동들이 처음에는 한 음절 단어를 통해 철자 유

4) 역주: 미국 아동들의 읽기를 장려하기 위해 창설한 기관으로 Reading Is Fundamental의 약자이다.

형을 학습한다는 것을 밝혀냈다. 그 후 아동들이 한 음절 유형이 모든 단어에 적합하지 않다는 것을 알게 되면 대체할 수 있는 철자 유형을 학습하지만, 그것을 지나치게 일반화하는 오류를 범한다고 한다. 마침내, 아동들은 모든 철자법 규칙을 학습하게 된다. Bryant는 아동이 세상에 관한 규칙을 이해하는 방식에 대한 Piaget와 Inhelder(1969)의 개념화를 반영하여 아동이 발전해 나가는 발달 유형을 설명하였다.

비록 아동이 6세 중반에 이를 때까지는 읽기를 실제적으로 학습할 수 없다는 성숙 이론의 핵심 원리가 오류임이 밝혀졌지만, 문식성 연구의 다양성 측면에 있어서 성숙 이론의 일반적인 개념은 여전히 많은 응용이 가능하다. Abbott 외(2010)는 유급의 영향, 읽기 수업의 유형과 양, 학생들의 문식성 성장률과 학년말 성취도를 조사하는 프로젝트를 진행하였다. 30명의 학습 부진 학생들(9명의 유치원생들이 짝을 이뤘고[n=18], 6명의 1학년 학생들이 짝을 이뤘다[n=12])이 연구에 참여하였다. 짝을 이룬 두 명의 학생 중 한 명은 일 년 동안 유급한 학생이고 다른 한 명은 다음 학년으로 진급한 학생이다. 유급한 유치원생과 진급한 유치원생의 문식성 성장률 또는 학년말 문식성 성취를 비교해 본 결과, 별다른 차이가 없는 것으로 나타났다. 연구자들은 이 연구 결과가 유급한 유치원생이 1년 동안에 일반 문식성 교육은 30분 정도 받고 소집단 수업(SGI: small group instruction)은 평균 7시간씩 받은 사실과 관련이 있다고 주장하였다(p.20).

반대로, 1학년 학생들은 유급한 학생들이 진급한 학생들을 능가하는 모습을 보이면서 문식성 성장률에 있어서 현저한 차이를 보여 주었다. 그러나 학년말 문식성 성취는 두 1학년 학생들 간에 현저한 차이가 없었다. 연구자들은 유급된 1학년 학생들의 높아진 문식성 성장률은 "1학년 학생들은 그들의 학문적 발달 수준을 고려하여 교육과정을 반복했고, 추가적으로 소집단 수업도 받았다. 그들은 진급한 친구들보다 35% 더 문식성 수업을 받았다"는 사실과 관련이 있다고 추측하였다(p.20). 전반적인 연구 결과에 따르면, 어린 학생들의 유급은 의미 있는 소집단 수업시수와 양질의 읽기 수업이 동반될 때에만 효과적이라는 것이 입증되었다. 이러한 유형의 지원방안 없이 학생들을 단지 유급시키는 것은 문식성 성장률 또는 학년말 문식성 성취에 별다른 도움을 주지 못한다.

문식성 발달 이론(Holdaway, 1979, 1989)은 교수 방법과 교실 환경을 포함하여 아동들의 문식성 발달에 영향을 주는 많은 요인들을 강조하였다. Holdaway의 전제를 수용한 Coker(2006)는 309개 도시 학교 학생들을 대상으로 그들이 1학년에서부터 3학년에 이르기까지 쓰기 발달에 영향을 준 다섯 가지 변수(학생의 배경, 어휘 지식, 읽기 기능, 교실의 문식성 환경, 1학년 교사)를 연구하였다. Holdaway의 문식성 발달 이론(1979, 1989)을 확대 발전시킨 Coker는 어린 학생들의 쓰기 능력 성장에 영향을 미치는 요인, 그러한 성장을 예상하는 다양한 요인들에 대해 연구를 하였다. 학생들의 쓰기 능력은 매 학년 봄에 이루어지는 묘사적인 글쓰기 과제에 대한 평가를 통해 판단하며, 네 개의 범주—내용 정교화, 장르 특징, 문장 규칙, 철자 능력—를 평가 기준으로 삼는다. 쓰기 평가에서 측정하는 두 가지의 보편적인 요소(네 범주의 합과 텍스트의 길이) 역시 확인하였다. 덧붙여, Holdaway의 이론을 반영하여 교실 문식성 환경을 다음의 체크리스트에 의해 평가하였다: 여기에는 교실의 기능적인 조직, 쓰기 자료의 비치, 환경 관련적인 인쇄물의 유형, 다양한 책의 비치, 비치된 책의 유형, 교실에 비치된 책의 권 수 등이 포함된다. 연구 결과에 따르면 학생들의 다양한 배경, 읽기 기능, 1학년 교사, 1학년 교실 환경 모두가 학생들의 쓰기 능력 신장에 중요한 영향을 미친다는 사실을 밝혀냈다.

Cardoso-Martins(2001)는 브라질에서 포르투갈어를 사용하는 아동들의 초기 읽기 발달에 관한 연구에서 읽기 발달 단계 모형의 기본 가정을 연구하였다. 이 연구 프로젝트에서는 기초 읽기 능력이 매우 낮은 아동을 기초 읽기 수업의 두 유형 중 하나로 지도하였다. 첫 번째 그룹은 3달 동안 통 단어 읽기를 하였고, 그 후 3개월 동안 음절 인식을 강조하는 발음 중심 프로그램에 기초한 읽기를 하였다. 두 번째 그룹은 6개월 동안 전통적인 발음 중심 수업을 받았다. 연구 기간 동안 아동들의 문식성 능력을 다양한 측정 방법들을 활용하여 다양한 관점에서 평가하고 기록하였다. 이 연구의 결과를 살펴보면, 먼저 통 단어 읽기를 시도한 그룹의 아동들은 읽기 발달 단계 모형이 설명하는 것처럼, 통 단어 읽기 수업이 이루어지는 동안 전통적인 해독(음성학적 재작성)에 자발적으로 참여하지 않았다. 대신에 이 연구의 결과에 따르면, 아동들이 기초 읽기 과제에 접근하는 방법은 그들을 가르치는 수업 방식에 큰 영향을 받는다는 것을 보여주었다. 따라서 이 연구의 경우 분석의 틀로 단계 모형을 사용하였지만, 연구의 결과는 읽기 발달 단계 모형을 따르지 않았다.

발생적 문식성 이론은 다양하고 광범위한 연구물을 생산하였다(Yaden, Rowe, McGillivray, 2000). 여기에는 이야기책 읽기, 사회 드라마 연극, 초기 글쓰기, 가정 문식성 환경, 메타 언어적 인식이 포함된다(Yaden et al., 2000). 발생적 문식성 이론은 초기 문식성 발달을 촉진하는데 전자책의 사용이 미치는 영향에 관한 최신 연구를 검토하는 틀로 사용되었다(Moddy, 2010). 논문의 저자는 몇몇 연구들에서는 전자책과 전통적인 이야기책의 효과 사이에 어떤 차이점을 발견할 수 없었던 반면, 이보다 많은 연구들은 아동들이 전통적인 교재보다 전자교재를 사용할 때 읽기 참여, 음성적인 인식, 독해력, 어휘 습득의 수준이 높아진다는 것을 보여 준다고 기술하였다.

Jordan 외(2000)는 유치원 아동들의 초기 문식성 기능 발달에 관한 가족 문식성 프로그램의 효과를 연구하였다. 그들은 이 연구에서 EASE 프로젝트(교육의 성공적인 초기 접근: Early Access to Success in Education)의 실험 집단인 177명의 아동과 그들의 가족들에게 학부모 교육, 학교에서 이루어지는 부모와 학생의 활동, 가정에서 이루어지는 책 관련 활동을 제공하였다. 연구자들에 의하면 이 프로젝트의 근본적인 목적은 책 중심 활동을 통한 언어적 상호 작용의 질과 횟수를 증가시키는 것이고, 아동들의 문식 능력 발달 연구에 참여하길 원하는 학부모들에게 정보를 제공하는 것이다(p.525). 연구 결과, 이 프로젝트에 참여한 가정의 아동들이 통제받은 아동들보다 더 나은 초기 문식성 성취를 보였다. 더 나아가, 프로그램 참여 초기에 문식성 기능이 매우 떨어진 아동 중에서 부모가 프로그램에 열성적으로 참여했던 아동들의 문식성 기능이 크게 성장하였다. 이것이 연구를 통해 얻은 가장 큰 수확이었다.

요약

이 장에서는 아동의 문식성 발달을 설명하는 핵심적인 이론들을 요약하여 제시하고 있다. 이 장에 제시된 이론들은 Piaget의 인지 발달 이론(Piaget & Inhelder, 1969), 성숙 이론(Morphett & Washburne, 1931), Holdaway(1979)의 문식성 발달 이론, 읽기 발달 단계 모형(Ehri, 1991; Frith, 1985; Chall, 1983), 발생적 문식성 이론(Morrow, 2001, 2005, 2012), 가족 문식성 이론(Taylor, 1983)이다. 아동의 전반적인 인지 발달을 설명하는 가장 유명한 이론 중 하나인 Piaget의 인지 발달 이론은 문식성 교육자들이 학생들의 발달 단계에 적합한 학습 단계를 이해하는 데 사용될 수 있다. 성숙 이론(Morphett & Washburne, 1931)은 아동이 읽기 학습을 가장 성공적으로 할 수 있는 6세 중반이 될 때까지 문식성 수업을 보류해야 한다는 주장을 하였다. 성숙 이론을 반박하면서 등장한 Holdaway(1979)의 문식성 발달 이론은 훨씬 이른 시기에 가정에서 아동의 문식성 발달이 시작된다고 주장했고, 유의미한 학습 경험을 강조하였다. Holdaway는 교사들에게 조숙한 독자의 가정에서 발견되는 풍부한 문식성 활동과 유사한 활동들을 교실 수업에서 재창출하기 위해 빅북의 사용, 함께 읽기 등의 활동들을 제안하였다. 읽기 발달 단계 모형(Ehri, 1991; Frith, 1985; Chall, 1983)은 아동의 단어 인식 능력의 발달 단계를 설명한다. 발생적 문식성 이론(Morrow, 2005, 2012)은 읽기 발달 단계 모형보다 넓은 범위의 능력들을 설명하고, 이들 능력이 어떻게 출생과 함께 계속해서 발달하는지에 대해 설명해 준다. 마지막으로 가족 문식성 이론은 아동의 문식성 발달에 있어서 부모와 가정의 고유한 역할에 초점을 맞추고 있다.

토의 주제

- 인지 발달 이론은 무엇이며 교육 및 연구에 어떤 영향을 주었는가?
- 성숙 이론은 무엇이며 읽기 교육 및 연구에 어떤 영향을 주었는가?
- 문식성 발달 이론은 무엇이며 읽기 교육 및 연구에 어떤 영향을 주었는가?
- 읽기 발달 단계 모형은 무엇이며 읽기 교육 및 연구에 어떤 영향을 주었는가?
- 발생적 문식성 이론은 무엇이며 읽기 교육 및 연구에 어떤 영향을 주었는가?
- 가족 문식성 이론은 무엇이며 읽기 교육 및 연구에 어떤 영향을 주었는가?

주요 활동

발달과 관련된 사례 연구(Development Case Studies). 자신이 알고 있는 아동을 선택한 다음, 이 장에서 학습한 다양한 문식성 발달 이론 중 하나를 선택하여 해당 아동의 문식성 발달을 설명할 수 있다. 대상 아동에 대한 연구가 끝나면 연구를 확장시켜서 다른 연령대의 아동들과 비교할 수 있다.

실천 과제(Class-to-Life Writing Assignment). 문식성 발달과 관련된 주요 이론에 대해 3~5쪽 정도의 분량으로 요약하시오: 인지 발달 이론, 성숙 이론, 문식성 발달 이론, 읽기 발달 단계 모형, 발생적 문식성 이론, 가족 문식성 이론. 각 모형이 교실에서 어떻게 적용되고 있는지 그 예를 한 가지 이상 설명하시오.

Chapter 6

사회적 학습의 관점

(1960년대~현재)

읽기 전에 함께 생각할 문제들

- 사회언어학 이론은 무엇이며 읽기 교육 및 연구에 어떤 영향을 주었는가?
- 사회 문화 이론은 무엇이며 읽기 교육 및 연구에 어떤 영향을 주었는가?
- 사회 구성주의는 무엇이며 읽기 교육 및 연구에 어떤 영향을 주었는가?
- 사회적 학습 이론은 무엇이며 읽기 교육 및 연구에 어떤 영향을 주었는가?
- 비판적 문식성 이론은 무엇이며 읽기 교육 및 연구에 어떤 영향을 주었는가?
- 제3의 공간 이론은 무엇이며 읽기 교육 및 연구에 어떤 영향을 주었는가?

사회적 학습의 관점에 해당하는 이론의 유형은 다양하나 이들 모두 지식과 학습에서 사회적인 상호 작용의 역할을 매우 강조한다. 이 사회적 학습의 관점을 읽기 영역에 적용할 경우 문식성 학습에서 사회적인 영향과 상호 작용의 중요성이 강조된다. 사회적 학습의 관점에 해당하는 이론들에는 사회언어학 이론(Bernstein, 1972a, 1972b; Bloom & Green, 1984; Heath, 1982), 사회 문화 이론(Au, 1997; Bronfenbrenner, 1979; Moll,

1992, 1994), 사회 구성주의/사회 역사적 이론(Vygotsky, 1978, 1986), 사회적 학습 이론/사회적 인지 이론(Bandura, 1986) 등이 있다. 이들 용어가 상황에 따라서는 혼용될 수도 있으나 이 장에서는 명확히 구분하여 사용하고자 한다. 또한 사회적 학습의 관점을 보다 확대하여 최근에 새롭게 논의되고 있는 비판적 문식성 이론(Critical Literacy Theory)(Siegel & Fernandez, 2000; Freire, 1970; Gee, 1990; Shannon, 1990), 제3의 공간 이론(Cobb, 2011; Moje et al., 2004)을 추가하였다. 이상의 이론을 다루기 전에 사회적 학습의 관점에 대한 다음의 질문에 스스로 답해 보길 바란다.

- 학생들이 살고 있는 사회 공동체가 그들의 문식성 학습에 어떠한 영향을 미치는가?
- 교실 안의 사회 공동체가 학생들의 문식성 학습에 어떠한 영향을 미치는가?
- 부모-자녀, 교사-학생 간의 언어적 상호 작용이 학생들의 문식성 학습에 어떠한 영향을 미치는가?
- 학생 간의 상호 작용은 그들의 문식성 학습에 어떠한 영향을 미치는가?
- 교사와 학생 간의 상호 작용은 학생들의 문식성 학습에 어떠한 영향을 미치는가?

사회언어학 이론

앞서 언급한 것처럼 사회적 학습의 이론적 기반은 다양하나, 모두 지식 발달과 학습에서 사회적 상호 작용의 중요성을 강조한다. Romaine (2000)에 의하면, “사회언어학자란 용어는 1950년대에 처음 등장한 것으로, 언어의 사회적 지위와 관련된 쟁점들에 대한 언어학자들과 사회학자들의 관점을 통합하고, 특히 언어의 다양성과 관련된 사회적 맥락을 소개하기 위해 만들어졌다"(p.ix)고 한다. 사회언어학의 관점이 읽기 영역에 처음 적용된 것은 1970년이었다. Bloom과 Green(1984)은 "사회화 과정으로서의 읽기는 사람 사이의 사회적 관계를 생성하고, 구성하며, 유지하는 도구이다. 언어적 과정으로서 읽기 행위는 작가와 독자뿐만 아니라 읽기 활동과 관련된 사람들 사이의 의사소통 수단이다"(p.395)라고 말한다.

사회언어학(Sociolinguistics)은 인류학, 언어학, 문식성 분석을 학문적 기반으로 하고 있다(Bloom & Green, 1984). 인류학은 읽기와 쓰기를 문화적 행위로 보는 관점을 제공하였다. 또한 문화가 읽기나 쓰기 같은 사회적이고 관습적 행위에 영향을 준다는 관점 또한 제공하였다. 언어학은 사회 계층 간의 언어 차이가 읽기와 쓰기를 포함한 모든 언어 행위의 차이로 나타난다는 개념을 만들어 냈다(Bernstein, 1972a, 1972b). 언어학은 또한 읽기 능력이 사회적 기능과 관련이 있다는 관점을 제시하였다. 즉, 개인은 읽기를 일상의 기본적인 기능과 관련된 목적을 달성하기 위한 수단으로 학습한다는 것이다(Halliday, 1975). 사회언어학 이론의 세 번째 기반인 문식성 분석 이론은 독자가 글을 읽는 동안 의미가 구성되고, 독자의 머릿속에 내재한다는 이론적 기반을 제공하였다(Rosenblatt, 1978, 1994). Romaine(2000)은 또한 사회언어학과 사회학, 인류학, 사회 심리학, 교육학의 밀접한 관계를 언급하면서 "다중언어, 사회적 방언, 의사소통적 상호 작용, 언어 태도, 언어 변화 등을 포함한 다수의 연구 분야"(p.ix)를 사회언어학의 범주에 포함시켰다.

Bernstein(1971)은 개인의 언어 능력과 개인의 사회적 지위(권력)의 연관성에 대해 최초로 연구한 학자이다(Reyes-Rodriguez, 2008). Romaine(2000)은 이에 대해 다음과 같이 설명한다.

> 사회언어학적 유형들은 또한 불평등과 고급 언어로의 차별적 접근 가능성에 대한 지표로 보일 수 있다. 언어는 경제적 자본으로 전환될 수 있는 사회적, 문화적 자본의 한 형태이다. 사회언어학 연구에 의하면 서양 도시 사회의 대부분이 사용하는 표준어는 언어 시장에서 '사회를 이끄는 통화(leading currency)'의 기능을 한다(p.244).

Angermeyer(2010)는 위의 내용을 다음과 같이 정교화한다.

> 언어 시장과 '언어 교환의 경제(economy of linguistic exchanges)'에 관한 Bourdieu(1991)의 개념은 이러한 도전을 다루는 데 있어서 적합한 체계를 제공한다. Bourdieu의 모형에서, 언어의 다양성과 언어적 기호들은 언어 시장에서 상징적 가치를 지니며, 개개인은 좀 더 가치 있는 표현 형식에 접근함으로써 권력을 갖는다(p.468).

Regan(2010)은 사회언어학적 능력이 제2언어 학습자들에게 주는 시사점에 대해 다음과 같이 말한다.

> 사회언어학적 능력은 양식 변환(style-shift)의 능력이고, 상황에 따라 달라지는 언어의 사용역(registers)을 적절하게 조정하는 능력이다. 이러한 능력은 모국어를 습득하는 것과 같이, 제2언어 습득에 필수적인 요소이다. 그것은 사람들이 모국어를 습득할 때와 같이 다른 사람들과 유의미한 방법으로 상호 작용하는 것을 돕고, 말하는 방법과 시기, 청자, 양식 변환의 방법, 사용역 등에 관한 지식을 포함한다. 인간은 언어적 구조에 관한 지식을 넘어, 다른 사람을 동일시하고, 타인의 말을 수용하고 공감하며, 그들과 결속하면서 다른 사람과 유대감을 형성한다. 이 역량에는 모든 화자들이 사용하는 언어의 다양성 또는 언어 그 자체의 다양성에 대한 습득과 질 높은 조율이 포함된다(p.22).

이외에 두 명의 중요한 사회언어학자들이 있는데, 바로 Bakhtin(1981)과 Gee(2005)이다. Bakhtin은 언어가 **발화**(*utterances*)로서 관찰될 수 있다는 입장을 바탕으로 발화를 개인적인 말이라기보다 의미의 진술로 이해하였다(Dressman, 2008). 무엇보다 Bakhtin은 언어의 **다성성**(*polyphonic*)을 주장하였다. 여기서 다성성이란 "사회적인 말은 다양한 관점을 지닌 개개인들의 수많은 목소리로 이루어진 발화로 구성된다"(Dressman, 2008, pp.28-29)는 뜻이다. Bahktin의 연구는 교실에서 이루어지는 언어적 상호작용의 유형을 연구하는 연구자들에게 인기 있다. 이들 연구자 중 다수는 특히 교실에서 학생의 학습과 다성적 언어 사용 사이의 관련성에 관심을 가졌다(Dressman, 2008).

Dressman(2008)은 Gee가 "지역적이고 대인관계 수준의 담화 이론가 중에 가장 잘 알려지고 가장 빈번하게 인용되는 이론가"(p.30)라고 언급하였다. Gee의 학문적인 기여는 Bourdieu(1991)와 Heath(1982; 아래 참조)와 같이 다양한 사회적, 문화적 배경을 지닌 구성원들 사이의 미묘한 언어적 차이의 사회적 중요성에 대한 연구와 이해에 기초하고 있다. Gee는 단어의 선택, 구문 유형, 강세 등과 같은 '발화 습관'과 말하는 시기, 구절 언급 방법, 말할 내용, 휴지를 두는 방법, 크게/부드럽게 말하는 방법 등과 같은 '발화 교환 규칙'이 유아 시절에 습득되며, 개인의 삶에 매우 중요한 영향을 미친다고 주장하였다(Dressman, 2008, p.30).

읽기를 연구한 사회언어학 이론가들은 구어가 아동들의 읽기와 쓰기 성취의 토대가 된다고 믿는다(Apel & Masterson, 2001; Snow, Burns & Griffin, 1998). 구어 지식은 아동들이 훗날 본문을 예상하고 텍스트를 유창하게 읽을 수 있도록 언어 구조(즉, 통사론)를 직관적으로 이해할 수 있게 해준다. 이러한 관점에서 보면, 구어는 아동들이 나중에 읽게 될 낱말과 의미를 이해할 수 있도록 도와주는 어휘 학습의 토대가 된다(Carnine et al., 2004; Hart & Risley, 2003). 불안정한 가정환경에 놓여 있던 취학 전 아동들은 보다 더 풍요로운 가정에서 자란 아동들이 갖는 양질의 구어

환경을 갖지 못한다.

예를 들면, 가정환경이 불안정한 아동들은 그들의 가정에서 사용하는 기본적인 언어가 영어가 아니기 때문에 혹은 그것이 영어라 할지라도 표준어가 아니라 방언이기 때문에 관습적인 표준 영어 통사론에 익숙하지 못하다. 게다가, 불안정한 가정환경에서 자란 아동들은 풍요로운 가정에서 자란 아동들에 비해 어휘를 접하는 빈도 역시 현저히 낮다.

어휘 습득에 관련된 주요 연구 중 하나인 Hart와 Risley(1995, 1999)의 연구에 따르면, 전문직 종사자의 가정에서 자란 아동들은 일 년 동안에 1,120만 단어, 돌봄 가정의 아동들은 650만 단어, 복지 도움 가정의 아동들은 320만 단어를 접한다고 추정하였다. 어휘 지식은 성공적인 읽기에 필수적인 요소이기 때문에, 이러한 차이는 불안정한 가정에서 생활하는 아동들이 취학 전부터 어휘 학습에서 심각한 불이익을 받는다는 것을 말해 준다.

Shirey Brice Heath(1982)는 1970년대 초기 미국 남동쪽에 있는 서로 다른 세 공동체에서 거주하는 부모와 아동들의 문식성 활동을 사회언어학적 관점에서 관찰하였다. Heath는 세 가정을 '메인타운, 로드 빌, 트랙톤'이라는 가명으로 구분하였다. 메인타운은 '주류, 중산층, 학교 중심 문화'(Heath, 1982, p.49), 로드빌은 '4대째 방직공장을 운영하는 백인 노동자 계층'(p.59), 트랙톤은 '시골 출신의 흑인 노동자 계층'(p.49)이다. Heath는 이 연구에서 "세 공동체의 언어 사용 유형과 아동들의 언어 사회화의 방향이 현저히 다르다"는 것을 보여 주었다(p.49). 메인타운 부모들은 사회의 '주류'로서 인정받는 환경과 언어 양식 안에서 그들의 자녀와 상호 작용하였다(p.54). 메인타운의 아동들은 생후 6개월 정도가 되면 책을 접하였다.

이 아동들은 초기 문식성 발달을 위해 일 년에 수백 번 반복되는 상호 작용을 하면서 이야기를 듣고, 삽화를 보고, 이야기 내용과 관련된 다양한 질문에 답하는 것을 배웠다. Heath는 이러한 상호 작용 유형이 아동들이 학교에 입학하여 경험하게 되는 책 중심의 상호 작용과 매우 유사하다는 결론을 내렸다. 메인타운과는 반대로, 로드빌에서의 초기 문식성 학습은 글자와 숫자 인식, 품목 구별하기와 같은 이야기책 읽기의 독립된 요소에 중점을 두었다. 이 공동체에서 성인들은 아동들을 위해서 더 쉬운 언어로 바꾸어 말함으로써 복잡한 이야기책을 단순화시켰다. 뿐만 아니라, 로드빌의 부모는 아동과 대화를 하면서 아동들의 비판적 사고나 확장된 언어 사용을 유도하는 수준 높은 질문을 거의 하지 않았다.

Health는 이러한 유형의 사회화로 인해 로드빌에 거주하는 아동들이 저학년일 때에는 읽기와 쓰기를 잘 했지만, 고학년이 되면서부터는 저학년 때에 이러한 능력을 바르게 습득하지 못하였기에 수준 높은 비판적 사고력을 요하는 학교 과제를 점점 더 어려워하였다고 한다. 트랙톤 아동들의 문식성 학습의 기본 형태는 인쇄물이 아닌 구어였다. 트랙톤 아동들은 부모가 읽어 주는 책 속의 이야기들을 듣기보다는 책 없이 들려주는 이야기를 더 많이 듣는 것 같았다. 유사하게, 트랙톤 아동들은 텍스트 중심 자료 읽기를 배우기보다는 이야기하기 기술을 더 배웠다. 메인타운이나 로드빌 공동체에 사는 아동들과는 다르게 트랙톤에 거주하는 아동들이 잠잘 때 듣는 이야기는 그들의 초기 문식성 발달에 거의 도움을 주지 못하였다. Heath는 이런 유형의 사회화로 인하여 트랙톤의 아동들이 메인타운과 로드빌의 아동들보다 학교 중심의 문식성 학습 활동에 익숙하지 못하였다고 주장하였다. 이런 차이점 때문에 트랙톤의 아동들이 학교의 문식성 학습에 더 어려움을 느낀 것이다.

요약하면, 사회 학습 관점을 기반으로 한 사회언어학 이론은 읽기 학습과 읽기 능력에서 개인의 언어 역할을 강조한다. 뿐만 아니라, 사회언어학은 사람들 상호 간의 사회적 상호 작용의 결과로서 언어가 학습된다고 주장한다. 다양한 사회적 상호 작용과 언어적 상호 작용의 유형은 나중에 개인의 읽기 능력 차이로 이어진다. 사회언어학에서 말하는 언어의 문제가 사회적 힘의 문제와 연관될 때 사회언어학은 비판적 문식성

(Critical Literacy)과 공통분모를 가진다(아래 참조).

교실 현장 엿보기 **사회언어학 이론**

나는 Heath의 연구 결과와 직접적으로 관련 지을 수 있다. 나는 가정환경이 학교 환경과 유사하여 교실에서 우수한 성적을 보이는 백인 중산층의 한 학생을 개인 지도하였다. A의 부모님은 항상 A에게 더욱더 발전할 수 있도록 풍부한 언어적 환경을 제공하였다. A는 이러한 풍부한 가정 속에서 자랐고, 이것은 A의 학교 생활에 도움이 되었다.

나는 사회 경제적 지위가 낮은 가정의 또 다른 백인 아이 B를 가르쳤다. B는 집에서 부족했던 것을 학교에서 배웠고, 이런 경험들은 B에게 도움이 되었다. B는 어머니와 살았고, 그 어머니는 하루 종일 직장에서 일을 했지만 아이들을 데리러 학교에 올 수는 있었다. B의 어머니는 매우 좋은 분이었지만 직장 때문에 항상 분주했다. 아이들은 학교 밖에서 멋진 경험들을 많이 하지만, 나는 B의 어머니가 아이들에게 청자가 아닌, 참여자가 되도록 하는 풍부한 언어적 환경을 만들어 줄 시간이 없다고 생각한다.

나는 Heath의 세 번째 그룹처럼 사회 경제적 지위가 낮은 가정에서 온 C를 가르쳤다. C는 심각한 언어 지체 상태로 학교에 왔고, 내가 지도했던 한 해 동안 거의 나아지지 않았다. 다른 아이들이 C를 집까지 데려다 주었다. C는 숙제를 할 때에도 도움을 받지 못했고, 주로 TV를 많이 보았다. C는 학교 밖에서 또래 아이들이나 사람들과 거의 어울리지 못하였다. 나는 C가 자기 또래 아이들보다 많이 부족한 것을 알았다. 교실에서 우리가 토의를 할 때, C는 토의 내용에 대한 배경지식이 없어서 참여하기 어려웠다.

예를 들면, 우리는 글자 V를 공부하기 위해 최근에 많은 야채들을 보았다. 그리고 다른 아이들은 슈퍼마켓에 대한 토의를 시작하였다. C는 슈퍼마켓에 거의 가 본 적이 없어서 참여하기 어려웠다. C는 심지어 가장 흔한 야채도 알지 못하였다. 또한 C는 흥미있는 것을 표현하는 것도 어려워하였다. C의 유일한 화제는 TV였다.

Heath의 연구는 내가 학급 상황을 바라보는 관점을 제공해 주었다. 당신이 이와 유사한 문제에 당면해 있다면 훨씬 이해하기 쉬울 것이다. 이러한 연구는 학습에서 사회적 상호 작용이 얼마나 중요한 역할을 하는지 보여 준다. 이 지식은 교사가 학생들의 학습 형태가 어떤 것인지 이해하는 데 많은 도움을 준다.

– Marianne Panarese, 1학년 교사

사회 문화 이론

사회 문화 이론(*Socio-cultural Theory*)은 인간 경험 안에 있는 사회적, 문화적, 역사적 요인들의 역할을 강조한다. 사회 문화 이론과 사회언어학 이론은 학습의 사회적 측면을 강조한다는 점에서 유사하다. 그러나 사회 문화 이론이 언어에만 국한하지 않고 광의의 문화 개념에 좀 더 초점을 두었다면, 사회언어학 이론은 언어의 상호 작용 측면에 더 중점을 두었다. Davidson(2010)은 이에 대해 다음과 같이 썼다.

그러므로 사회 문화적 관점에 의하면, 아동들의 문식성 발달은 그들이 자라나는 문화적, 사회적, 역사적 맥락에 대한 탐구를 통해 이해할

> 수 있다. 개인이 속한 특정 집단의 사고가 아동들의 생각에 어떠한 영향을 미치고, 아동들이 그들과 관계된 다른 사람들을 어떻게 이해하고 있는지, 그들의 세계를 어떻게 해석하고 있는지에 대해 숙고해야 한다(p.249).

Davidson(2010)은 계속해서 다음과 같이 설명한다.

> 사회 문화적 접근은 문식성 학습을 촉진하기 위해 문화적으로 다양한 집단의 언어 사용을 이해하고자 한다. 사회 문화적 믿음은 개인의 정체성을 형성하는 마음의 습관이나 믿음, 가치와 함께 개인의 인지를 추론하는 것이며, 교육적 개입을 통해 학습 효과를 높이고자 할 때 필수적으로 고려해야 하는 요소이다(p.251).

사회 문화적 관점은 Bronfenbrenner(1979)의 연구를 기반으로 한다. Bronfenbrenner는 사회적 영향력의 수준이 아동의 발달에 영향을 준다는 점을 사실로 가정한다. Bronfenbrenner는 이 영향력의 층은 '서로서로 짜맞춘 듯 들어있는 한 세트의 러시아 인형과 같은 내포 구조의 형태'로 상상할 수 있다고 설명한다(p.3). Bronfenbrenner의 초기 저술에 의하면, 미시체계, 중간체계, 외체계, 거시체계로 나뉘는 이 영향력의 네 영역은 인간의 발달에 영향을 미친다(Fetsco & McClure, 2005, p.395). **미시체계**(*microsystem*)는 영향력 단계의 처음이자 가장 중심부로 가정과 학교 환경과 같이 아동에게 직접적인 영향을 주는 초기 환경이다. 이 체계에는 '학생들이 직접적으로 접촉하는 사회적 환경에서의 활동, 역할, 대인관계'가 포함된다(Fetsco & McClure, 2005, p.395). **중간체계**(*mesosystem*)는 영향력의 두 번째 단계인데, 두 미시체계(아동이 직접적인 상호 작용을 하는 영향력의 두 가지 영역권) 사이에 존재하는 상호 작용의 층이다. 다시 말해, 미시체계들이 중복되어 생기는 체계로 미시체계들을 연결시켜 준다.

한 가지 예를 들면, 아동의 가정생활이 학교 경험에 영향을 미칠 때나, 학생이 동료들과 부모로부터 상충되는 기대를 가지게 될 때가 여기에 해당한다(Fetsco & McClure, 2005). **외체계**(*exosystem*)는 영향력의 세 번째 층이다. Fetsco와 McClure(2005, p.395)에 의하면, 학생이 외체계와 직접적으로 상호 작용하지 않을지라도 외체계는 학생에게 영향을 미친다. 지역적, 국가적, 세계적 사건들은 외체계의 예이다. **거시체계**(*macrosystem*)는 문화 공동체에 속한 가족에게서 보이는 비슷한 관계 유형과 같이 중간체계에서 지속적으로 관찰되는 현상으로 설명되곤 한다(Fetsco & McClure, 2005, p.395). Bronfenbrenner는 자신의 관점을 '발달의 생태학적 관점' 또는 '인간 발달의 생태학적 모형'이라고 부르는데, 그 이유는 그의 논의가 발달상에 영향을 미치는 '넓은 범주의' 힘을 설명하기 때문이다(p.4).

Ceci(2006)는 다음과 같이 썼다.

> Urie[Bronfenbrenner]의 이론은 부모-아동 관계 안에서의 미시과정을 포함하는 대인관계는 사회적 진공상태에서 존재하는 것이 아니라 공동체, 사회, 경제, 정치의 더 넓은 사회적 구조 안에 존재한다는 관점이다. Urie는 개인의 발달이 단지 심리학적인 것이 아니라 힘을 통해 구성되는 하나의 성좌 — 문화적, 사회적, 경제적, 정치적 — 라고 주장하였다(pp.173-174).

사회 문화 이론과 문식성 사이의 관계를 연구한 Au(1997)는 "학교 문식성 학습에 관한 사회 문화적 연구는 역사적 상태, 현재의 사회적 맥락과 제도적 맥락, 상호 심리적 기능[사람 간에 일어나는], 내적 심리적 기능[개인 안에서 일어나는] 사이의 관련성을 탐구하려 한다"라고 주장한다(p.182). 그녀는 계속해서 다음과 같이 설명한다.

> 요컨대, 사회 문화적 관점은 다른 높은 정신적 기능들과 같이, 읽기는

필연적으로 사회적 행위라는 가정에서 시작한다. 심지어 혼자서 책을 읽는 것조차도 사회적 활동으로 간주될 수 있다. 그 이유는 독자가 작가와 함께하며, 책도 오랜 시간에 걸쳐 여러 사람들에 의해 생성되고 다듬어진 발달된 언어로 쓰여졌고, 그 책에 반응하기 위한 독자의 개념과 지식 구조도 다른 사람들의 사고에서 빌려온 것이고, 이전의 사회적 상호 작용의 결과이기 때문이다(Au, 1997, p.184).

Au는 다음과 같은 진술로 결론 내린다.

학교 문식성 학습은 현재뿐만 아니라 역사적 환경의 영향을 받는 사회적 과정으로 보인다. 읽기 학습은 논리적으로 그것이 발생하는 특별한 환경으로부터 분리될 수 없다. 아동들이 읽기 학습에 성공하거나 실패할 때, 그들은 특별한 사회적, 문화적, 역사적 환경 안에서 그렇게 한다. 그러므로 읽기에 대한 아동의 성공이나 실패는 읽기 환경을 떠나서는 이해될 수 없다(p.184).

이 주장에는 문화와 사회 문화 이론이 강조하는 학습의 사회적 본질에 대한 강조가 담겨 있다.

Moll(1992, 1994)은 사회 문화 이론을 기반으로 소외계층 학생들, 특히 라틴 아메리카 출신 학생들의 문식성 학습을 연구하였다. 그에 따르면 당시 라틴 아메리카의 학교 수업에서는 라틴 아메리카 아동들의 '지식 자본', 즉 그들 가정과 공동체의 삶을 다루지 않았다고 한다. 그리고 당시 라틴 아메리카 학생들은 지식 자본이 결핍된 가정에서 생활을 하였기에 제한된 지적 능력을 소유하게 되었다고 한다. 이것을 '결손 관점'이라고 부른다.

Moll은 교사들이 아동들의 지식 자본을 교실로 가져오게 하고, 그것들을 문식성 학습을 위한 도구로 사용하게 하는 등 아동들의 지식 자본을 소중하게 여겨야 한다고 주장한다. 예를 들어, Moll(1994)이 연구한 한 학생은 오랫동안 농장에서 일한 농부의 아이였다. 그 농부는 정식 교육을 받지는 않았지만, 농업(파종, 관수, 거름 주기, 윤작 작물, 추수, 판매, 농장 설비에 관한 지식)과 관련해서는 해박한 지식을 소유하고 있었다. 그 아버지와 학생은 또한 농업과 관련된 풍부한 가족 역사를 가지고 있었다. Moll은 교사가 학생의 아버지를 교실에 초대하여 반 학생들에게 자신의 일과 생활양식에 대해 말하게 하였다. 그 아버지가 교실에서 나간 후 아동들은 자신들이 배운 것과 아버지의 방문과 관계된 확장된 활동들을 글로 썼다. 그 경험은 매우 성공적인 것으로 능동적인 자부심과 유의미한 문식성 학습을 이끌어 냈다. 그리하여 그 교사는 학급에 다양한 직업과 여가활동을 소개하기 위해 각기 다른 6명의 학부모를 연속해서 초대하였다. Moll의 연구는 문식성 학습에 대한 사회적 영향력의 핵심적인 역할을 강조하고 있다는 점에서 사회 문화 이론에 기반하고 있다고 할 수 있다.

Luis C. Moll

교실 현장 엿보기 **사회 문화 이론**

Christine은 매우 작고 조용한 소녀이다. 비록 교실 토론에 거의 참여하지는 않지만 영어를 자유자재로 구사하는 베트남계 학생이다. 그녀가 올해 읽은 이야기 중 하나는 『우리는 우리 엄마 아빠와 닮지 않았다.(We Don't Look Like Our Mom and Dad.)』였다. 이 이야기는 입양된 두 명의 한국 아동들에 관한 이야기로 그들이 어떻게 미국 가정에 동화되어 가는지에 대한 내용을 담고 있다. 이 책에는 한국 문화, 음식, 관습이 소개되어 있다. Christine은 이 이야기에 적극적으로 반응하였다. 그녀는 특별한 경우에만 입는 베트남 전통 의상을 학교에 가져왔다. 그녀는 자신이 가지고 있는 배경지식을 활용하여 토론 수업에 적극 참여하였다.

– Lu Anne Toye, 4학년 교사

내가 근무했던 학교의 주변에서 사회 문화 이론의 구체적인 모습을 여실히 확인할 수 있다. 당시 지역 주민의 대다수가 사회적, 경제적 수준이 낮은 인도나 중동 출신이었다. 대다수가 읽기 자료가 그들의 문화와 관련이 없었고, 그로 인해 학생들 대다수가 내용 이해에 어려움을 겪었다. 예를 들어, 가족 입양에 관한 내용을 공부한다고 가정하자. 이 가정은 아이가 한 명 더 있었는데, 첫째 아이는 이제 새로운 동생과 방을 같이 써야 하였다. 입양과 관련한 이야기를 읽었던 대다수의 인도나 중동 출신 아이들은 왜 첫째 아이가 입양한 동생과 방을 함께 쓰는 것에 대해 화를 내는지 이해하지 못하였다. 학생들 대부분이 각자 독립된 침실을 가지고 있지 않았고, 거실에 있는 하나의 매트리스 위에서 모두 잠을 잤기 때문이다. 아마도, 교육과정이 인도나 중동 지역과 관련되었다면, 학생들이 보다 수월하게 자료를 이해했을 것이다.

– Lisa Kozak, 대학원생

내가 다녔던 학교의 주변은 대다수가 상위 계층, 사무직, 유럽계 미국인들이었다. 사회경제적 지위가 낮은 노동계층, 라틴 아메리카 가정은 소수에 불과했다. 매년 표준 시험 성적을 검토할 때마다 우리는 백인 아동들이 라틴 아메리카 아동들보다 언어 능력과 읽기 능력의 점수가 월등히 높은 것을 발견하였다. 이러한 일이 벌어지는 이유 중 하나는 유럽계 미국인 가정이 자녀에게 별도의 교육을 시키기 때문이다. 나는 그 학업 성취도의 차이가 우리가 읽는 책이나 문학작품이 유럽계 미국 문화에 초점을 두었기 때문이라고 생각한다. 우리가 읽는 대부분이 내용의 유럽계 미국인들의 삶과 관련이 있다. 일부는 아프리카계 미국인의 특징을 가지고 있지만, 라틴 아메리카계의 영웅이나 여걸과 관련된 내용은 거의 없다. 심지어 사회 교과 시간에 이주를 가르칠 때, 남아메리카나 아프리카의 이주민이 아닌 유럽계 이주민에 초점을 맞춘다. 수학 교과에서 사용되는 문장제 문제들은 여전히 'John'과 'Elizabeth' 같은 이름을 사용하는 경향이 있다. 교재에 사용된 소수민족의 이름은 아주 드물다. 만약 교과 교육과정과 교수 자료들이 라틴 아메리카와 좀 더 관련된다면, 라틴 아메리카계 학생들이 좀 더 높은 학생 성취도를 보였을 것이다.

– Michelle Hilke, 3학년 교사

사회 구성주의

러시아 학자인 Lev Semionovich Vygotsky는 최초의 사회 학습 이론가이자 가장 저명한 학자이다. 그는 '사회 구성주의(Social Constructivism)'로 널리 알려진 학습 이론을 세상에 내놓았다. Vygotsky를 연구한 Dixon-Krauss(1996)는 Vygotsky가 고작 10년 남짓한 기간 동안 학자의 삶을 살았지만 그 기간 동안 무려 180건 이상의 연구물을 저술하였다고 밝히고 있다. Dixon-Krauss는 또한 Vygotsky가 1934년 38세의 나이에 폐결핵으로 죽었으며, 그 후에 그의 연구는 20년에 이르는 소련의 스탈린 시대에 금기시되었다고 기록하고 있다. 심지어, 미국에서는 1970년대까지 그의 연구가 널리 알려지지도 않았다(Good, 2011). 그러나 오늘날 Vygotsky의 연구는 교육과 심리학 분야에서 매우 주도적 영향력을 행사하고 있다(Good, 2011).

Vygotsky 연구의 전제는 아동들이 다른 사람들과의 사회적 상호 작용을 통해 학습한다는 것이다. Davidson(2010)은 "Vygotsky에 의하면, 발달은 사회적으로 공유된 활동들이 내적 과정으로 변화된 것이다"(p.247)라고 말한다. Woolfolk(1998)는 이에 대해 다음과 같이 설명한다.

Piaget가 아동을 혼자서 넓은 세계에 관한 이해력을 구축하는 작은 과학자로 설명했던 반면, Vygotsky(1978, 1986, 1987, 1993)는 아동의 인지

Lev Vygotsky(1896~1934)

> 발달은 그들의 세계에서 발생하는 사람들과의 상호 작용과 사고를 지원하는 문화에 좀 더 의존한다고 주장하였다. 아동의 지식, 생각, 태도, 가치는 다른 사람과의 상호 작용을 통해서 발달한다(p.44).

Vygotsky의 사회 구성주의에서 강조하는 두 번째 생각은 발달이 개인이 성장하는 기호 체계에 의존한다는 것이다(Wilson, 2011). 여기서 **기호 체계**(*sign systems*)는 한 문화의 언어, 쓰기, 수 체계를 포함한다. Vygotsky는 아동들의 학습은 알파벳, 단어, 듣기, 말하기, 쓰기 같은 기호 체계의 숙달에 의해 증명되기 때문에, 학습은 언어 숙달의 영향을 가장 크게 받는다고 주장하였다. Vygotsky는 아동들의 학습은 세계에 대해서 생각하고 반응하기 위한 도구인 이들 기호 체계의 조작과 사용을 통해 이루어질 수 있다고 주장하였다. 그는 이런 기호 체계를 사용하는 과정을 '기호학적 매개(semiotic mediation)'라고 불렀다. 그는 더 나아가 아동들이 그들이 상호 작용하는 사람들로부터 언어와 기호 체계에 부합하는 것에 대해 가장 잘 배운다고 주장하였다.

Vygotsky의 사회 구성주의 형성에 영향을 준 가장 대표적인 개념은 **'근접 발달 영역**(*zone of proximal development*)'이다. Vygotsky에 의하면, 근접 발달 영역은 아동의 실제 발달 수준보다는 높지만 적절한 도움을 통해 성공적으로 학습할 수 있는 과제 난이도의 이상적인 수준이다(Temple et al., 2011). 아동들이 독자적으로 완성할 수 있는 과제는 근접 발달 영역 안에 속하지 않는다. 따라서 아동이 독자적으로 수행할 수 있는 과제는 아동의 발달 촉진에 적합하지 않다.

Vygotsky의 사회 구성주의 테두리 안에 있는 또 다른 주요 개념은 비계이다. **비계**(*scaffolding*)는 학습 활동을 하는 동안 성인들이나 좀 더 능력 있는 동료들이 제공하는 도움을 말한다(Temple et al., 2011). 이런 지원은 학생의 독립심을 키워 주는 '단서, 암시, 격려, 문제를 작은 단계로 나누기, 예시 제공하기 등'(Slavin, 1997, p.48)의 형태를 취한다. 아동들은 근접 발달 영역 안에서 활동을 경험하는 동안 다른 사람의 비계를 통해 학습하게 된다.

Vygotsky의 이론은 인지 발달이 일어나는 방식에 대한 안내를 제시한다. 아동은 고등 정신 기능을 내면화하고 그것을 독립적으로 사용하기 전에 사회적 상황에서 그것을 사용하는 경험을 해야만 한다. 이와 유사하게, 아동들은 독립적으로 그 체계를 사용하기 전에 사회적 상황에서 문화적 의사소통 체계에 대해 학습해야 한다. Au(1997)는 이러한 전이들을 심리 간(사람 간에) 기능에서 심리 내(개인 안에) 기능으로의 이동으로 묘사한다. 그녀는 읽기 학습의 과정도 이러한 유형을 따른다고 주장한다.

Slavin(1997)은 Piaget와 Vygotsky가 발달을 개념화한 방법을 비교하고 대조하였다. 그에 따르면, 두 이론가는 학습자의 발달이 일련의 단계를 거쳐 일어난다고 생각하였다. 하지만 Piaget는 발달이 학습에 선행한다고 주장하였다. Slavin에 의하면, Piaget는 "특별한 인지 구조는 어떤 유형의 학습이 일어나기 전에 발달되어야 한다"(p.46)고 주장하였다. 그러나 Vygotsky는 학습이 다른 사람과의 상호 작용에 의해 발생한다고 믿었다. Good(2011)는 "Vygotsky는 Piaget의 이론과 달리 아동이 행동을 내면화(학습)하기 위해서는 먼저 그 행동이 사회적으로 일어난 후에 아동의 내석인 지식의 일부분이 된다고 믿었다”(p.168)고 말한다.

교실 현장 엿보기 **사회 구성주의**

Vygorsky의 근접 발달 영역은 ‘차별화된 교수(differentiated instruction)’와 매우 관련이 깊다. 근접 발달 영역의 개념은 아동들에게 그들의 개인적인 발달 수준에 맞는 학습 기회를 제공해야 한다는 것이다. 만약 아동들이 새로운 과제에 도전하는 것을 두려워하거나 그들에게 지나치게 복잡한 과제를 제시한다면 학습이 일어나지 않을 것이다.

내가 근무하는 지역의 경우 K-5에서 우리는 어느 과목에서도 그룹의 형태나 평준화 방식을 사용하지 않는다. 수학, 읽기, 문학 수업에서는 최소한 학생 능력을 세 수준으로 분류하고, 개별 학생의 발달 수준에 기초한 차별화된 수업을 한다. 나는 특히 읽기와 수학 수업에 차별화된 수업을 실시한다. 이것은 개인이 자신의 수준에 맞게 배우고 성취를 경험할 수 있기 때문에 학생들에게 많은 도움이 된다.

예를 들면, 처음 수업에서 학생들에게 중심적인 이야기를 소개하면, 그들은 그 이야기를 세 가지 방법 중 하나로 읽을 수 있다. 상 수준 학생은 그 이야기를 독자적으로 읽는다. 중 수준 학생들은 ‘친구와 읽기(buddy reading)’라 불리는 짝 활동을 통해 함께 이야기를 읽는다. 하 수준에 있는 학생들은 테이프로 그 이야기를 듣거나 그들의 교재를 따라서 읽는다. 학생들이 각자의 수준에 맞는 방법으로 그 이야기를 읽고 공부하는 동안 나는 교실을 자유롭게 걸어 다니며 학생들과 상호 작용한다. 나는 학생들 개인에게 질문하고 비계를 설정하고, 학생들이 이해하지 못하는 부분을 명확히 설명해 준다.

또한 나는 읽기 프로그램의 다른 영역 안에서 근접 발달 영역이나 차별화된 교수의 개념을 구체화한다. 읽기 독본을 읽을 때, 나는 학생들이 주어진 주제와 관련하여 제시된 특정 기능들에 익숙한지 아닌지를 확인하기 위해 사전 평가를 본다. 사전 평가 결과 기본적으로 제시되는 문장 기술이 종종 2/3 학생에게는 너무 쉽다는 것을 발견할 수 있었다. 만약 그러한 기초적인 문장 기능들을 학생들에게 계속 가르친다면, 그들은 지루해하고 학습은 거의 일어나지 않을 것이다. 그러므로 나는 읽기 보충 자료를 통해 더 높은 단계의 사고 기술을 가르침으로써 학생들이 도전하게 했다. 사후 평가 결과가 말해 주듯이 특정 개념을 이해하지 못한 학생들은 기초 독본을 통해 이러한 문장 기술들을 연습할 수 있다.

나의 경험에 비추어 볼 때, Vygotsky의 근접 발달 영역은 타당하다고 생각한다. 교실에서 특정 수준 이상의 아동들은 그들이 이미 알고 있는 정보를 재학습하는 데 시간을 낭비하지 않는다. 유사하게, 특정 영역에서 도움이 필요한 아동들은 교사에게 비계를 받고, 같은 단계에 있는 학생들과 같이 학습하고, 그들을 위해 작은 단계로 나누어진 과제를 함으로써 도움을 받을 수 있다.

– Michelle Hilke, 3학년 교사

사회적 학습 이론

캐나다 심리학자인 Albert Bandura(1969, 1977, 1986, 1997)는 사회적 학습 관점에 해당하는 또 다른 이론을 개발하였다. 그가 새로 개발한 이론은 원래 **사회 학습 이론**(*Social Learning Theory*)으로 불렸으나 최근에 '사회 인지 이론(Social Cognitive Theory)'으로 명칭이 변경되었다. 이 이론은 인간 행동에 관한 보편적 이론인 행동주의와 사회 학습 요소들을 결합한 것이다. 사회적 학습 이론을 창안한 Bandura의 기본 전제는 행동주의 학습 이론에서는 특정 개인이(3장 참조) 타인을 관찰하면서 학습이 가능하다는 대리 학습 현상을 고려하지 않았다는 것이다. Bandura는 사람은 자신의 경험으로부터 배우는 것보다 다른 사람을 관찰함으로써 더 많이 배운다고 주장하였다. Bandura는 인간이 관찰 학습을 할 수 있어서 다행이라고 언급하였다. 만약 그것이 없다면 인간은 학습을 위해서 스스로 모든 것을 경험해야만 한다고 하였다. 그러나 인간은 다른 사람들의 성공, 실패, 노력, 방식을 관찰함으로써 학습이 가능하다고 하였다. 사회 인지 이론에서는 우리가 배우려는 대상을 **모델**(*models*)이라 부른다. 덧붙여 '**시범**(*modeling*)'은 '모델'이 수행하는 행동이다.

Bandura는 관찰 학습을 네 단계로 설명한다(Artino, 2007). 첫 번째 단계는 관찰자가 본보기를 볼 때에 일어나는 **집중 단계**(*attentional phase*)이다. 두 번째 단계는 관찰자가 자기가 관찰한 것에 대해 생각하고 처리하는 **파지 단계**(*retention phase*)이다. 세 번째 단계는 관찰자가 시범 행동을 반복해서 따라 하는 **재생산 단계**(*reproduction phase*)이다. 네 번째 단계는 관찰자가 시범 행동을 반복적으로 따라 하면서 강화를 받는 **강화 단계**(*reinforcement phase*)이다. 예를 들면, 아이들이 주변 성인과 대화하면서 '제발(please)'과 '감사합니다(thank you)'와 같은 공손한 표현을 모방하여 사용하기 시작하면 성인들은 아이들이 이러한 예절을 습득하도록 강화한다.

TV와 같은 매체가 아동 학습에 미치는 영향을 조사한 Bandura의 연구 결과를 통해 사회적 학습 이론은 폭넓게 발달하였다. Bandura는 아동들에게 폭력적이고 공격적인 인물이 나오는 만화 영화를 보여 주었다. 아동들은 만화 영화를 보면서 폭력적이고 공격적인 인물들이 보상을 받거

Abert Bandura

나 벌을 받는 장면을 보았다. 그런 다음에 그 아이들이 놀이 시간에 가장 크고 유명한 플라스틱 보보 인형과 노는 모습을 관찰하였다. Bandura는 폭력적 장면을 가장 많이 시청하였던 아이들이 만화 시청 이후에 이어진 놀이 시간에서는 공격성을 더 많이 보였다는 연구 결과를 내놓았다. 이 연구에 따르면 만화 속 인물들의 적대적 행동에 대한 보상이나 처벌 여부에 관계없이 만화 속 인물의 행동이 아동들의 공격적 행동에 영향을 끼쳤음을 보여 주었다.

앞에서 설명한 것처럼, Bandura는 최근에 초기에 사용했던 사회적 학습 이론(Social Learning Theory)의 명칭을 사회적 인지 이론(Social Cognitive Theory)으로 바꿔 놓았다. 고친 이름을 통해 알 수 있듯이 Bandura는 관찰 학습을 하는 동안 많은 인지적 요인이 관여한다는 것을 강조하고 싶었다. 관찰 학습을 하는 인간은 다른 사람들의 행동을 해석한다. 인간은 아무런 생각 없이 단지 주위 사람들의 행동을 모방하지는 않는다. 또한 Bandura의 최근 연구와 저술은 학습에서 **자기 효능감**(*self-efficacy*)의 역할을 강조한다. 자기 효능감은 자신이 특정한 목적을 이루는 데 필요한 능력을 가지고 있다고 생각하는 스스로에 대한 믿음이다. Bandura에 의하면, 자기 효능감이 높은 사람들이 자기 효능감이 낮은 사람들보다 좀 더 노력하고, 좀 더 성취하고, 더 오래 견딘다. 무엇보다, 사람은 실제 자기 능력과 비슷하거나 뛰어나거나, 아니면 부족한 과제를 수행할 때에 자기 효능감을 느낀다.

Bandura의 여러 저술은 심리학과 교육 분야에 지대한 영향을 주었다. 교사들은 교실 운영 방안으로 관찰 학습의 개념을 자주 사용한다. 예를 들면, 많은 교사들이 교실 안의 많은 학생들이 긍정적 행동을 모방할 것이라는 기대를 가지고 한 학생의 행동을 칭찬(강화)할 것이다. 이러한 교사들의 행동은 관찰 학습의 효과를 신뢰하고 있기 때문이다. 관찰 학습은 실제 교실 운영에 있어서 다양한 적용이 가능하다.

시범(modeling)과 관찰 학습의 개념들은 문식성 학습에서 특히 중요하다. 시범과 관찰 학습은 발생적 문식성 분야의 이론적 기반이 된다(5장 참고). 이들 용어는 어린 아동들이 가정에서 그들의 부모로부터 읽기와 책에 관해 배우는 방법을 설명하는 데 종종 사용되었다. 또한 시범과 관찰 학습은 문식성 수업에 중요하게 활용할 수 있다. 교사가 빅북을 읽어 주고, 아침 편지를 사용하거나 수업에 강사를 초대할 때, 그들은 학생들이 관찰 학습에 참여할 것이라는 기대를 갖는다. 이와 유사하게, 국가적으로 실시하고 있는 D.E.A.R 시간(모든 것을 내려놓고 책 읽는 시간: Drop Everything and Read Time)의 광범위한 사용(학교에 있는 모든 이들이 하던 일을 멈추고 정해진 시간 동안 책을 읽는 것)은 관찰 학습에 기반한 가장 대표적인 문식성 교수법이다. 비록 Bandura의 사회적 학습 이론/사회적 인지 이론이 읽기 연구에서 자주 적용되는 이론적 체계는 아니지만, 그 이론은 가정이나 학교에서 아동들의 문식성 학습에 크고 작은 영향을 지속적으로 주고 있다.

교실 현장 엿보기 사회적 학습 이론

내 아이들을 생각해 보면 내 생각이 Bandura의 생각과 정말 유사함을 알 수 있었다. Ryan과 Leanna는 내가 시범 보이는 행동들을 그것의 옳고 그름에 관계없이 무조건 따라 할 것이다. 아이들은 아내와 내가 많은 책을 읽고, 서로 사랑하면서 가정을 보살피는 것을 보았다. 그래서 그런지 아이들도 읽는 것과 듣는 것을 좋아하고, 다른 사람들을 다정하게 대한다. 또한 우리가 일상생활에서 TV를 없앴을 때, 가끔씩 튀어 나오던 폭력 행동이 사라지는 것처럼 보였다. 이제 아이들에게서는 이런 유형의 행동들이 전혀 관찰되지 않는다. 나는 또한 학교에서 쉬는 시간에 학생들의 행동을 관찰한 적이 있다. 학생들과 얘기하거나 그들의 행동을 관찰해 보면, 그들의 행동이 TV에서 본 것과 확실히 관련 있다는 것을 알 수 있다.

– Joseph Tucker, 특수 교육 교사

비판적 문식성 이론

사회언어학 이론, 사회 문화 이론, 사회 구성주의, 사회적 학습 이론의 탄생과 더불어 사회적 학습 관점은 문식성 교육의 정치적 측면과 관련된 저술과 연구의 토대가 되었다. 정치적 관점에 기초한 문식성 교육 연구는 '비판적 문식성 이론'의 영향을 크게 받았다. **비판적 문식성 이론**(*Critical Literacy Theory*)은 학교 교육이 동시대 사회 안에서 지속되는 불평등을 강화하는 것처럼 문식성 교육이 계층 간의 불평등을 심화시킨다면서 이 문제를 정치적 관점에서 고민한다. 아울러 교육은 개인에게 그러한 사회적 억압을 극복할 수 있는 힘을 제공해야 한다고 본다(Morris, 2011). Morris(2011)는 "비판적 문식성의 목적은 학생들과 교사들이 사용하는 언어에 내재되어 있는 힘의 관계를 조사하고 분석하도록 하는 것이다"(p.287)라고 말한다.

비판적 문식성 이론은 교육이 모든 아동들의 개인적인 발달을 촉진하도록 계획되었고, 정치적으로는 중립적인 입장을 취한다는 전통적인 믿음에 도전한다. Siegel과 Fernandez(2000)에 의하면, "비판적으로 생각할 때, 가치로운 사회적 유동성을 위한 기회로서 학교 교육의 이미지는 학교가 자본주의 사회의 부와 힘의 불평등한 분배를 어떻게 재생산하는지 혹은 학교가 현재의 불평등한 상황을 유지하기 위해 어떤 기여를 하는지 살펴봄으로써 바뀌게 된다"(p.141).

『억눌린 자를 위한 교육(pedagogy of the oppressed)』의 저자 Freire(1970)는 비판적 문식성 이론을 발전시킨 핵심 인물이다. 1960년대 브라질의 불평등 교육을 연구한 Freire는 가난한 사람들과 교육받지 못한 대중들을 이해하고, 그들을 교육하기 위한 방법을 찾기 위해 노력하였다. Freire는 그의 저서에서 '억압의 교육학(pedagogy of oppression)'이 브라질 사회에 존재한다고 주장하였다. 이 억압의 교육학은 사회가 끊임없이 흐르는 물줄기처럼 질 낮은 교육을 받은 노동자들을 계속해서 공급하기 위해 브라질의 가장 낮은 계층에게 열악한(less than adequate) 교육 서비스를 제공해 왔다고 주장한다. 그러면서 이런 노동자들은 브라질의 현재를 유지하는 필수 요소로 존재한다는 것이다. Freire는 문식성을 개인적인 실패가 아닌 '불평등을 생산하도록 조직된 사회에서 역사적으로 구성된 상품'으로 인식한다(Siegel & Fernandez, 2000, p.146). Freire는 '해방 교육(pedagogy of liberation)' 할 수 있는 교육을 위해 노력했으며, 정부가 급진적인 정치적 신념과 실천 때문에 그를 추방할 때까지 가난한 브라질 국민들을 교육하는 데 헌신하였다.

Bloome과 Talwalker(1997)에 의하면, 그들이 문식성 학습과 관련된 힘의 개념을 연구하려고 할 때, 연구 경향이 이미 비판적 문식성 이론의 영역으로 옮겨 가고 있었다고 한다. 비판적 문식성 이론에서는 읽기 수업을 학생들의 권한을 발전시키거나 억제할 수 있는 사회적 과정으로 본다(Bloome & Talwalker, 1997, p.109). Bloome과 Talwalker는 "비판적 문식성 이론은 읽기와 쓰기 수업이 학생들로 하여금 문자 언어가 특정 문화의 이데올로기를 주입하기 위해 어떻게 사용되는지, 소수민족의 언어 및 문화의 성장과 유지를 어떻게 억압하는지에 대한 비판적 관점을 갖도록 점검해야 한다"(p.109)고 언급한다. 예를 들어, Gee(1990)는 교육자들은 사회 계층을 정당화하고 지배세력에게 권한을 주며, 심지어는 학생의 의도와 무관하게 지도 계층의 가치, 규범, 믿음을 주입하는 문식성 교육의 문제점을 연구해야 한다고 주장한다(Siegel & Fernandez, 2000, p.142 재인용). 또한 Morris(2011, pp.287-288)는 자신의 글에서 "일련의 교육적이고 사회적인 프로젝트들은 누구의 관심 안에, 어떤 목적 안에, 어떤 버전을 가지고, 누구의 통제와 관리하에, 어떤 길을 따라서, 어떤 그럴듯한 결론을 가지고 추진되는가?"라고 물음을 던졌다.

Gutierrez 외(2002)는 비판적 문식성의 관점에서 영어 학습자들을 위한 문식성 수업에 내재된 정치적 영향력을 연구한다. 특히, Gutierrez와 동료들은 캘리포니아의 개정안 227[1]번과 아리조나의 개정안 203번의 영향을 조사했는데, 양쪽 모두 제2언어 학습자에게 모국어 문식성 교육을 제한하였다는 것을 밝혀내었다. Gutierrez와 동료들은 영어 학습자의 문식성 발달에 있어서 이러한 교육 방식이 주는 악영향에 대하여 강력하게 경고하였다.

1) 역주: 1998년 주민 투표로 통과된 발의안으로 영어 부진 학생에 대한 영어 교육에서 모국어 사용을 제한하고, 그 기한 역시 1년으로 제한하도록 하였다. 이 법안의 시행으로 이전에 ESL로 불리던 클래스가 없어지고 정규 클래스 내에서 영어를 사용하여 영어를 가르치게 되었다. 다만 학부모의 청원에 의하여 모국어에 의한 영어 수업이 가능하도록 규정하고 있다. ESL이라고 하면 이민자만 다루어야 하지만 ELL은 이민자뿐만 아니라 영어 학습 부진아나 지진아도 함께 다룰 수 있고, 이민자의 경우도 영어가 제2 언어가 아니라 제3 혹은 제4 언어일 수 있으므로 ELL로 바꾸었다.

제3의 공간 이론

Cobb(2011)은 제3의 공간 이론(Third Space Theory)을 주장한다. 제3의 공간 이론은 공간 개념과 그것이 어떻게 인간의 상호 작용과 사회적 상황 안에서 이해될 수 있는지를 재개념화하는 학자들에게 도전한 Soja(1996)와 Lefebvre(1991)의 연구에 기초한다(Cobb, 2011, p.400). 제3의 공간 이론에 의하면, '공간(space)' 개념에는 물리적인 개념뿐만이 아니라 정신적인 개념도 포함된다. 제3의 공간 이론에서, '첫 번째 공간(first space)'에는 개인의 지식과 가장 개인적인 담화 — 집, 가족, 동료의 영향 — 가 포함된다. '두 번째 공간(second space)'에는 학교, 직장, 교회 환경과 같이 개인의 삶에서 좀 더 벗어난 영향이 포함된다. 이런 영향의 두 단계는 Bronfenbrenner(1979)가 사회 문화 이론에서 설명했던 것과 유사하다. 그러나 제3의 공간 이론은 물리적 공간 너머로 개인이 자신을 위해 첫 번째와 두 번째 공간 사이의 상호 작용의 결과로써 '세 번째 공간(third spaces)'을 구성한다고 제시한다. 이 이론에서, '세 번째 공간'은 정체성과 지식의 다른 형태가 만들어지는 한 개인의 보이지 않는 내적 환경이다(Moje et al., 2004). 예를 들면, Wilson(2000)은 제3의 공간 이론을 수감자들에 관한 그녀의 연구에 적용하였는데, "수감자들의 문식성은 감옥 규칙이라는 첫 번째 공간과 바깥 세상이라는 두 번째 공간 사이에 생성된다. 그래서 수감자들은 후회와 죄책감의 고통스러운 기억인 '제3의 공간'을 창조한다"고 밝히고 있다(Cobb, 2011).

이런 이론적 관점을 따르는 학자들의 연구에 의하면, 학교 교육과정 입안자와 교사들이 첫 번째, 두 번째 공간에 위치한 학생들의 지식 자본에 관한 수업을 계획할 때 학습이 강화되고 이어서 세 번째 공간이 생성된다. 다시 말해서, 학생들의 학습은 그들이 내적인 세 번째 공간을 구축할 때 강화되고, 교실 수업이 학생들의 첫 번째, 두 번째 공간의 지식 자본과 연관되거나 그 위에 구성될 때 학습이 가장 쉽게 이루어진다. 하지만 그러한 수업을 만드는 일은 교실에 넓고 다양한 지식 자본과 첫 번째, 두 번째 공간을 가진 학생들이 많아질 때에 가능하다(Moje et al., 2004).

교실에 적용하기

사회적 학습의 관점은 읽기 교육자들 사이에서 매우 인기가 있다. 이 관점을 수용한 교실 수업에서는 문식성 센터, 함께 읽기, 짝 읽기, 통합 연령 읽기/개인 교습, 안내된 읽기, 과정 쓰기, 함께 쓰기, 안내된 쓰기, 문학 동아리, 아침 회의, 이메일 친구 만들기 등처럼 다양한 활동을 한다. 이런 모든 교실 활동들은 학습의 사회적 특성, 즉 학생들이 그들 세계 안의 다른 사람, 성인, 친구들 모두에게서 많은 것을 배운다는 개념을 강조한다. 이런 교실 활동 중 몇 가지를 상세히 살펴보고자 한다.

사회언어학 이론 수업 아이디어: 언어 경험 차트와 아침 통신문(K-3학년)

언어 경험 차트는 사회적 학습 관점, 특히 사회언어학 이론을 반영하는 교육 활동이다. **언어 경험 차트**(*language experience chart*)는 교사와 어린 학생들이 종이로 된 차트 위에 협의하여 쓴 경험을 바탕으로 하는 하나의 이야기이다. 쓰기, 읽기, 이야기 다시 읽기 과정은 교수 경험으로 사용된다. 교사는 언어 경험 차트를 시작하기 위해 문식성 센터 안의 큰 양탄자 위에 차트가 올려진 이젤을 준비하고 학생들을 불러 모은다. 그런 다음 차트를 작성하기 위해 학생들과 함께 주제를 결정한다. 언어 경험 이야기는 학급 여행이나 최근에 일어난 특별한 행사와 같이 교사와 학생들이 공유하고 있는 경험들을 중심으로 한다. 주제를 정하고 나면 교사는 학생들에게 이야기 도입부에 적절한 문장을 생각하게 한다. 한 학생이 문장을 말하면 교사는 즉시 학생이 말한 것을 수용하거나, 그 문장을 보완하는 데 필요한 추가적인 아이디어를 모으기 위해 그 학생이나 전체 학생에게 질문을 할 수 있다. 이 활동에서는 교사가 문법적으로 정확한 문장을 사용하는 것이 중요하다. 모든 학생들이 만족할 만한 첫 문장을 결정한 다음, 교사는 학생들의 도움을 받아 차트 위에 그 문장을 쓴다. 교사는 대문자로 문장을 시작하는 방법과 철자에 맞는 단어들을 쓰는 방법 등을 학생들에게 질문한다. 교사는 또한 문장을 쓰면서 학생들에게 문장부호에 대해 질문할 수도 있다. 첫 문장을 차트 위에 쓰고 난 다음, 교사는 학생들에게 그 문장을 다시 읽게 하고, 학생들에게 두 번째 문장을 생각해 보도록 유도한다. 언어 경험 차트의 구성은 그 이야기가 완성될 때까지 이와 같은 방법으로 진행된다. 이 수업의 마무리에서, 학생들은 그들이 함께 쓴 전체 이야기를 다시 읽는다. 교사는 이 단계에서, 차트에다가 학생들에게 목표 단어들(예를 들어, 대문자로 시작하는 단어들, -ing로 끝나는 단어들)을 찾게 하면서, 그 이야기를 수업 교재로 사용할 수도 있다. 교사는 학생들이 문식성 센터 수업 시간 동안 다시 읽을 수 있도록 이러한 이야기를 코팅해서 센터 안에 두거나 게시판에 붙여 둔다. 많은 교사들은 학생들에게 함께 이야기를 만들고, 자신의 경험을 바탕으로 한 이야기를 다시 읽게 하는 것이 어린 독자들의 문식성 발달에 굉장히 유익하다고 믿는다.

아침 통신문을 사용하는 교수법은 위에서 설명한 언어 경험 접근법의 변형이다. 아침 통신문(morning message)에서 학생들과 교사는 그날의 활동들이 무엇일지에 대해 협의하여 통신문을 작성한다. 교사는 아침 통신문의 내용을 학생들에게 유도할 수 있는데(예를 들어, “누가 음악 시간에 할 일을 말해 줄 수 있을까?”), 통신문을 만들고 완성된 텍스트를 다시 읽는 기본 과정은 언어 경험 차트 활용과 같다. 교사는 학생들에게 그날 일정을 상기시키기 위해 하루 일정에 대한 아침 통신문을 활용할 수 있다. 이 활동은 실제적인 의미 읽기를 강화한다.

언어 경험 접근과 아침 통신문의 사용은 학습이 사회적인 언어 상호작용을 통해서 강화된다는 믿음을 반영하기 때문에 사회적 학습 관념, 특히 사회언어학 이론과 일치한다.

사회 문화적 수업 아이디어: 문학 동아리(3학년 이상)

문학 동아리는 사회적 학습의 관점을 기본으로 하면서 사회 문화적 이론을 명시적으로 보여 줄 수 있는 교육 활동이다. 문학 동아리 활동은 학생들이 읽은 책에 관하여 동료들과 이야기를 나누는 것이 서로에게 도움을 주며, 학생들의 의사소통이 보다 유의미해지기 위해서는 그들이 수행하는 과제와 관련된 것으로 구성할 필요가 있다고 믿는 교육자들에 의해 구안되었다. 문학 동아리의 적용은 학생들이 이 활동(사회적 구성요소)을 하는 과정에서 서로 배울 것이라는 전제를 바탕으로 하기 때문에 사회 문화적 이론의 관점과 일치한다. 덧붙여, 문학 동아리 활동은 학생들이 동아리 안에서 협의하기 위해 그들 자신의 삶(그들의 문화)에서 가져오는 지식과 문화적 산물의 중요성을 강조한다.

교실에서 문학 동아리를 계획하고 적용하는 데는 몇 가지 다른 접근법들이 있다. 이 절에서 우리는 이 분야의 개척자 중 한 사람인 Daniels (1994)의 연구를 살펴본다. 그가 추천한 문학 동아리 적용 방안은 교사들에게 매우 널리 알려져 있다. Daniels는 문학 동아리 안에서 이루어지는 학생들의 대화는 그들이 읽은 내용에 대한 반응으로 수행하는 작업, 역할에 의해 조직되어야 한다고 주장한다.

학생들이 문학 동아리 활동에서 수행하는 역할의 종류와 해야 할 일을 간단하게 살펴보면 다음과 같다.

- **토론 진행자(Discussion Director).** 이 학생의 역할은 모둠 전체가 읽기 과제에 대해 토론하고 함께 생각해 볼 만한 세 가지 질문 목록을

만드는 것이다. 이 질문들은 동아리 학생들이 텍스트의 중심생각에 대해 이야기하도록 돕고, 세세한 내용보다는 읽기에 대한 반응을 공유하도록 돕는다. 보통 가장 좋은 질문들은 읽은 것에 대한 생각, 느낌, 관심으로부터 나온다. 문학 동아리 활동을 하는 동안 토론 진행자는 자신이 생각한 질문을 제시하고, 그것에 대한 다른 학생들의 대답을 기록한다.

- **구절 전문가(Passage Master).** 이 학생의 역할은 문학 동아리 활동을 하는 동안 읽기 교재에서 모둠 구성원의 관심을 끌 만한 세 구절을 찾는 것이다. 이 역할의 핵심은 모둠의 학생들이 교재 안에서 특히 중요하거나 흥미롭다고 발견한 구절을 조사하도록 돕는 것이다. 구절 전문가는 교재에서 가장 중요하다고 생각하거나 흥미 있다고 생각한 부분을 확인해야 하고, 그것을 선택한 이유를 모둠원들에게 설명해야 한다. 그런 다음, 선택한 구절에 대한 모둠원들의 반응을 요약해서 기록한다.
- **어휘 확장자(Vocabulary Enricher).** 이 학생의 역할은 텍스트에서 익숙하지 않거나 의미를 이해하는 데 필요한 다섯 개의 단어들을 찾고 그 개념을 정의하는 것이다. 문학 동아리 활동을 하는 동안 어휘 확장자는 텍스트 교재 안에서 단어를 찾고 그것들을 더 잘 이해할 수 있도록 돕는다.
- **예술가(Artist).** 이 학생의 역할은 주어진 읽기 텍스트와 관련된 몇 가지 창조적이고 생생한 반응을 활성화시키는 것이다. 예술가적 반응은 스케치, 만화, 도표, 순서도, 콜라주, 모빌 등이 될 수 있다. 이 예술적 반응을 통해 제시되는 아이디어들은 읽기와 관련된 하나 이상의 중요한 개념을 반영해야 하며, 짧은 도표도 함께 제시된다. 문학 동아리 활동을 하는 동안 예술가는 자신의 창의적 반응을 모둠원에게 제시하고 그에 대해 설명한다.

- **연결자(Connector)**. 연결자의 역할은 텍스트와 실제 경험 사이의 유의미한 연결 고리를 찾는 것이다. 그 연결은 학생의 개인적 삶이나 교실, 학교, 공동체 또는 더 큰 세계의 사건과 관련될 수도 있다. 여기서 중요한 것은 읽기를 실제 세계에 적용하는 것이다. 이 학생은 문학 동아리 활동을 하는 동안 자신이 연결한 내용을 모둠원들에게 제시한다.
- **조사자(Investigator)**. 조사자의 역할은 텍스트와 관련된 추가적이고 새로운 정보를 찾는 것이다. 여기서 말하는 추가적이고 새로운 정보란 텍스트와 관련된 내용을 잡지, 신문 기사, 책 그리고 인터넷에서 조사한 것을 말한다. 인터뷰나 관련 장소의 방문 역시 가능하다. 조사자는 과제에서 하나 이상의 개념에 대한 정보를 찾아낼 수도 있다. 또는 해당 텍스트의 작가에 관한 정보를 찾을 수도 있다. 조사자의 책임은 자기가 발견한 추가 정보를 바탕으로 문학 동아리에서 이루어지는 토론의 질을 높이는 것이다.
- **요약자(Summarizer)**. 이 학생의 역할은 배정받은 텍스트를 요약하여 문학 동아리 활동을 하는 동안 모둠원들과 공유하는 것이다.

문학 동아리의 교실 수업 적용

문학 동아리 수업은 유연해야 하며, 수업을 받는 학생들의 발달 단계와 교사의 수업 방식에도 맞아야 한다. 이 활동을 교실에 적용하는 데 있어 단 하나의 방법만 있는 것은 아니다. 교사들이 이 교육 방법을 자신의 수업에 적용할 수 있다. 몇 가지 도움이 될 만한 지침을 소개하면 다음과 같다.

1. 문학 동아리는 3학년이나 그 이상에서 가장 쉽게 적용할 수 있다. 일부 교사들이 2학년 수준에서 문학 동아리를 성공적으로 사용한

경우도 있다. 그러나 대다수의 학생들은 아직 이런 독립적인 활동을 수행할 준비가 되지 않았다.

2. 학생들은 그들의 과제와 역할을 교실 활동 혹은 숙제로 수행할 수 있다. 각각의 역할은 장점과 단점이 있다. 만약 학생들이 자신이 맡은 역할을 충실히 수행하지 않으면, 그들은 문학 동아리 활동에 참가할 수 없다.
3. 학생들은 동질 집단이나 이질 집단으로 문학 동아리를 구성할 수 있다. 각 모둠은 저마다 장점과 단점을 지니고 있다. 교사는 어느 것이 학생과 교사 모두에게 최선인지 고민해야 한다.
4. 문학 동아리의 학생들은 모두 같은 글을 읽을 수 있고, 다른 글을 읽을 수도 있다. 일부 연구자들은 학생 스스로 글과 동아리를 선택하는 것이 교육 활동의 필수적인 요소라고 생각한다. 이에 대한 교사들의 선택은 다양할 것이다. 문학 동아리는 읽기 독본을 포함하여 어떤 교재도 사용할 수 있다.
5. 얼마나 자주 문학 동아리 활동을 할지에 대해서는 교사마다 의견이 다르다. 일부 교사는 매일 활동을 할 수 있고, 또 일부 교사는 일주일에 한두 번 활동할 수 있으며, 또 어떤 교사들은 일 년 동안 거의 활동을 하지 않을 수도 있다.
6. 학생들에게 부여한 역할에 따른 임무와 문학 동아리에 대한 비공식적인 관찰은 학생들의 수행을 평가하는 데 중요한 정보로 활용될 수 있다. 시험과 쓰기 과제 같은 전통적인 평가들 역시 비전통적인 평가를 보완하기 위해 사용될 수 있다.
7. 여기에서는 문학 동아리 활동의 핵심적인 내용을 소개하였다. 더욱 상세한 내용은 책이나 논문, 인터넷에서 찾아볼 수 있다.

사회 구성주의 수업 아이디어: 영어 학습자를 위한 이상적인 방법의 하나인 통합 연령 읽기 및 친구와 함께 읽기

문학 동아리 교수법과 같이 짝, 친구, 통합 연령 읽기 교수법은 사회적 학습을 이론적 기반으로 삼는다. 짝/친구와 함께 읽기 활동은 아동들이 함께 읽기를 하는 동안 서로의 읽기 학습에 비계가 되어 준다는 전제를 바탕으로 만들어졌다는 점에서 사회 구성주의 관점과 일치한다. 이러한 활동은 학생들이 자신의 친구들로부터 듣고 학습할 수 있으며, 전체 학급 앞에서보다 친구나 짝과 활동할 때 스트레스를 덜 받는다는 점에서 특히 제2언어 학습자에게 적합하다. 비록 그 용어들이 서로 혼재되어 쓰이기도 하지만 '짝 읽기(partner reading)'는 함께 읽기를 하는 데 있어서 같은 학급 안에 있는 짝과 활동하는 것을 지칭하는 반면, '친구와 읽기(buddy reading)'는 함께 읽기를 위해서 다른 학년 교실에서 온 학생들과 읽는 것을 말한다. 짝 읽기의 두 유형에 관한 연구 결과는 모두 긍정적이다. Dixon-Krauss(1995)는 1, 2학년 학생들을 대상으로 짝 읽기의 영향을 조사한 결과, 이 경험이 학생들의 단어 인식 능력과 소리 내어 읽기와 관련된 태도를 향상시켰다는 것을 발견하였다. 이 활동은 읽기 유창성에도 도움이 되었다. 다음으로 짝과 함께 읽기 활동에 대한 설명에 친구와 함께 읽기를 적용하는 방법에 대해 살펴보고자 한다.

짝 읽기를 적용하는 방법은 다양하다. 관련 지침에 의하면, 학생들이 짝 읽기 활동에 즐겁게 참여한다면 그러한 경험이 학생들에게 교육적으로 가치 있게 작용한다. 짝 읽기 프로그램을 계획하는 교사들은 문식성 프로그램과 이 활동을 어떻게 연계시킬지 고려할 필요가 있다. 일부 교사들은 학생들이 문식성 센터에서 추가적인 활동의 일부로 짝 읽기를 선택하게 한다. 이와 달리, 어떤 교사들은 학생들 모두가 같은 시간에 짝 읽기에 참여하게 한다. 짝은 교사가 정할 수도 있고 학생들 자신이 선택할 수도 있다. 일부 교사들은 능숙한 독자가 어려움을 겪는 독자를 도울 수 있을 것이라는 가정하에 읽기에 능숙한 학생과 미숙한 학생을 의도적으로 짝을 지어 주기도 한다. 어떤 교사들은 학생들의 수준이 비슷해야 읽기를 잘 할 수 있을 것이라는 생각으로 동일 수준의 읽기 능력을 지닌 학생들끼리 짝을 지어 주기도 한다. 학생들이 자기가 원하는 친구와 연습하는 것을 허락하는 교사도 있다. 이러한 활동의 배경에는 학생들이 친구와 읽기를 할 때 읽기에 대한 동기 유발이 잘 되고, 읽기에 대한 긍정적인 태도를 형성할 것이라는 기대가 깔려 있다. 동일한 언어와 문화적 배경을 가진 제2언어 학습자들끼리 짝을 이루는 것이 보다 효과적일 수 있다.

짝 읽기에 사용되는 읽기 자료와 관련하여 많은 교사들은 학생이 스스로 문식성 센터 안에 있는 자료를 선택하게 한다. 이 경우 짝 읽기 활동은 자기 주도적 읽기의 변형이 된다. 다른 교사들은 안내된 읽기 교재 또는 기초 독서 프로그램과 같은 특별한 자료를 학급 문고에 비치하기도 한다. 교사들 또한 짝 읽기를 하는 동안 얼마나 많은 지도를 해야 하는지 그리고 그 지도를 어떻게 구조화해야 하는지에 대해서 다르게 접근할 수 있다. 일부 교사들은 학생들이 짝 읽기를 하는 동안 학생들에게 활동 시간을 명시적으로 안내하고 특별한 규칙을 제시한다. 다른 교사들은 학생들이 활동지를 완성하거나 질문에 답하게 한다. 그리고 어떤 교사들은 단지 학생들로 하여금 짝과 함께 읽는 활동만을 하게 한다. 교사들은 이러한 교수법을 적용할 때에 많은 변화를 시도해야 한다. 어떤 교실에서는 특정 접근법이 다른 것보다 더 좋을 수 있다. 이와 달리 어떤 교사는 짝 읽기를 하면서 일련의 활동들을 모두 사용하는 것이 적절하다고 생각할 수도 있다.

친구와 읽기는 일종의 짝 읽기 활동의 대안이다. 친구와 읽기의 핵심 요소는 각 짝을 이룬 학생들의 읽기 수준이 서로 다르다는 것이다. 가장 자주 사용하는 방법은 상급 학년의 능숙한 독자들과 낮은 학년의 능숙한 독자가 서로 짝을 이루게 하거나, 상급 학년의 미숙한 독자와 더 낮은 학년의 미숙한 독자가 서로 짝을 이루게 하는 것이다. 상급 학년의 학생들은 친구와 읽기 활동을 하는 동안 교사나 개인교사처럼 행동한다. 가끔 교사들은 기술적으로 어린 학생들을 도와주는 상급 학년의 학생들을 지도한다(Morrow, 2002).

사회적 학습의 관점에 기초한 수업 아이디어: 첨단 과학 기술

교사인 Erin Kramer는 사회적 학습의 관점과 과학 기술의 교차점에 대한 자신의 생각을 다음과 같이 제시한다.

> 소셜 네트워킹 사이트(SNS)의 성장은 사람들이 인터넷으로 상호 작용하는 방법을 변화시켰다. 이제 잘 설정된 가상의 공동체 덕분에 사용자들은 전 세계의 많은 사람들과 아무런 제약 없이 소통할 수 있다. 사회적 상호 작용을 용이하게 하는 인터넷의 사용은 사회적 학습의 관점을 오늘날의 교실 안으로 통합하는 데 필요한 기술이다. 다행히도, 이러한 SNS의 교실 적용은 빠르게 발전하고 있으며, 이미 확산되었다. 이어지는 내용에서는 SNS가 사회적 학습의 관점에 어떻게 부합하는지 몇 가지 살펴보았다.

교사 웹사이트와 위키

몇 가지 응용프로그램을 통해 교사들이 웹사이트를 만들어 사용하는 것이 가능해졌다. 이 응용프로그램들 중에는 무료인 것도 있고 유료인 것도 있다. 교사는 가장 기본적인 응용프로그램들인 FAQ, 링크, 뉴스 등을 활용하여 교실에 대한 정보를 게시할 수 있다. 또 다른 프로그램들은 온라인 회원 관리, 회원들에게 이메일 보내기나 교재 업데이트와 같은 서비스의 제공, 블로그, 팟캐스팅, 비디오 공유와 같은 특별한 기능들을 가지고 있다. 교사들이 웹사이트를 이용하여 학부모에게 정보를 알리고 상호 작용을 할 때, '중산체계' 안에서 학교와 학교 간의 상호 작용을 촉진하는 데 사회 문화적 이론이 적용된다.

위키(Wikis)는 교사들이 기존에 사용하던 웹사이트와는 다른 추가적인 상호 작용 요소 — 위키 소유자가 사용자들로 하여금 그 페이지를 편집하고, 토론을 게시하고, 새로운 페이지를 만들고, 파일을 올리는 것을 허용함 — 를 가지고 있다. 위키는 교육의 장에서 학생들끼리 혹은 교사와 연락하고 협력하고 그들의 활동 결과물을 출판하기 위한 공간으로 활용되고 있다. 이러한 사이트 안에서 학생들이 다른 사람들과의 사회적 상호 작용을 통해 학습하는 것을 보면 사회 구성주의 관점은 명백히 타당하다. 교사들이 사용할 수 있는 웹사이트 응용프로그램에는 TeacherWeb, eBoard, EducatorPages, Classtown, Wix, Google Sites가 있다. 그리고 위키 응용프로그램에는 Wikispaces, ZohoWiki, PBWorks 등이 있다.

공동 작업 응용프로그램(Google Docs)

협동 작업이 가능한 이 온라인 응용프로그램을 사용하면 웹상에서 자료, 발표, 스프레드시트, 서식, 그리기를 할 수 있다. 이들 파일은 모두에게 공개될 수 있고, 링크가 가능하고, 제한된 사람만 보게 할 수도 있고, 비공개로 만들어질 수도 있다. 또한 사용자가 파일을 편집할 수도 있고, 접속한 여러 사람이 동시에 편집할 수도 있다. 이 도구를 사용하면 학생들은 다른 사람의 편집을 동시에 보고, 각기 다른 장소에서 토론에 참여하면서 자료와 발표에 대해 협력할 수 있다. 이런 역동적인 응용프로그램은 학생들이 사회 구성주의 관점과 일치하는 사회적 상황에서 그들의 지식을 구축하고 정제하는 것을 가능하게 한다.

보이스스레드(VoiceThread)[2]

보이스스레드는 온라인 토론을 용이하게 하는 응용프로그램이다. 보이스스레드를 사용하면 사람들은 비디오, 그림, 자료를 올릴 수 있고, 그것들을 슬라이드 안에 집어 넣을 수도 있다. 독자들은 그들의 요점을 강조하고 명확히 하기 위해서 슬라이드를 디지털 방식으로 끌어낼 수도 있을 뿐만 아니라 비디오, 오디오, 댓글로 논평을 남길 수 있다. 교실에서 이 도구의 활용은 광범위하고 다양하다. 영어 교과에 적용된 보이스스레드 프로젝트에는 교사가 만든 미니레슨(mini-lesson)부터 학생이 만든 교재 복습, 디지털 교과서, 어휘와 주제 주변의 개념 발달을 위한 슬라이드까지 광범위하다. 사회 문화 이론과 사회적 구성주의는 보이스스레드 프로젝트에서 역동적으로 작용한다. 이와 같은 새로운 환경의 결과로서 우리는 새로운 '기호 체계'를 필요로 하는 새로운 문식성을 발견하게 된다. 학생들은 보이스스레드와 같은 이런 '기호 체계'를 사용해 토론하고 이를 통해 새로운 지식을 구성한다.

전자 우편 교환(ePals)

ePals Global Community는 학생들과 세상을 연결하는 온라인 공간이다. National Geographic과 협력해 온 이 무료 응용프로그램은 학생들이 그들의 이메일 계정(교사의 감독과 같은 안전장치와 함께)을 사용하여 간학문적 프로젝트를 수행하고 최종 발표 자료를 창작하게 한다. 교사들 역시 자신의 프로젝트를 위해 이 응용프로그램을 사용할 수 있고, 동료를 찾아 협력 및 의사소통하기 위해 사용할 수도 있다. 학생들은 이메일을 주고받으면서 프로젝트 수행에 필요한 지식을 구성하기 때문에 상호 간에 '비계'

---

2) 역주: 인터넷의 뉴스 그룹에서 하나의 게시물과 그에 대한 답변을 한 곳에 모아 놓은 것으로 한 가지 주제에 대한 집중적인 토론을 진행하는 데 도움을 준다. 혹은 다수의 사용자를 갖는 시스템에서 프로그램의 사용과 관련한 정보를 뜻하기도 한다.

글 세공할 수 있다. 이 사이트는 사회 구성주의 관점과 과학 기술의 경계선 없는 통합을 보여 준다.

연구에 적용하기

문식성 분야의 많은 학자들이 자신들의 연구를 제시하고 해석하기 위해 사회적 학습의 관점을 적용한다. 사실 Gaffney와 Anderson(2000)은 주요 연구들을 종합하면서 오늘날 읽기 분야의 중요한 이론적 경향에는 사회적 학습의 관점이 반영되어 있다는 결론을 내렸다.

현재 많은 문식성 조사 연구들이 사회언어학 이론의 관점을 사용한다. 이 관점은 아동들의 읽기 발전에 영향을 주는 언어 상호 작용을 조사하는 연구들에서 가장 빈번하게 나타난다. 이들 연구의 초점은 부모, 교사, 친구들의 언어 사용과 그것이 아동들의 문식성 기능에 미치는 영향에 관한 것이다. 이러한 내용을 담고 있는 중요 연구 중의 하나가 아동의 문식성 발달과 아동의 어머니가 사용하는 언어 유형 간의 관계를 탐구한 Snow(1983)의 연구이다. Snow는 아동들의 언어 성장과 관련된 어머니의 언어 사용 유형에는 (1) 어머니의 의미론적 우연성(예, 아동들의 이전 발화에 대한 부모의 주제 관련 응답), (2) 비계 설정(예, 아동들이 더 잘 이해하도록 돕기 위해 부모들이 자신의 언어를 단순화하는 방법), (3) 책임(예, 어머니는 아동들로 하여금 그들이 할 수 있는 한 가장 복합적인 언어로 말하도록 요구한다. 즉, 어머니는 '유아어(baby talk)'를 장려하거나 참지 않는다.)이 있다.

Snow(1983)의 연구 결과는 훗날 부모들이 이야기책 읽기 시간에 이런 유형의 언어 사용 횟수를 증가시키기 위한 부모 개입을 프로그램 개발에 사용되었다. 연구 결과, 그 프로그램에 참여한 아동들의 언어가 참여하지 않은 아동들보다 훨씬 더 발달하였다는 것이 증명되었다(Jordan et al.,

2000). 문식성 발달에 관한 언어적 요인의 영향에 관심을 갖고 있는 연구자들은 그들의 연구를 체계화하기 위해 사회언어학 이론의 관점을 주로 선택한다.

많은 문식성 학자들이 그들의 연구를 체계화하기 위해 사회 문화적 관점을 이론적 기반으로 삼는다. 이 관점을 사용하는 연구자들은 문식성 학습에 미치는 문화의 광범위한 영향을 이해하는 데 연구의 초점을 맞춘다. 사회 문화적 이론의 관점을 적용한 최근의 연구에는 이주 가정의 가족 문식성 활동에 관한 연구가 있다(Orellana, Reynolds, Dorner & Meza, 2003). 이 연구에서는 이중 언어를 사용하는 18명의 어린 사춘기 학생들(5, 6학년)의 문식성 경험과 그들의 가족을 위해 다른 말로 바꾸어 표현한 활동들을 시간 순서대로 기록하였다.

연구자들은 86개의 원고와 95개의 에세이를 분석하였으며, 전통적인 학교 중심 문식성 학습 활동과 가정의 문식성 활동에서 이루어지는 상호작용의 질을 비교하였다. 연구 결과에 따르면, 이주 가정에서 이중 언어를 사용하는 아동들이 그들의 가정 문식성 활동에서 '중추적 역할'(p.28)을 하였다고 밝히고 있다. 아동들은 메일 읽기(편지, 서식, 광고, 청구서)에서 부모와 다른 가족 구성원들을 도왔고, 배심원 소환에 응답하였으며, 학교에서 온 메모를 해석하였다. 이와 같이 이주 가정에서는 다른 말로 바꾸는 해석적 활동이 빈번하게 일어났다. 연구자들은 이런 경험들과 전통적인 학교 중심 문식성 학습 활동들을 대조하여 이들 사이의 유사점과 차이점을 밝혀냈다. 그런 다음에 교사들에게 문식성 과제를 계획할 때, 이주 가정의 이중 언어 사용 학생들의 실생활과 관련된 문식성 경험을 반영할 것을 권고하였다.

Vygotsky의 사회 구성주의 이론은 교육에서 가장 빈번하게 사용되는 이론적 관점 중 하나이다. Lee와 Dallman(2008)은 예비 교사들의 다양성과 관련된 생각을 연구하는 데 사회 구성주의를 사용하였다. 이 연구에서는 질적인 사례 연구를 통해 세 명의 학부 예비 교사들을 조사 관찰하였다. 각 예비 교사는 두 가지의 비정형화된 정보 수집 방법인 상세 인터뷰에 참여하여 다양성에 관한 생각과 느낌을 밝혔다. 연구자들은 각 예비 교사의 인터뷰 내용을 전사하여 분석하였다. 그 결과, 예비 교사들이 다양성에 대하여 가지고 있는 네 가지 중요한 경향, 즉 (1) 소수가 되는 것과 소수자에 대한 느낌, (2) ESL 학생들에 대한 경험, (3) 다른 인종과 문화에 대한 경험, (4) 다양성을 위한 교사 교육 프로그램에 대한 생각을 알 수 있었다. 연구자들은 예비 교사들의 신념 체계가 사회 문화적 맥락 안에서 만들어졌으며, 대학 교육이 예비 교사들의 다양성에 대한 태도와 이해에 더 많은 영향을 줄 수 있다고 주장하였다.

Zambo(2006)는 이론적인 체계로써 사회 학습 이론(Bandura, 1969)을 이론적 기반으로 삼아, 주의력 결핍 및 과잉 행동 장애(ADHD)를 가진 학생들을 지도하는 데 있어서 그림책의 효과를 설명하였다. Zambo는 ADHD 아동이 강의를 듣는 데 어려움을 느끼며, 따라서 이야기책 읽기가 정보를 전달하는 데 효과적인 방법이 될 수 있다고 주장한다. Zambo에 의하면, 이야기책 읽어 주기는 학생들의 이해를 돕고 사회적으로 적절한 행동들을 발전시키는 데 사용된다. 그녀는 학생들에게 좋은 역할 모델이 될 수 있는 등장인물들이 나오는 책들을 선택한다. Zambo는 책 속의 인물들이 학생들의 동기를 유발하도록 충분히 카리스마적이어야 하고, 학생들이 그 인물과 관련 있다고 생각하도록 충분히 비슷해야 한다고 언급한다. Zambo는 등장인물들이 노력을 통해 보상받고, 나쁜 행동에 대해 벌을 받는 이야기가 특히 효과적이라고 주장한다. 학생들은 그 이야기에 주의를 집중하고, 그 역할 모델(등장인물)이 했던 것을 기억하여 그 행동을 모방할 수 있어야 한다. Zambo는 ADHD 아동에게 이야기책 읽어 주기 활동의 전, 중, 후에서 주의할 점을 제시하고, 교재가 다루는 문제들에 대한 주석이 달려 있는 아동문학 작품 목록을 제공한다.

비판적 문식성 이론을 적용한 최근의 연구로 멕시코에 있는 두 학교의 문식성 수업에 관한 연구를 들 수 있다(Jimenez, Smith & Martinez-

León, 2003). 이 연구에서는 네 반(출발 단계의 기초반 두 반과 4학년 두 반)의 학생들의 문식성 활동(읽기, 쓰기, 말하기, 교재에 대한 노출)을 6개월 동안 연구하였다. 이 연구에는 교실 관찰, 교사와 관리자의 인터뷰, 학생 산출물, 공개적으로 전시된 교재들이 포함되었다. 연구 결과, 이들 교실에서 공부하는 학생들의 구두 표현은 상당히 자유롭지만 문어 표현은 제한적이었다. 이것은 내용보다는 형식을 강조한 교사들에 의해 학생이 위축되고 학습활동이 제약받은 결과이다. 연구자들은 멕시코 교사들이 그들 사회의 불평등을 해소할 수 있는 문식성 활동 방안을 소개하였다. 이들 방안에는 학생들이 텍스트에 보다 깊이 반응할 수 있도록 돕는 일, 학생들을 '합리적 화자(legitimate speakers)'나 '합리적 필자(legitimate writer)'로 성장시키는 일 등이 포함된다. 이 연구는 멕시코 사회의 사회적 정의 실현이나 불평등 문제를 극복하는 방법으로서 교실 수업을 연구했기 때문에 비판적 문식성 이론에 기초한 연구의 한 예가 된다.

Moje 외(2004)는 제3의 공간 이론을 반영한 체계적인 연구를 수행하였다. 그들 연구의 목적은 중 · 고등학교 사회 수업 시간에 도시에 거주하는 라틴 아메리카 출신 학생들이 사용하는 주요 지식 자본이 무엇이며 이러한 지식 자본이 사용되는 방식과 사용되지 않는 방식을 보여 주는 것이다. 이 연구는 지역 사회와 학교를 6년간 종적으로 추적 관찰한 민속지학적 연구 중 하나이다. 이 프로젝트에서는 사회 경제적 위치가 낮은 가정에서 생활하는 12~15세의 라틴계 학생들 30명을 5년 동안 관찰하였다. 자료 수집 방법은 다음과 같다.

> (a) 참여자 관찰은 현장 노트에 기록, (b) 설문조사, (c) 인터뷰(비공식적이고 공식적인 비정형화된, 개인적, 관심 그룹을 대상으로 한), (d) 문서(예, 학생 활동지나 읽기 자료), 산출물(예, 학생의 글, 스티커, 옷차림), 특정 도시, 가정, 학교 공간에 대한 사진 자료의 수집(p.49)

사료 분석은 지속적 비교 분석법(Constant Comparative Method)을 사용하였다(Strauss & Corbin, 1998). 연구 결과에 따르면, 라틴계 십대 학생들은 네 가지 유형의 지식 자본(가정, 공동체, 동료 그룹, 인기 있는 문화)을 사용한다는 것을 알 수 있었다. 나아가 이 학생들이 과학 수업 주제와 관련된 지식은 가끔 활용할지라도, 교사의 안내 없이는 수업 시간에 자신의 배경지식을 거의 자발적으로 활용하지 않는 것으로 나타났다. 연구자들은 이에 대해 다음과 같이 기술한다.

> 교사가 자신의 경험을 명확히 설명하라고 요구하면, 이 학생들은 열정을 가지고 이야기하였다. 그러나 학생들 스스로 이러한 경험을 자발적으로 이야기하지는 않았다. 일반적으로, 이러한 양상은 모든 범주에 적용되었다. 특히, 이 연구에서 학생들은 일반적으로 가정이나 가족 경험들에서 얻은 지식을 사용하는 데 자발적이지 않았다(p.64).

연구자들은 첫 번째, 두 번째 공간과 관련이 있는 교실 수업 및 활동이 중요하다고 결론을 내린다. 그 이유는 그래야만 학생들이 정체성을 구성하는 그들만의 제3의 공간을 창조할 수 있기 때문이다.

요약

이 장에서는 몇 가지 사회적 학습 관점들을 조망하였다. 사회적 학습의 관점들의 학문적 기반은 다양한데, 이 이론들은 지식과 학습의 발달에서 사회적 상호 작용의 핵심적인 역할을 강조한다. 사회적 학습 관점을 읽기 분야에 적용하면 문식성 학습에 미치는 사회적 영향과 사회적 상호 작용의 중요성이 강조된다. 사회언어학 이론(Bernstein, 1972a, 1972b; Halliday, 1975; Heath, 1982; Rosenblatt, 1978, 1994)의 사회적 학습의 관점은 문식성 학습에서의 구두 언어의 중요성과 모든 문식성 습득에서 사회적 상호 작용의 핵심적인 역할을 강조한다. 사회 문화적 이론(Au, 1997; Bronfenbrenner, 1979)은 상호 작용의 유형과 학생들의 학습에 영향을 미치는 공동체 및 문화의 광범위한 영향을 강조한다. 사회 구성주의/사회 역사적 이론(Vygotsk, 1978, 1986)은 지식이 사회적 상호 작용의 결과로 개인 안에 구성되는 방식을 설명하고, 사회적 학습 이론/사회 인지 이론(Bandura, 1986)은 인간의 학습에서 시범의 핵심적인 역할을 강조한다. 비판적 문식성 이론(Freire, 1970; Gee, 1990)은 문식성과 문식성 수업이 사회적 불평등을 개선하기 위한 힘의 매개체로써 활용될 수 있는 방법을 연구한다. 제3의 공간 이론(Cobb, 2011; Moje et al., 2004)에 의하면, '공간(space)'의 개념은 물리적 개념뿐만이 아니라 정신적 구성으로도 볼 수 있다. 이런 모든 이론들이 문식성 학습이 사실상 사회적으로 이루어진다는 공통적인 견해를 가지고 있는 반면, 이론들 각각은 그 믿음에 있어서 서로 다른 측면을 강조한다. 비록 다양한 사회적 학습 이론들의 명칭이 혼재되어 마치 혼용이 가능한 것처럼 보일지라도, 그것들의 차이점과 유사점을 명확하게 이해하고, 수업과 연구를 위해 개별 이론들의 영향을 명확하게 설명할 수 있어야 한다.

토의 주제

- 사회언어학 이론은 무엇이며 읽기 교육 및 연구에 어떤 영향을 주었는가?
- 사회 문화 이론은 무엇이며 읽기 교육 및 연구에 어떤 영향을 주었는가?
- 사회 구성주의는 무엇이며 읽기 교육 및 연구에 어떤 영향을 주었는가?
- 사회적 학습 이론은 무엇이며 읽기 교육 및 연구에 어떤 영향을 주었는가?
- 비판적 문식성 이론은 무엇이며 읽기 교육 및 연구에 어떤 영향을 주었는가?
- 제3의 공간 이론은 무엇이며 읽기 교육 및 연구에 어떤 영향을 주었는가?

주요 활동

내용 예측하기(Anticipation Guides). 내용 예측하기의 목적은 독자들이 독서 전과 독서 후에 텍스트의 내용에 몰입하도록 함으로써 텍스트에 대한 이해력을 증대시키는 것이다. 우선, 그 장의 내용과 관련된 질문들을 하는 예상 지침 질문을 만든다. '읽기 전에 생각해 볼 문제(Questions to Consider before Reading)'가 한 예이다. 독자들은 읽기 전에 그들의 능력에 맞게 최선을 다해 질문에 답한 다음에 그 장을 읽는다. 그 장을 읽은 후, 주제에 관한 이해를 확장하고, 심화시키고, 명확히 하고, 정정하는 방법에 특별한 주의를 기울이면서, 다시 돌아가서 같은 질문들에 대답한다. 마지막 활동으로는 독자들이 읽기 전과 읽기 후에 변화된 자신의 내용 이해를 점검하고 이를 동료들과 공유하는 토론을 할 수도 있다.

실천 과제(Class-to-Life Writing Assignment). 주요 사회 구성주의 관점에 대해 3~5쪽 정도의 분량으로 요약하시오: 사회언어학 이론, 사회 문화 이론, 사회 구성주의, 사회적 학습 이론, 비판적 문식성 이론, 제3의 공간 이론 등 각 이론이 교실에서 어떻게 적용되고 있는지 그 예를 한 가지 이상 설명하시오.

Chapter 7

인지 과정 이론

(1950년대~현재)

읽기 전에 함께 생각할 문제들

- 정보 처리 과정 이론과 모형은 무엇이며 읽기 교육 및 연구에 어떤 영향을 주었는가?
- Gough의 모형은 무엇이며 읽기 교육 및 연구에 어떤 영향을 주었는가?
- 자동 정보 처리 모형은 무엇이며 읽기 교육 및 연구에 어떤 영향을 주었는가?
- 상호 작용식 모형, 상호 보완식 모형은 무엇이며 읽기 교육 및 연구에 어떤 영향을 주었는가?
- 음운 차이 인식 모형은 무엇이며 읽기 교육 및 연구에 어떤 영향을 주었는가?
- 평행 분산 처리 모형은 무엇이며 읽기 교육 및 연구에 어떤 영향을 주었는가?
- 이중 경로 모형은 무엇이며 읽기 교육 및 연구에 어떤 영향을 주었는가?
- 이중 결함 가설은 무엇이며 읽기 교육 및 연구에 어떤 영향을 주었는가?
- 신경 과학 분야의 연구가 교육에 미친 영향은 무엇인가?

인지 과정 모형의 일반적 특징

인지적 작용에 대한 관심이 읽기와 관련을 맺기 시작한 것은 1950년대 후반이었다(2장 참조). Shanks(2007)는 이에 대해 다음과 같이 설명하였다.

> 강화나 조건 형성 이론 등 한때 주목받았던 연구 주제들은 1960년대에서 1980년대를 거치면서 연구자들의 관심에서 점차 멀어졌다. 대신에 연구자들은 '인지 혁명'의 흐름에 따라 학습에서 조직의 역할과 같은 자극의 의미와 관련된 연구에 집중하였다. 다시 말해 하나의 생각이 마음 속에서 일어나면 자동적으로 다른 생각이 잇달아 일어날 수 있다고 보는 전통적 관념론자의 주장은 사라지고 인지 과정을 중시하는 연구자들이 등장한 것이다(p.291).

이 장에서는 인지 과정 이론의 일반적인 특징을 제시하고, 읽기 행위를 설명할 때 주로 사용되는 몇 가지 인지 처리 이론과 모형 — 정보 처리 이론(Atkinson & Shiffrin, 1968), Gough의 모형(Gough, 1972), 자동 정보 처리 모형(LaBerge & Samuels, 1974), 상호 작용식 모형(Rumelhart, 1977), 상호 보완식 모형(Stanovich, 1980), 음운 차이 인식 모형(Stanovich, 1988), 평행 분산 처리 모형(Rumelhart & McClelland, 1986), 이중 경로 모형(Coltheart, Curtis, Atkins, & Haller, 1993, 이중 결함 가설(Wolf & Bowers, 1999), 신경 과학 분야의 연구물(Goswami, 2004; Shaywitz, 2003) — 에 대해 주의 깊게 살펴보고자 한다.

읽기와 관련한 인지 과정 이론은 읽기를 수행하는 과정에서 일어나는 정신적 과정을 설명하는 이론이다. Tracey 외(2010)는 다음과 같이 언급한다.

> 인지 과정은 개인의 복잡한 정신 활동에서 일어나는 내적 작동 현상이다. 인지 모형은 보통 인지 과정을 도메인처럼 설명한다. 연구자들은 책에서 정보를 찾거나 전화번호를 기억하는 일, 웹사이트에서 실시간 업데이트되는 정보를 찾거나, URL을 기억하는 일과 인지 과정을 유사하게 바라본다. 인지를 연구하는 과학자들 중 일부는 읽기 행위와 관련된 복잡한 인지 과정을 설명하는 것에 관심을 갖지만, 대다수의 연구자들은 복잡한 과제가 어떻게 학습되는지를 설명하는 데 관심을 갖는다. 그러나 인지 과정과 관련한 어떠한 이론이나 모형도 인지 과정의 복잡한 미묘한 과정을 모두 설명할 수 없다. 따라서 인지 과정에 대한 다양한 양상을 구체적으로 설명하려면, 인지 과정 모형이나 이론을 동원해야 한다(p.109).

정보 처리 이론과 모형

정보 처리 이론과 모형은 인지 과정 이론 중 하나이다. Slavin(2003)은 "정보 처리 이론은 마음속에서 일어나는 지식의 처리 과정, 저장 및 검색 등 학습과 관련한 인지 이론"(p.173)이라고 말한다. 이것은 1970년대부터 학습과 기억에 관한 주도적인 이론이었다(Slavin, 2003). 더욱이 이러한 이론과 모형은 기존의 연구와는 차별되면서 읽기 현상을 단계적이고 개념적으로 설명하였다(Stanovich, 2000).

정보 처리 이론 중 가장 많이 언급되는 것은 Atkinson과 Shiffrin(1968)의 정보 처리 모형(그림 7.1)이다. 이 모형은 정보 처리, 평가, 학습, 저장, 검색과 같은 일련의 행위를 하기 위해서 정보가 다른 단계 즉 저장소를 통해 이동한다는 것을 제시하였는데, 이러한 내용은 학계에서 많이 활용되고 있다.

Slavin(2003)은 Atkinson과 Shiffrin(1968)의 정보 처리 모형의 요소

를 개괄적으로 제시하였다. 이 모형에서 정보 처리 체계는 **실행 제어**(*executive control processing*)로 이루어진다. 실행 제어는 이 모형의 모든 요소를 조정하고 정보가 다양한 학습의 단계로 이용될 수 있도록 한다. 이 모형에 의하면, 정보는 가장 먼저 **감각 등록기**(*sensory register*)에서 수용되는데, 이를 **감각 기억**(*sensory memory*)이라고 한다. Slavin(2003)에 의하면 "자극에 대한 한 개인의 해석"(p.175)인 **수용**(*perception*)이 이때 일어난다. 정보는 감각 기억에서 아주 빨리 처리되기 때문에 정보의 수용은 거의 즉각적으로 이루어진다.

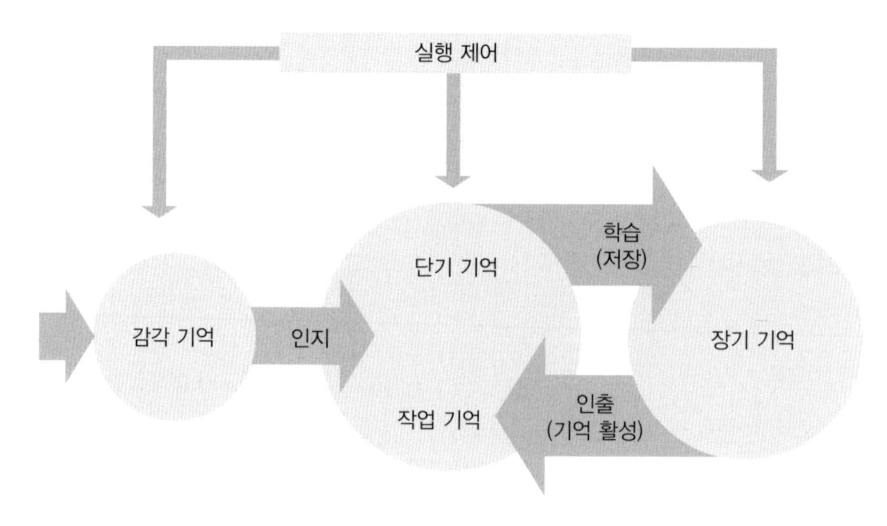

그림 7.1 Atkinson과 Shiffrin의 정보 처리 모형.
출처: Woolfolk(1998). Published by Allyn & Bacon, Boston, MA.
Copyright 1998 by Pearson Education.

이 모형에 의하면, 감각 등록기에서 정보가 처리되고 나면 그 정보는 임시 기억 장소인 **작업 기억**(*working memory*)에서 처리된다. 작업 기억은 우리가 흔히 말하는 **단기 기억**(*short-term memory*)을 뜻한다. Woolfolk (1998)는 다음과 같이 설명한다.

> 작업 기억은 기억 체계에서 작업대 역할을 수행한다고 할 수 있다. 새로운 정보가 일시적으로 머물렀다가 장기 기억(long-term memory) 속에 있던 지식과 결합한다. 작업 기억은 컴퓨터의 스크린이나 작업 공간과 유사한데 우리의 순간적인 생각에 대한 정보를 말한다. 이러한 이유 때문에 일부 심리학자들은 작업 기억을 '의식(consciousness)'이라는 용어와 동일하게 사용하기도 한다(p.253).

음운 고리(*articulatory loop*)(마음의 시연 기제)를 사용하여 작업 기억은 **장기 기억**(*long-term memory*)에 정보를 저장하거나 거기서 정보를 회상한다. Slavin(2003)은 장기 기억이라는 용어를 "오랜 시간 동안 저장할 수 있는 다량의 기억"(p.179)이라고 정의한다. Slavin은 또한 장기 기억의 다양한 유형으로 "일화 기억 … 개인적인 경험, 이미지 저장, 의미 기억 … 사실이나 일반적인 지식의 저장 … 절차 기억 … 어떤 일을 수행하는 데 필요한 정보 … 시각적, 청각적 기억과 함께 저장된 중요한 사건[에 대한 정보가 담겨 있는] 섬광 기억"(p.179) 등을 들었다. 집중(attention)은 단기 기억에서 장기 기억으로 정보를 변환시킬 때 중심이 되는 요소이다. 단기 기억 속에 위치해 있더라도 그것에 대한 관심이 촉발되면 그것은 장기 기억으로 변환될 수 있다.

한 번 변환된 정보는 **스키마타**(*schemata*)의 형식으로 장기 기억 속에 저장된다. Woolfolk(1998)는 스키마타를 "거대한 양의 정보를 조직하는 추상적인 지식의 구조"(p.258)라고 정의한다. Slavin(2003)은 스키마타를 "새로운 지식을 이해할 때 영향을 미치는 여러 가지 개념의 연결망"(p.180)으로 정의한다. 여러 개의 **스키마**(*schema*)를 뜻하는 것이다. 스키마타는 새로운 정보가 추가되거나 새로운 정보와 관련하여 장기 기억에서 정보를 회상할 때 정보의 저장, 수용, 정교화를 통한 구조를 제공한다. 스키마타 속의 정보는 정보 처리 이론에서 잘 알려진 **소멸**(*decay*)과 같이 오랜 시간이 흐르면 사라질 수 있다. 스키마타에 대한 더 자세한 설명은 4장을 참조하라.

정보 처리 모형은 인지 과정 이론과 유사한 점이 많은데, 관찰 불가능한 측면을 언어로 표현하였다는 점, 정보의 수용이나 저장 혹은 기억과 관련 있는 인지 과정을 전제한다는 점 등이다.

교실 현장 엿보기 정보 처리 모형

정보 처리 모형으로 설명할 수 있는 여러 현상을 교실에서 찾을 수 있다. 학생들은 쪽지 시험이나 평가를 대비하기 위해 단기 기억을 활용하는데, 시험이 끝나면 기억했던 정보의 대부분을 잊어버린다. 학생들은 시험과 관련된 정보를 외우고 또 외웠을 것이다. 그러나 그들이 정보를 떠올리지 않자 정보는 거의 사라진 것이다. 장기 기억은 학생들이 책을 읽는 장면에서 발견된다. 훌륭한 독자가 된 아이는 그 기술을 잊지 않는다는 점이 바로 그러하다. 알파벳 낱자나 소리도 절대 잊지 않는다는 점도 이를 뒷받침한다.

– Kristen Carrero, 5학년 교사

Gough의 모형

1972년에 Gough는 정보 처리 이론에 기반한 읽기 모형을 제안하였다. Gough의 모형처럼 읽기에 관한 인지적 관점의 초기 모형들을 주로 '**상향식 정보 처리 모형**(*bottom-up information processing model*)'이라고 부르는데, 이는 정보를 처리하는 인지 과정이 낮은 수준에서 높은 수준으로 진행되기 때문이다. Stanovich(2000)는 초기 정보 처리 모형과 읽기에 관한 상향식 모형을 연결하여 다음과 같이 언급하고 있다.

Philip Gough

> 초기 인지 이론들은 분리되어 있는 각각의 단계에서 정보 처리가 이루어진다고 보았다. 입력된 정보를 변환하는 개별 수행은 다시 연속된 과정의 입력 자료로서 재해석된다. … 정보가 들어오면 그것을 수준 높은 단계로 변환하는 일련의 과정을 거친다고 보았기 때문에 이를 상향식 모형으로 개념화하였다. 이러한 모형들은 정보를 처리하는 과정을 이론화하는 데 큰 영향을 끼쳤기 때문에 이 모형으로 읽기 과정을 설명하려고 한 시도는 그리 놀랄 만한 일은 아니다(p.21).

일반적인 정보 처리 이론과 마찬가지로 Gough의 모형(그림 7.2)도 읽기의 과정을 각각의 독립적인 단계를 통해 설명하고 있다. Rumelhart (1994)에 따르면 Gough의 모형에서 읽기는 안구가 글자를 인식할 때 시작된다고 본다. **영상 이미지**(*iconic image*)는 마치 스캐너가 특정한 이미지를 인식하기 위해 직선과 곡선을 반복적으로 찾는 것처럼 매우 빨리 이루어진다. 영상 이미지가 확인되면 하나의 글자로 빠르게 저장된다. 특정한 이미지가 글자로 인식되면 **해독**(*decoding*) 과정이 시작된다. 부호를 저장해 둔 기억 장치(code book)에서 각각의 글자에 해당하는 알맞은 음소를 찾게 된다. Samuels와 Kamil(1984)에 의하면 "이러한 체계적인 음소는 그 자체가 소리라기보다는 말하기와 관련된 소리이다"(p.195). 음소는 기억된 **음소의 소리**(*phonemic tape*)에 따라 해독된다. 글자의 소리는 낱말의 의미를 탐색하는 **즉각적 의미 연결 장치**(*librarian*)에서 조합된다. 모든 어휘의 의미를 담고 있는 어휘 사전(lexicon)과 즉각적 의미 연결 장치는 이 단어의 뜻을 파악한다. 그런 다음 문장이 구성되는데, 문장의 구성은 **주기억 장치**(*primary memory*)에서 이루어진다. 일단 문장이 완성되면 **소환장치**(*Merilin*)[1)]에서 해독이 이루어진다. **통사적 규칙과 의미 과정**을 거치면 문장의 의미는 완성되었다고 볼 수 있다. 의미가 파악된 문장은 TPWSGWTAU(the place where sentences go when they are understood), 즉 '의미가 파악된 문장의 저장소'로 옮겨진다. 이 모형은 **정보 처리 단순 모형**(*The Simple View*)으로 재명명되기도 하였다(Gough & Tunmer, 1986). **정보 처리 단순 구조도**는 독해가 해독 능력과 언어 이해 능력이라는 두 과정의 결과로 얻어진다는 것을 보여 준다. 인지 과정 이론을 그대로 수용한 Gough의 모형은 읽기에서 활발히 적용되고 있는데, 이는 읽기의 인지 과정을 표면적으로 관찰할 수 없기 때문이다. 이것은 정보 처리 이론에도 많은 영향을 끼쳤는데, 텍스트의 처리와 정보의 저장에 대해 단계적으로 개념을 정립시켰기 때문이다.

교실 현장 엿보기 **Gough의 모형**

학급 아이들 중 기초적인 글자나 글자가 조합된 음소를 인식하지 못하는 부진 학생들이 있다. 이 경우 해독 과정을 통한 읽기 과정을 지도하면 큰 도움이 된다. 또한 어휘력이 부족하여 즉각적 의미 연결 장치를 활용하지 못하는 경우도 있다. p, b, d와 g를 구별하지 못하

---

1) 역주: 아더왕의 전설에 나오는 아더왕의 궁정 마술사. 무엇이든 소환할 수 있는 능력을 가진 것으로 유명하다. Gough는 의미를 이해하는 과정이 매우 마법적인 소환 현상이라는 차원에서 해독이 이루어지는 단위를 '멀린(Merlin)'으로 명명한 것으로 판단된다.

는 학생들은 단어 인식에서 어려움을 느끼기 때문에 더 이상 읽기를 수행할 수 없기도 하다. Gough의 모형은 이처럼 학급 학생들이 읽기에서 느끼는 어려움을 다양한 관점에서 해석하는 도구가 된다.

– Renee Ben-David, 7학년 특수 교육 교사

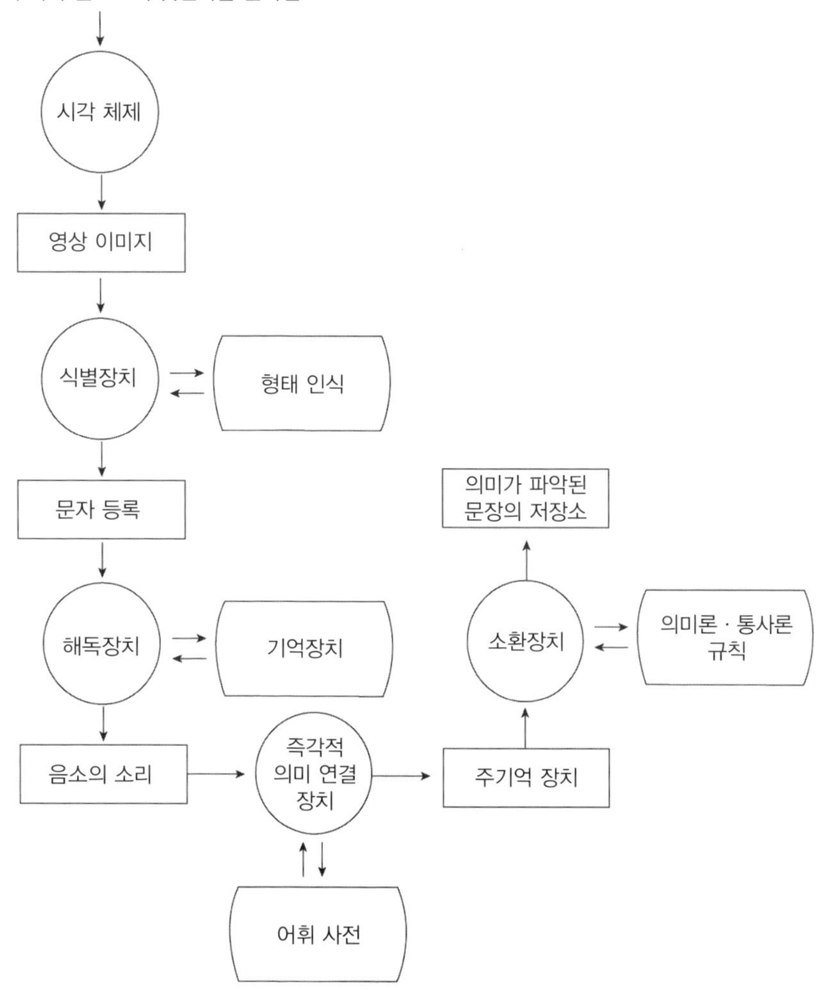

그림 7.2 Gough의 모형. Barr, Kamil, and Mosenthal (1984).
출처: Allyn & Bacon, Boston, MA. Copyright 1984 by Pearson Education.

LaBerge, Samuels의 자동 정보 처리 모형

1970년대에 소개된 인지 과정 모형 중 또 다른 상향식 모형으로 자동 정보 처리 모형을 들 수 있다(LaBerge & Samuels, 1974). Samuels(1994)는 1980년대에 이 모형이 읽기 방법을 소개하는 모형으로 가장 많이 소개되었다고 회고한 바 있다. 자동 정보 처리 모형의 다섯 가지 요소에는 시각 기억, 음운 기억, 일화 기억, 의미 기억, 집중이 있다.

LaBerge와 Samuels의 모형에서 읽기는 텍스트를 시각적으로 인식하면서 출발한다. **시각 기억**(*visual memory: VM*)은 텍스트에서 기호를 인식할 때부터 작동한다. 선이나 곡선, 그리고 각도와 같은 형상을 통해 글자를 인식한다. LaBerge와 Samuels는 "글자를 자주 보여 주거나 연습 활동을 하면 글자와 같은 시각적 자극들이 유형화되고 이후에는 그것들이 하나의 개체로 인식된다. 이 개체들이 축적되고 글자로 인식하게 되면서 시각적 해독 과정은 자동화되고 읽기 과정에서 사라지게 된다. 이렇게 시각적 해독 과정이 사라지는 현상은 독자가 다른 단계에 더 관심을 가질 수 있도록 유도한다"(Wolf & Katzir-Cohen, 2001, p.214 재인용)고 하였다. 여기서 각각의 낱자들을 인식하여 하나의 글자로 파악하는 과정은 **단일화**(*unitization*)라고 알려져 있다.

LaBerge와 Samuels의 모형에서 텍스트를 시각적으로 인식하고 나면 **음운 기억**(*phonlogical memory: PM*)으로 정보가 이동하는데, 여기에서 시각적 이미지에 알맞은 소리를 탐색하게 된다. 다음으로 **일화 기억**(*episodic memory: EM*)은 주요 정보를 둘러싸고 있는 문맥을 해독하는 과정이다. 그 외 다른 정보는 모두 **의미 기억**(*semantic memory: SM*) 속에 저장된다.

자동 정보 처리 모형에서 주목해야 할 다섯 번째의 요소는 바로 **집중**(*attention: A*)이다. 집중에는 내적 집중과 외적 집중의 두 가지 유형이 있다. **외적 집중**(*external attention*)은 내적 집중보다 좀 더 우리에게 친숙한데 바로 집중하는지의 여부를 관찰할 수 있다. 즉 정보를 수집하기 위해서 눈이나 귀를 활용하여 적극적으로 참여하는 행동은 눈으로 관찰할 수 있기 때문이다. Samuels(1994)는 교사가 학생들을 관찰하면서 '관심을 기울인다' 혹은 '관심을 기울이지 않는다'라는 말을 사용할 때 쓰는 그 관심과 동일한 의미라고 설명한다.

외적 집중과 다르게 **내적 집중**(*internal attention*)은 관찰되지 않는다. 외적으로 표현되는가 여부에 관계없이 한 개인의 내면에서 일어나는 것이기 때문이다. 그러므로 한 개인이 특정한 집중력을 외부로 표출하는가 여부와 실제적으로 관심을 가졌는가의 문제는 전적으로 다른 것이다(가령 야구 연습과 귀여운 소녀 옆을 지나가는 것과 같이). Samuels(1994)에 의하면, 내적 집중은 LaBerge와 Samuels 모형의 핵심 요소이며, 세 가지 요소를 포함하는데, 기민성, 선택, 제한적 수용이다. **기민성**(*alertness*)은 독자가 텍스트 속에 담긴 의미를 해석하려고 얼마나 적극적으로 노력하는가를 의미한다. **선택**(*selectivity*)은 어떤 경험을, 어느 정도 활용할지 결정하는 것이다. 끝으로 **제한적 수용**(*limited capacity*)은 한 개인이 정보를 처리함에 있어 활용할 수 있는 집중력이 제한적임을 뜻한다. 또한 LaBerge와 Samuels는 **자동화**(*automaticity*)라는 측면을 적용하는데, 이는 읽기를 수행할 때 적은 관심을 투입하되 효율적으로 읽기를 완성하는 능력을 의미한다. Samuels(1994)는 "자동화란 학습 초기 단계에서는 혼자서 할 수 없는 과제를 스스로 수행하는 것을, 그 이후에는 더 많은 과제를 스스로 할 수 있음을 의미한다"(p.819). 운전이나 바느질, 자판 입력하기 등도 자동화된 행동이며 이러한 점에서 읽기도 마찬가지이다.

Samuels(1994)는 읽기와 관련하여 이러한 개념들을 설명하고 있다. "글에서 의미를 얻는 방법은 두 가지 과정으로 설명할 수 있다. 첫째, 글자는 반드시 해독되어야 한다는 것이고, 둘째, 해독된 글자는 반드시 이해되어야 한다는 것이다"(p.820). 독자는 해독과 이해의 두 가지 방법을 오가며 제한된 관심을 전환시켜 텍스트를 이해해야 한다. 하지만 미숙한 독자에게 이러한 방법은 느리고 힘들며 혼란스러울 수 있다. 게다가 글자의 해독이 자동화되지 못해 글자 해독에 집중하게 되면 텍스트를 이해하기 더 어려워진다. 반대로 능숙한 독자는 글자를 해독하는 데 그리 힘이 들지 않는다. 이는 텍스트에 담겨 있는 글자를 자동적으로 해독할 수 있기 때문이다. 따라서 능숙한 독자는 글자 해독보다 텍스트 이해에 더 많은 관심을 기울일 수 있다.

Samuels(1994)는 자동 정보 처리 모형이 진단과 교정에 효과가 있다고 주장한다. 종종 "글자를 자동적으로 해독할 수는 있지만 쉽게 의미를 구성하지 못하는 학생들을 볼 수 있다. … 자동 정보 처리 모형은 이 학생들이 느끼는 어려움에 대한 한 가지 이유를 제시해 줄 수 있는데, 이는 학생들이 글자 해독에 너무 많은 주의를 기울인 나머지 텍스트 이해에 지장을 받기 때문이다"(p.833). 이 문제를 해결할 수 있는 방법은 해독에 관심을 적게 기울일 수 있는 텍스트를 찾는 것이다. 텍스트를 다시 읽는 활동도 많은 도움을 줄 수 있다. 다시 읽기는 특히 미숙한 독자에게 텍스트의 의미 구성에 집중할 수 있도록 도와주는 전략이다. Samuels는 덧붙여 "대학생 독자처럼 능숙한 독자가 글을 읽을 때 나타나는 일반적인 문제는, 주의 깊게 책을 읽었지만 읽은 내용을 기억할 수 없다는 것이다. … 이것은 독자가 텍스트에 담긴 의미를 찾느라 내적 집중력을 발휘하지 못했기 때문"(p.833)이라고 주장한다. 이 경우 학생들에게 문제의 본질을 설명하여야 하며 초인지 전략을 활용하는 것이 해결책으로 제시될 수 있다.

Gough의 모형처럼 LaBerge와 Samuels의 자동 정보 처리 모형은 인지 과정 이론, 정보 처리 이론, 상향식 모형 등의 영향을 받았다. 이것은 근원적이며 겉으로 관찰할 수 없는 인지 과정을 설명하는 데 초점을 두었기 때문에 인지 과정 이론을 반영하고 있다. 또한 정보를 수용하고, 저장하고, 회상하는 일련의 과정이 단계적이기 때문에 정보 처리 모형에 속한다. 또한 그림 자극(하위 과정)과 함께 읽기가 시작되고, 좀 더 높은 인지적 차원(상위 과정)으로 진행되어 읽기가 마무리되는 것을 보여 주었기 때문에 상향식 모형을 반영하고 있다.

교실 현장 엿보기 **자동 정보 처리 모형**

글자를 처음 배우거나 초기 읽기 단계에 속하는 독자들은 글자를 해독하기 위해 많은 내적 동기를 활용해야 한다. 이는 텍스트 이해에도 영향을 미친다. 글자를 자동적으로 해독할 수 있는 학생들이 텍스트 의미 구성에 관심을 기울이면 쉽게 텍스트의 의미를 구성할 수 있다. 2학년을 지도하였던 나의 경험에 비추어 봐도 그러하다. 단어를 해독하는 데 어려움을 가지고 있었던 학생들은 텍스트를 이해하는 데에도 똑같이 어려움을 느꼈다. 단어 인지의 자동성이 증가될수록 읽은 내용을 더 잘 이해할 수 있다.

– Lu Anne Toye, 4학년 교사

상호 작용식 모형, 상호 보완식 모형

Rumelhart(1977, 1994)는 문맥 활용의 효과를 다룬 Posner와 Snyder (1975a, 1975b)의 기대 이론을 바탕으로 비선형적 모형을 최초로 제시하였다. Gough나 LaBerge와 Samuels의 모형은 선형적이며 정보의 해독은 오로지 한 가지 방향으로만 가능한데, 낮은 단계에서 높은 단계로 이동한다는 특성을 가지고 있다. 낮은 단계에서 높은 단계로 정보를 이해하는 과정은 앞서 언급한 바와 같이 상향식 모형이다. 그러나 Rumelhart는 선형적 모형 즉 상향식 모형이 높은 수준의 사고가 낮은 수준의 사고를 이끌 수 있다는 점을 간과하였다는 사실에 주목하였다. 읽기를 하는 동안 높은 수준의 사고 과정(가령 문장의 의미를 이해하는 것)이 낮은 수준의 기능(가령 단어를 인식하는 것)에 영향을 주는 점을 수십 차례 발견하였던 것이다. 실제로, 읽기를 하면서 단어를 인식하는 방법에는 여러 가지가 있다. 즉 단어 인식은 상향식 모형으로만 학습할 수 있는 것이 아니다. Rumelhart는 실제 현상을 그대로 반영하는 모형이 개발되어야 한다는 점을 강조하며 상호 작용식 모형을 개발하였다. Rumelhart의 상호 작용식 모형(그림 7.3)은 Gough(1972)나 LaBerge와 Samuels(1974)처럼 읽기가 텍스트를 시각적으로 인식하는 것에서 출발한다고 보았다. 그러나 Rumelhart가 주장한 상호 작용식 모형은 선형적 과정보다 더 많은 정보가 동시에 시각 정보로 인식될 수 있다고 본다. 통사적 정보(문장 속에서 단어의 순서를 이해하는 것), 의미 정보(의미 구성), 맞춤법 정보(시각 정보), 어휘 정보(단어 지식) 등의 높은 수준과 낮은 수준의 과정 요소들이 동시에 작동하여 시각적 정보를 해독하는 데 상호 영향을 미친다. 그 결과 텍스트에 대한 해석 중 가장 적절한 해석이 구성된다.

Rumelhart의 상호 작용식 모형(1977, 1994)은 읽기의 인지 과정 이론의 방향과 일치하는데, 이는 읽기를 수행하는 동안 일어나는 관찰할 수 없는 인지 과정을 이론화하였기 때문이다. 이 모형은 또한 정보 처리 이론과도 일맥상통한다. 이는 읽기 과정을 단계화된 개념으로 받아들이기

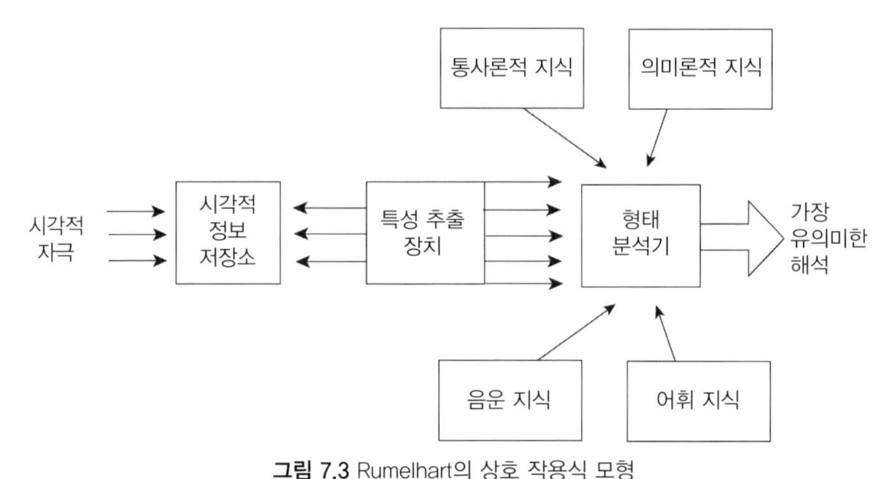

그림 7.3 Rumelhart의 상호 작용식 모형

출처: Barr, Kamil, and Mosenthal(1984). Published by Allyn & Bacon, Boston, MA.

때문이다. Rumelhart의 모형은 상향식 모형이라기보다 상호 작용식 모형에 더 가까운데, 이는 선형적, 즉 하나의 단계를 거쳐야만 다음 단계로 넘어가는 것이 아니라 다양한 시각적 정보들이 동시에 다양한 측면에서 수용되어 읽기의 과정에 영향을 주기 때문이다.

Stanovich는 1980년에 '읽기 유창성 발달을 위한 상호 보완식 모형'을 발표한다. Stanovich는 읽기 과정에 따른 상향식, 하향식, 상호 작용식 모형의 개념을 고찰한 후에 상향식 모형은 정보가 수용되는 각각의 단계로서 읽기 과정을 인식하는 모형이라고 주장한다. 따라서 상향식 모형은 글자를 인식하는 것과 같은 낮은 단계에서, 정보를 수용하여 텍스트의 의미를 구성하는 것과 같은 높은 단계로 이동하여 정보를 수용하는 과정으로서 읽기를 바라본다. 상향식 모형에 따르면 글자를 인식하고 그런 다음 글자와 소리의 관계를 인식하며 후에 글자의 의미를 알고 마지막으로 문장의 의미를 이해하는 순서로 읽기가 진행된다. Gough(1972)나 LaBerge와 Samuels(1974)의 모형은 읽기에서 상향식 모형의 예를 보여 준다.

'하향식 모형(top-down)'은 상향식 모형과 반대로 읽기가 진행된다고 본다. 하향식 모형은 읽기가 책에서 얻는 것이 아니라 독자의 머릿속에서 일어나는 것이라는 전제에서 출발한다. 하향식 모형은 읽기 과정에서 독자의 배경 지식을 강조한다. 배경 지식은 다양하게 구성되는데, 특정한 주제에 대한 지식이나 글 구조에 관한 지식, 문장 구조에 관한 지식, 낱말의 의미에 대한 지식, 글자와 소리의 관계에 대한 인식 등이 그 예이다. 하향식 모형에 의하면 독자는 읽을 텍스트의 내용을 짐작하기 위해 가능한 모든 정보를 활용한다. 텍스트에 대한 독자의 가정이 텍스트 내용과 일치할 때, 독자는 텍스트를 읽으면서 자신의 가정을 확인하고 더 빨리 그리고 더 정확하게 읽기를 수행할 수 있다. 그러나 텍스트가 독자의 예상과 일치하지 않을 경우 읽기는 지체되고 독자는 텍스트에 더 집중하게 된다. 하향식 모형이란 명칭은 읽기 과정 중 (텍스트보다) 독자에게 더 많은 강조점을 부여한다는 의미에서 명명되었다. 4장에서 언급된 심리언어학 이론(Goodman, 1967; Smith, 1971)은 하향식 모형에 맞추어 이론화되었다(4장 참조).

Stanovich(1980)는 상호 보완식 읽기 모형을 제안하였다(Rumelhart, 1977). 상호 보완식 모형의 가장 큰 특징은 독자가 읽는 과정 중 다양한 자료에서 정보를 얻어 이를 동시에 활용한다는 점이다. 통사 정보(문장 내의 단어의 순서를 인식하는 것), 의미 정보(주제에 관한 것), 철자 정보(글자의 형태), 어휘 정보(단어 지식 등)가 동시에 작동하여 상향식이나 하향식 그 어느 것도 아닌 상호 작용을 통해서 높은 수준과 낮은 수준의 읽기가 진행된다는 것이다. 이러한 상호 작용의 결과로 텍스트를 가장 적절하게 해석할 수 있다고 본다. Rumelhart의 상호 작용식 모형은 읽기가 비선형적이며, 정보 처리가 동시에 일어난다는 점을 인식한 최초의 읽기 모형이다.

상향식 모형이나 하향식 모형 및 상호 작용식 모형의 가장 주요한 특징을 요약하면서, Stanovich(1980)는 Rumelhart의 상호 작용식 모형을 확장시켜 읽기 과정이 상호 작용적, 비선형적일 뿐 아니라 보완적임을 주장한다. 즉 읽기를 수행하는 과정 동안 하나의 요소가 제대로 작동되지 않거나 정보가 부족할 경우 다른 요소들이 이를 보완한다는 점을 인식한 것이다. 가령 한 부분이 지워져서 잘 보이지 않는 텍스트를 읽는다고 생각해 보자. 한 부분이 지워졌으므로 이 부분에 대해 철자 정보는 어떤 작용도 할 수 없다. 하지만 다른 요소들이 이를 보완하여 독자가 읽기를 수행할 수 있도록 도와주는데, 그 문장이나 해당 페이지의 의미를 짐작할 수 있도록 구조에 대한 지식을 제공해 주는 통사 정보를 통해 지워진 부분에 가장 적절한 낱말을 짐작할 수 있다. 말하자면 통사 정보가 철자 정보의 미비한 점을 보완해 준 것이다. Stanovich는 개인마다 다른 읽기 능력의 차이를 강조하기 위해 상호 보완식 모형을 제안하였다. Rumelhart(1977)의 상호 작용식 모형과 마찬가지로 Stanovich(1980)의 상호 보완식 모형은 인지 과정과 정보 처리 이론을 전제로 한다.

교실 현장 엿보기 상호 작용식 모형

Rumelhart는 읽기 과정은 상향식도, 하향식도 아닌 상호 작용식이라고 주장하였다. 상호 작용식 모형에 따르면 가장 적절한 해석을 하기 위해 네 가지 요소가 동시에 읽기 과정에 참여하는데, 그것은 통사, 의미, 맞춤법, 어휘 지식이다. Rumelhart는 읽기가 선형적으로 일어나는 것이 아니라고 보았는데, 이는 실제로 읽기 과정에서 낮은 수준의 읽기가 높은 수준의 읽기에 영향을 주기도 하고, 높은 수준의 읽기가 낮은 수준의 읽기에 영향을 주기도 하기 때문이다. 나는 단어 인식에 관한 다양한 전략(일견 어휘(sight words) 사용, 해독, 단어족 전략)들을 사용하였는데, 이는 상향식 모형으로 접근한 전략들이었다. 이와 반대로 문맥적 실마리를 사용하여 학생들을 지도할 때에는 하향식 모형을 사용하였다. 상호 작용식 모형은 상향식 모형과 하향식 모형을 모두 사용하여 읽기를 하였을 때 단어를 가장 잘 인식하게 될 것이라는 점을 시사한다.

– Renee Ben–David, 7학년 특수 교육 교사

교실 현장 엿보기 상호 보완식 모형

1980년에 Stanovich가 Rumelhart의 상호 작용식 모형을 추가하여 개발한 것이 바로 상호 보완식 모형이다. Stanovich는 읽기 요소들이 상호 작용할 뿐만 아니라 하나의 요소가 제대로 작동하지 않을 경우 다른 요소가 이를 보완할 것이라고 생각하였다. 이 모형이 적용되는 모습을 쉽게 찾을 수 있는 예가 바로 빈칸 메우기 검사이

다. 빈칸을 메우기 위해 문맥적 실마리를 사용할 수 있는가? 부족한 맞춤법 정보 대신 어떤 정보를 활용하여 빈칸을 메우고자 하는가? 만약 학생들이 이와 같은 전략을 모두 사용하여 빈칸을 성공적으로 채웠다면 이것은 Stanovich의 모형이 옳다는 것을 증명한다. 한 가지 읽기 요소가 부족할 때(가령 글자가 잘 보이지 않는 것과 같이) 다른 정보(통사적 정보처럼)가 이를 보완하게 될 것이다. 말하자면 글자가 제대로 보이지 않아도 학생들은 보이지 않는 낱말이 무엇인지 알아차릴 수 있다.

– Renee Ben-David, 7학년 특수 교육 교사

음운 차이 인식 모형

1980년대에 이르면 인지 과정 이론은 미숙한 독자를 선별하고 이들에게 적절한 교육적 처치를 하는 데도 활용된다. 특히 가장 주요하게 다루어졌던 주제는 바로 '난독증(dyslexia)'이었다.

몇 년 동안 난독증의 개념에 대해 많은 논란이 있었다. 많은 연구자들의 지지를 받았던 것은 미숙한 독자의 수준을 두 가지로 나누는 것이었는데, 바로 학습지진아(garden-variety)와 학습부진아(IQ-discrepant)의 구별이다(Stanovich, 1988). 학습지진아는 낮은 지능으로 인해 낮은 읽기 성취도를 보이는 학생들을 의미하며, 학습부진아는 지능과 비교하여 낮은 읽기 성취도를 보이는 학생들이다. 학습지진아들은 '난독증'으로 구분되기도 하였다. 미숙한 독자를 이렇게 구분하는 것에 대한 타당한 증거가 없음에도 불구하고(Stanovich & Siegel, 1994), 여전히 학생들을 이렇게 유형화하는 경우가 많다(Stanovich, 2000).

Stanovich의 연구(2000)에 따르면 낮은 지능이 난독증 독자를 구분하는 가장 확실한 방법이 아니다. 오히려 음운 차이 인식 모형에 관한 Stanovich(1988)의 연구에 따르면 난독증 독자와 일반 독자의 가장 근본적인 차이는 인지 작동 중 음운 영역의 결함에서 비롯된다. '음운인식 능력(phonological capabilities)'이란 글자 내에 소리를 인식하거나 소리를 변화시키는 능력이나 앎을 의미한다. Stanovich(1988)는 난독증을 다른 인지 영역은 문제가 없고 오직 문식성 학습에만 국한하여 발생한 학습 장애라고 주장한다. 그러면서 난독증이 음운인식 처리 과정의 결함 때문에 발생한 학습 장애라고 주장한다.

또한 Stanovich(1986)는 인지 과정 이론을 이용하여 난독증 개념을 규정하려면 난독증 현상이 생기는 원인에 대해 살펴야 한다고 주장하였다. 그는 '읽기에서 마태 효과(Matthew Effects): 문식성 학습 과정에서 겪는 어려움을 바탕으로'라는 제목의 의미 있는 논문을 발표한다. 그는 이 연구에서 소리값을 분절하여 인식하지 못하는 아동은 읽기에서 소리와 상징 코드를 연결하는 속도가 느리다고 한다. 해독 능력이 부진한 아동이 학교에 입학하면 자연적으로 텍스트를 자주 접하지 못하게 된다. 이것은 어휘나 통사 지식을 계발시킬 수 있는 기회가 사라지는 것을 의미할 뿐만 아니라, 실제로 독서 기회가 줄어들어 일반적인 내용 지식을 습득하지 못하는 결과로 이어진다. 이러한 인지적 문제들의 결합은 읽기 학습 동기에 영향을 끼쳤다. 읽기를 처음 배우는 학생들의 낮은 읽기 성공 경험이 곧 읽기를 싫어하는 결과를 초래하기 때문이다. 이로 인해 읽기 능력이 부족한 학생들과 그렇지 않은 학생들 간의 인지적 차이가 심화된다. 결국 읽기 능력이 부족한 학생들은 다른 친구들과 비교하였을 때 인지적 결핍이 심화될 수밖에 없다. 마태 효과는 '확산 효과(fan-spread effects)'라고도 불리는데, 그 까닭은 읽기 능력이 부족한 학생들의 문제가 처음에는 음운인식 능력에서 시작되지만 시간이 흐름에 따라 다른 영역에서도 문제가 발생하거나 부진이 누적되는 현상을 보이기 때문이다. 마태 효과는 음운인식 능력에 문제가 있는 학생들을 조기에 발견하고 교정할 필요성을 지적한다.

난독증 개념을 규정하고자 노력하였던 1980년대의 학문적 성과는 음운론적 능력 부족이 난독증 학생들의 인지적 어려움에 가장 직접적이고 강력한 영향을 끼치는 요소라는 점을 규정한 Stanovich(1988)의 연구 결과로 결론을 맺는다. Stanovich는 음운 차이 인식 모형(Phonological-core Variable Difference Model, 1988)에서 이것에 대해 자세히 기술하고 있다. 초반에는 난독증 개념을 명확하게 하기 위해서 음운인식 능력 부족을 강조하는데, 이것은 능력이 부족한 독자들을 이해하고 교정하기 위한 설계를 마련하는 데 중요한 열쇠로 작용하였다(Shaywitz et al., 2004). 음운 차이 인식 모형은 읽기에서 음운인식 능력의 결합에 초점을 맞추어 구성되었기 때문에 인지 과정 모형으로 구분된다.

교실 현장 엿보기 **음운 차이 인식 모형**

읽기 정복하기(Reading Recovery)[2]는 1학년 학생들 중에서 읽기 능력이 부족한 학생들에게 평균 정도의 성취 수준으로 끌어올리기 위한 과정이다. 나는 이 학생들을 위해 읽기 과정을 분절하여 구성하였다. 만일 거기에 난독증 학생이 있다면 그에 맞게 과정을 재조정해야 한다. 학생들이 읽거나 쓰게 되면 나는 "큰 소리로 천천히"라고 말하면서 그 낱말을 소리 내어 읽어 보게 하고 그 소리를 합하여 한 낱말 소리를 만들어 보라고도 한다. 나는 낱말 속의 소리

2) 역주: 미국에서 1학년 과정을 마쳤으나 문식성 능력이 부족한 아이들을 대상으로 숙련된 교사가 지도하는 20주 정도의 특별 과정. 한국에서 이루어지는 부진아 지도 프로그램과 유사하다.

를 눈으로 볼 수 있도록 하기 위해 각각의 소리를 써서 넣어 둔 소리 상자(sound box)를 활용한다.

우리 학교에서 사용하는 읽기 정복하기 프로그램 역시 마태 효과에 기대고 있다. 학생들은 일반교실에서 다른 친구들과 함께 90분 읽기 수업을 받은 후, 나에게 와서 30분 더 수업을 받는다. 처음 10일 정도는 학생들이 무엇을 알고 있는지 관찰하고 학생들이 될 수 있는 한 많은 책을 읽도록 한다. 물론 학생들에게 쉬운 책을 읽게 하는데, 그들에게 가장 필요한 것은 바로 읽기 효능감이기 때문이다. 그러나 대체로 학생들은 문체나 어휘 등을 잘 알지 못한다. 수업을 하는 동안 나는 학생들의 수준에 알맞게 지도하려고 노력한다. 읽기 효능감을 어느 정도 갖추고 나면, 학생들은 좀 더 어려운 텍스트를 읽기 위한 전략을 학습한다. 이때 전략 학습은 일대일로 진행되기 때문에 읽기 부진 학생들은 좀 더 쉽게 학습할 수 있다. 마지막으로 각 반 담임교사들이 한 걸음 물러서서, 각 학생마다 읽기에 도전하는 방법을 인정해 주기를 기원해 본다. 물론 학생들의 읽기 능력과 상관없이 말이다.

– Andrea Edward–Watkins, 읽기 정복하기 지도 교사

평행 분산 처리 모형

읽기에 관한 인지 과정 이론에서 폭넓은 관심을 받은 모형 중 하나는 평행 분산 처리 모형(Parallel Distributed Processing Model)이다(Rumelhart & McClelland, 1986; Seidenberg & McClelland, 1989). Rumelhart와 McClelland는 1986년에 처음으로 이 모형을 소개한 후, 모형을 지속적으

로 발전시켰다.

평행 분산 처리 모형은 두 가지 주요한 특징이 있는데, 첫째는 모든 인지적 정보는 단위(units) 사이에 연결된 체계 속에 저장된다는 점이고, 둘째는 이러한 단위 사이의 연결은 짝을 지을 때 더 강해지고 빨라진다는 점이다. 뇌 속에 정보를 저장하는 기관은 서로 다른 힘을 가진 하나의 체계로 이루어져 있는데, 흔히 이를 '**연결주의**(*Connectionism*)'라고 한다. 평행 분산 처리 모형은 읽기에 관한 연결주의 이론이다. 연결주의란 힘의 관계에 기반하여 인지 과정이 이루어지는 체계를 의미한다. 요소들이 결합할수록 더 쉽게, 더 강하게 연결이 이루어진다. 연결주의 이론은 신경계의 네트워크 구조가 학습을 가능하게 한다는 사실을 이론화하였다고 볼 수 있다. 이것은 곧 다른 단위들 사이의 연결은 관계 맺기 경험을 통하

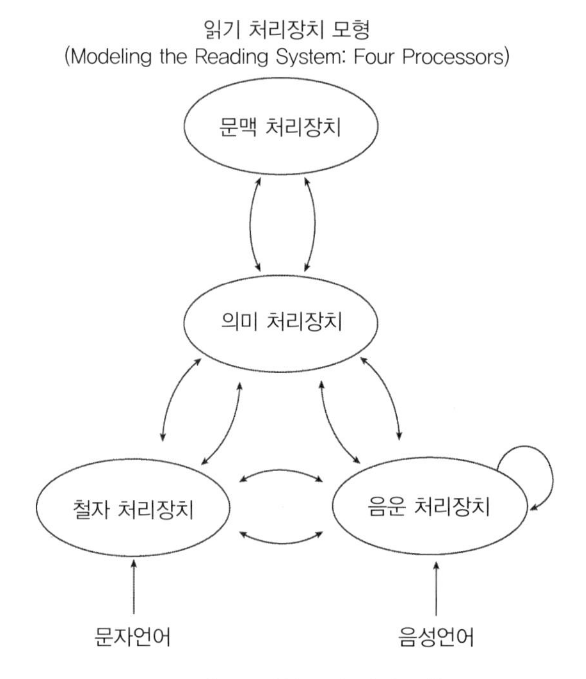

그림 7.4 평행 분산 처리 모형
출처: Adams(1990). Copyright 1990 by the MIT Press.

여 얼마든지 변화가 가능하다는 것을 의미한다.

Adams(1990)의 저서 『읽기의 시작(Beginning to Read)』을 살펴보면 평행 분산 처리 모형에는 읽기 과정에서 중요한 네 가지 처리장치가 있다. 철자 처리장치, 의미 처리장치, 문맥 처리장치, 음운 처리장치이다(그림 7.4 참고). 이 모형에 의하면 텍스트를 읽을 때 **철자 처리장치**(*orthographic processor*)가 작동하면서 읽기 과정이 시작된다. 철자 처리장치는 맞춤법 지식의 저장소를 의미한다(Byrnes, 2001). 이 처리장치는 선, 곡선, 각도, 공간과 같이 글자(혹은 숫자)의 형태를 인식하는 데 필요한 모든 지식이다.

글자를 인식할 때 그 글자가 구성된 단위를 정하고 그 단위들 사이의 연결을 학생에게 반복적으로 제시해 주면 효과적일 수 있다. 예를 들어 알파벳 b에서 직선과 곡선의 연결을 인식하게 하면서 b를 여러 차례 보여 주면 b를 더 빨리 인식할 수 있다. 이러한 현상은 모든 글자와 숫자에도 동일하게 나타난다. 개별적인 글자를 반복해서 보여 주기 때문에 학생들은 글자나 숫자의 형태 요소(선, 곡선, 각도, 공간 등) 간의 관계를 통해 더 빨리, 더 쉽게 글자나 숫자를 인식할 수 있다. 이러한 방식으로 학생들은 글자와 숫자를 자동적으로 인식하게 된다. 연결주의를 적용하면 글자 형태의 선, 곡선, 각도, 공간 간의 관계를 통해 글자를 인식하는 것처럼, 낱말 내 글자 간의 관계를 통해 낱말을 인식하게 할 수도 있다. 한 낱말 내에서 같은 글자가 반복적으로 나타날 때에도 글자를 연결하여 인식할 수 있다. 가령 영어에서 t 다음에는 거의 대부분 h가 뒤따라 나오지, q가 나타나지는 않는다.

평행 분산 처리 모형에 의하면 이처럼 두 글자가 반복적으로 결합하여 나타나는 경우 t 다음에 h를 인식하는 것은 t 다음에 q를 인식하는 것보다 더 쉽고 빠르게 이루어질 수 있다. 이 모형은 읽기를 하는 동안 철자 요소는 첫 글자를 인식하고 그 다음에 뒤따라올 수 있는 글자들 중에서 익숙한 글자를 찾거나, 그 다음에 뒤따라올 수 없는 글자를 배제함으로써 글자를 바르게 인식할 수 있도록 한다고 본다. 이러한 과정을 **글자**

내 연결 관계 인식 시스템(*inter-letter associational unit system*)이라고 하며 이것은 단어 인식 전략 중 하나이다.

Adams(1990)는 글자내 연결 관계 인식 시스템에 대해 비판적인 입장을 견지하였는데, 그는 글자 인식은 반드시 자동화되어야 한다고 주장하였다.

> 낱말 안에서 각 글자를 시각적으로 인식하는 데 1분 넘게 걸리고, 그 낱말을 다시 보았을 때 낱말 인식이 자동화되지 않아 시각적 인식 과정을 반복해야 한다면 앞서 인식한 것마저도 기억하지 못하게 된다. 동시에 낱말을 인식하지 못한다면 이 시스템에 대해 학습할 필요성 역시 없어진다(p.112).

다시 말하면 글자들 간의 관계를 인식하고 뒤따라올 글자를 올바르게 예상할 수 있도록 글자내 연결 관계 인식 시스템이 거의 자동적으로 작동하지 못한다면 이 시스템은 무용지물이라는 뜻이다. 그것이 갖추어지지 않는다면 독자는 한 번에 하나의 글자를 읽어야만 하고 읽기의 속도도 현저히 느려지며 텍스트를 올바르게 이해할 가능성도 낮아진다.

평행 분산 처리 모형의 두 번째 요소는 **의미 처리장치**(*meaning processor*)이다. 의미 처리장치는 철자 처리장치를 통해 입력된 낱말과 그 의미를 결합하는 처리장치이다. 철자 처리장치와 마찬가지로 낱말의 의미도 연결주의 원칙에 따라 구성될 수 있는데, 특정한 낱말과 관련하여 한 사람의 개인적 경험은 규정할 수 없기 때문에 더 강하고 더 빠른 회상을 유도할 수 있는 관계를 연결해야 한다. 예를 들어, '수영'이라는 낱말을 듣고 시립수영장을 떠올릴 수도 있고 호수를 떠올릴 수도 있다. 또한 의미 처리장치는 낱말의 잘못된 의미를 배제하고 적절한 의미를 구성할 수 있도록 한다. 어떤 주제에 대한 한 개인의 지식을 통틀어 '스키마타'(4장 참고)라고 한다. 스키마 혹은 스키마타 내의 단위(unit)들을 강하게, 또한 빨리 연결하려는 것이 연결주의의 기본 속성이다. 평행 분산 처리 모형은 한 개인이 전 생애 동안 연결주의 원칙에 따라 많은 양의 정보를 조직하고 그것들을 연결 짓는다고 주장한다. 이러한 스키마타는 독자가 읽기를 하는 동안 단어의 의미를 제공해 주는 역할을 한다.

평행 분산 처리 모형의 세 번째 요소는 **음운 처리장치**(*phonological processor*)이다. 음운 처리장치는 글자와 관련한 소리 처리장치이다. 영어에서 소리의 가장 작은 단위는 **음운**(*phoneme*)이다. 음운 처리장치는 각 음운을 하나의 단위(unit)로 인식한다. 철자 처리장치나 의미 처리장치와 마찬가지로 음운 처리장치 내의 단위들은 연결주의 원칙에 따라 연결되어 있다. 이는 자주 소리 나는 음운 처리장치는 함께 소리 나지 않는 음운보다 더 쉽게, 더 빨리 연결될 수 있음을 의미한다. 이러한 연결주의의 구성에 따라 음운 처리장치는 부적절한 소리를 배제하고 적절한 소리를 인식하게 한다.

Adams(1990)와 Byrnes(2001)는 이 음운 처리장치의 장점을 두 가지 더 제시한다. 먼저, 음운 처리장치는 철자 처리장치를 보완하는 역할을 하는데, 이는 **글자 인식 체계**(*alphabetic backup system*)로 잘 알려져 있다. 이러한 음운 처리장치의 기능은 실제로 글에서 읽은 적은 없지만 많이 들어본 적 있는 낱말을 활성화시키는 데 작동한다. 이 경우 그 낱말을 소리 내어 읽고 그 낱말의 소리를 활용하도록 하는 것은 낱말을 올바로 인식하고 의미를 잘 이해하게 한다. 두 번째 장점은 **기억 활성화**(*running memory capability*)를 유도한다는 것이다. 이것은 '내적 언어(inner speech)'를 제공하는데, 어떤 사람이 글을 읽을 때 작업 기억 속으로 낱말을 인식하고 자신이 그 글을 읽을 때 그 지식을 활용할 수 있게 한다.

평행 분산 처리 모형의 주요한 네 번째 요소는 **문맥 처리장치**(*context processor*)이다. 문맥 처리장치는 독자가 절, 문장, 문단, 글 전체의 의미를 구성할 때 작동한다. 읽기 경험이 제대로 작동되면 독자는 텍스트의 의미를 명확하게 구성할 수 있다. 다른 처리장치들과 마찬가지로 문맥 처리장치도 본질적으로 서로 연결되어 구성되는데, 주제, 표현, 텍스트에 관한 지식은 텍스트의 의미를 구성하기 위해 모든 정보를 통합한다. 또한 다른 처리장치들처럼 문맥 처리장치는 정보 제공과 정보 전달 역할을 한다. 다시 말해 평행 분산 처리 모형에서 문맥 처리장치는 의미 처리장치로부터 필요한 정보를 받아들이기도 하고, 필요한 정보를 제공해 주기도 한다. 문맥 처리장치를 통해 의미가 구성되고 나면, 그 이후에 읽을 내용에서 다시 나타날 수 있는 낱말에 대한 정보가 의미 처리장치에 저장된다. 의미 처리장치가 낱말의 의미를 제공해 주고 나면 의미를 구성하기 위해 문맥 처리장치에 저장된다. 그림 7.4에서 보는 바와 같이 철자 처리장치, 음운 처리장치, 의미 처리장치는 순환적으로 작동하는데, 이는 의미 처리장치와 문맥 처리장치가 양방향으로 작동하는 것과 대비된다. 의미 처리장치는 다른 처리장치들에게 정보를 전달하고 수용하는 두 가지 역할을 하는데, 이 모형에서 이러한 역할을 수행하는 처리장치는 의미 처리장치뿐이다.

평행 분산 처리 모형에서 성공적인 읽기는 자동적으로 의미를 인식하는 것, 음운을 정확하게 이해하는 것, 어휘력, 의미를 구성하는 능력의 네 가지 처리장치에 따라 좌우된다. 각각의 처리장치들 내 혹은 처리장치들 간의 정보는 연결주의 원칙에 따라 구성된다. 또한 이 네 가지 처리장치들은 상호 작용하고 상호 보완한다. 이러한 점에서 평행 분산 처리 모형은 Rumelhart(1977)의 초기 연구나 Stanovich(1980)의 영향을 받았다. 평행 분산 처리 모형은 능숙하지 않은 과정(철자 처리장치, 의미 처리장치, 음운 처리장치와 같이)이나 높은 수준의 이해 과정에 많은 관심을 집중하는 것은 오히려 읽기에 악영향을 줄 수 있다는 LaBerge와 Samuels(1974)의 연구와도 일치한다. 인지 구조나 체계를 읽기 과정에 비추어 설명하고 있기 때문에 이 모형은 인지 과정 이론에 해당한다고 할 수 있다.

교실 현장 엿보기 **평행 분산 처리 모형**

학생들이 빨리 정확하게 글을 읽을 때 철자 요소를 사용한다고 생각한다. 읽기를 능숙하게 잘 하는 학생이라도 굉장히 어려운 낱말을 읽어야 할 때 그 단어의 의미를 정확하게 해석하기 위해 많은 시간이 걸리곤 하였다. 나는 이제서야 이런 학생들이 철자 요소를 정확하게 활용하였다는 것을 알게 되었다. 반면 읽기를 잘 하지 못하는 학생들은 어려운 낱말이 나오면 대체로 제대로 읽지 못하였다. 이런 학생들은 낱말을 인식하는 것에 익숙하지 않아서 철자 요소를 제대로 작동시키지 못하였던 것이다.

또한 학생들이 읽으면서 문맥 요소를 활용한다는 점도 발견하였다. 이야기를 읽고 나서 나는 학생들에게 어떤 낱말이 어려웠는지, 어떻게 그 낱말의 뜻을 알게 되었는지를 질문하였다. 대체로 학생들은 문장이나 문단의 의미와 관련하여 그 낱말의 의미를 알아채었다. 또한 낱말의 의미를 알기 위해 학생들이 문맥 요소를 활용한다는 점도 알 수 있었다.

– Dawn Sprinitis, 읽기 전문가

이중 경로 모형

1993년에 평행 분산 처리 모형(Seidenberg & McClelland, 1989)과는 다른 모형이 논문에 게재되었는데, 그것은 Coltheart 등이 제시한 이중 경로 모형이다. Coltheart 외(1993)에 의하면 평행 분산 처리 모형이나 이중 경로 모형은 텍스트를 암호화하고 음성으로 표현하는 컴퓨터 기반 모형이라는 점에서 비슷하다. 이 두 모형의 근본적인 차이는 낱말을 인식하는 방법이 컴퓨터 설계에 기반하여 개념화되고 조작되었다는 점이다. 평행 분산 처리 모형에서 모든 낱말과 비어(실험을 목적으로 만들어 낸 낱말)는 글자를 소리로 변환하는 한 가지 방법에 따라 발음할 수 있다. 앞서 언급한 바와 같이 이 방법은 연결주의 원칙(관계된 것끼리 연결 맺는 횟수에 따라 중요도가 가늠된다)에 따른 것이다.

평행 분산 처리 모형과는 달리 이중 경로 모형은 텍스트를 해석하는 방식을 두 가지로 설계하였다. 한 가지 방식은 독자/컴퓨터가 이미 알고 있는 낱말을 조작하는 방식이고, 다른 방식은 잘 모르는 낱말이나 비어를 조작하는 방식이다. 익숙한 낱말은 '**어휘 경로**(*lexical route*)' 즉 사전을 검색하는 시스템을 통해 해석한다. 어휘 경로는 익숙한 낱말을 찾은 후 그 낱말의 글자를 분리하여 인식하지 않고 통째로 인식하는데, 독자/컴퓨터에게 그 낱말의 바른 뜻과 발음을 알려 준다. 어휘 경로는 소리와 기호의 관계에 따라 낱말을 분석하여 이해하기보다 자동적으로 인식한다고 보는 '전체 읽기' 혹은 '일견 어휘(sight words)'[3] 접근법이라고 생각할 수도 있겠다.

두 번째 방식은 '**비어휘 경로**(*nonlexical route*)' 혹은 '하위 어휘 경로(sublexical route)'이다. 비어휘 경로는 글자와 소리 간의 규칙에 기반한다. 이중 경로 모형에서 이 방식은 독자에게 익숙하지 않은 낱말이나 글자가 들어간 낱말을 인식하는 데 사용된다. 이중 경로 모형은 자소-음소가 대응하는 144가지 규칙을 컴퓨터에 저장하였다. 이 규칙은 컴퓨터가 읽는 것처럼 글자들(낱말과 비어)을 인식할 때 활용되었다. 이러한 글자들을 컴퓨터가 정확하게 발음하였는가의 여부는 이 모형이 읽기를 하는 동안 인간의 인지 과정을 정확하게 해석하였는가를 판단하는 중요한 요소가 된다. 이중 경로 모형은 능숙하거나 미숙한 독자를 구별할 수 있는 요소가 바로 이 규칙의 이해 및 습득 여부라고 주장한다. 능숙한 독자는 글자와 소리의 관계를 정확하게 이해하고 잘 활용할 수 있지만 미숙한 독자

---

3) 역주: 'sight words'는 '시각 어휘'로 번역되기도 한다(이경화(2001), 『읽기 교육의 원리와 방법』 참조).

는 이러한 지식이 약하고 그 활용에도 미숙하다.

이중 경로 모형이 평행 분산 처리 모형과 다른 점은 두 가지 경로를 사용한다는 것과 글자 내의 '기본 규칙'에 근거한다는 것이다. 반면 평행 분산 처리 모형은 관계들 간의 중요도에 기초한 연결주의 원칙에 따라 한 가지 방식만을 사용한다. 또한 이중 경로 모형이라는 이름에는 '순차성'이 담겨 있는데, 이는 읽기를 하는 동안 두 가지 방식이 수준에 알맞은 적절한 속도로 작용함을 의미한다. 즉 모든 과정이 이루어지지 않더라도 그 다음 단계로 넘어갈 수 있다. 이중 경로 모형에 대해 더 자세히 알고 싶다면 Coltheart와 Rastle(1994), Colhteart, Rastle, Perry, Langdon과 Ziegler(2001) 등을 찾아보면 좋을 것이다.

교실 현장 엿보기 **이중 경로 모형**

나는 학생들이 새로운 이야기를 음독한 후 텍스트 이해 질문에 답을 할 때 주로 이중 경로 모형을 사용한다고 생각한다. 보통 수준의 학생들은 낱말 경로를 사용하여 텍스트의 어휘를 정확하고 빠르게 이해하고 해독한다. 낱말 경로를 사용하는 것은 유창하게 읽기를 할 때 필요한 것이지 텍스트를 정확하게 소리 내어 읽을 때 필요한 것은 아니다. 또한 전체 글에 대한 이해 질문에 답을 하거나 알고자 하는 낱말이 제시된 쪽을 들쳐보지 않고도 그 낱말의 뜻에 정확하게 답을 할 때에도 낱말 경로가 작동된다고 본다.

이와는 달리 글자와 소리 경로를 사용하기도 하는데, 문장이나 페이지에서 그 의미를 정확하게 설명할 수 없는 잘 모르는 낱말을 재빨리 소리 내야 할 때 사용된다. 이러한 행동이 관찰되면 교사는 그 문장을 학생들에게 읽어 주고 단어의 의미를 설명하여 학생들이 정보를 받아들일 수 있도록 해야 한다.

– Michelle Hilke, 3학년 교사

이중 결함 가설

읽기 장애의 원인을 설명하기 위해 Wolf와 Bowers(1999)는 이중 결함 가설(Double Deficit Hypothesis)을 제시하였다. 그들은 읽기 장애의 근원적인 원인을 음운적 결함이라고 본 음운 차이 인식 모형(Stanovich, 1988)이 불완전하다고 판단하였다. 이중 결함 가설은 읽기 장애를 가진 많은 학생들이 명명화 기능이 부족하다는 것에 주목한다. 이 기술이 부족한 학생들은 특정한 그림을 보고 색의 이름을 빨리 회상할 수 없고, 사물의 그림을 보고 이름을 빨리 답할 수 없으며, 글자나 숫자의 이름을 빨리 답할 수 없다. Wolf와 Bowers가 제시한 이중 결함 가설 모형은 읽기 장애 학생을 세 가지 유형으로 분류한다. 첫째, 읽기 장애의 원인이 음운 분절 능력의 결함 때문인 경우, 둘째, 명명화 기능의 부족 때문인 경우, 셋째, 위의 두 기능이 모두 부족한 경우이다. 특히 음운 분절하기 능력의 결함과 명명화 기능이 모두 부족한 '이중 결함' 학생들은 읽기를 할 때 보충 지도를 더 많이 해야 한다.

Wolf와 Bowers는 많은 연구자들이 읽기 장애 원인으로 명명화를 지목하였지만 이 요소를 음운 분절하기 능력 결함의 하위 영역으로 설정하였다는 점을 발견하였다. 이들은 명명화 기능을 다른 요소와 결합하지 않고 읽기 실패의 유일한 요소로 상정하였다. 이중 결함 가설은 읽기 장애 학생들의 읽기 장애 원인에 따라 교육적 처방도 달라야 한다고 주장한다.

교실 현장 엿보기 이중 결함 가설

이름 말하기 검사(Rapid Automatized Naming Test: RAN)와 음운 분절하기(phonemic awareness: PA)의 결과를 통해 학생이나 학부모, 그리고 다른 교사들을 대하는 나의 태도가 변화하였다.

첫째, 나는 RAN 점수를 사용하여 1학년 학생들이 읽기를 배울 때에 가장 많이 느끼는 어려움이 무엇인지를 찾을 수 있었다. 둘째, 이름 말하기 검사와 음운 분절하기 검사 점수를 유치원 교사들과 논의하였다. 우리는 두 검사에서 낮은 점수를 받은 아이들이 또 다른 문제들을 가지고 있음을 파악하게 되었다. 셋째, 이 점수에 대해 부모님들과 상담한 결과 그들은 아이들을 지원하는 여러 프로그램에 더 적극적으로 참여하였다. 즉 그들은 자녀들이 3학년에 진급하기 위해서는 일정 수준의 점수가 필요하다고 판단하였다. 넷째, 부모와 1학년 교사들은 아이들이 소리와 글자의 관계를 '안다'고 말하지 않을수록 그들이 알고 있는 것을 표현하는 데 어려움이 커질 것이라고 생각하였다. 다섯째, 학생들은 간혹 자신의 읽기 행위에 대해 알고 있다고 말하기도 하였다. 이런 경우의 학생들은 읽기 속도가 다소 느리더라도 시간과 노력을 투입하면 곧 능숙한 독자가 될 수 있다. 이러한 자기 인식은 읽기 태도를 형성하는 데 도움이 된다. 여섯째, 말하기 검사와 관련한 논문을 모두 검색하였고 더 좋은 방법으로 학생들을 지도할 수 있었다.

다시 말해 문제에 대한 지식이 문제를 해결할 수 있는 '주인의식'을 갖게 하였다. 나는 학생들에게 최고의 교육을 제공해 주기 위한 방법을 항상 모색할 것이다.

– Charlotte Kantz, ESL/읽기 교사

신경 과학과 교육

앞서 언급한 것처럼 인지 과학이라고 부르는 인지 과정 이론은 사람들이 어떻게 생각하고 어떻게 읽는지를 이론적이고 개념적으로 설명하였다.

인지 과정/인지 과학 이론은 언어학에서 비롯되었다.

신경 과학 역시 인지에 기반하고 있지만 그 기원은 생물학이다. 신경 과학은 신경세포와 세포에 관심을 갖는다. Goswami(2004)에 따르면 신경 과학은 "뇌 신경계와 연결된 분자와 세포가 학습과 기억을 유도하는 과정"(p.1)을 연구한다. 또한 그에 따르면 "뇌세포(즉 신경세포)는 신경 전달 물질을 주고받는 시냅스를 통과하는 각 세포들 간의 전자 신호를 통해 정보를 전달한다. 뇌에는 약 100만 개의 신경세포가 있는데, 이들은 다른 신경세포들과 연결되어 있다. 신경 전달 물질의 역할을 명확히 밝히는 것이 신경 과학이 도달해야 할 목표 중 하나이다"(p.1).

이론적 차원인 인지 과정과 달리 신경 과학은 생물학적 차원의 연구이다. 이에 '인지 신경 과학'이라고 명명할 경우 뇌 영상 기술을 통해 뇌의 작용을 밝히는 수준 높은 학문이 된다. Tracey 외(2010)는 이에 대해 다음과 같이 설명한다.

> 인지 신경 과학은 뇌에 관한 연구가 읽기와 같은 특정한 인지적 작용을 이해하기 위해 유용하게 활용될 수 있도록 여러 분야를 교차시킨 학문이다. 인지 신경 과학자들은 특정한 인지 과정을 이끄는 뇌의 작용과 뇌의 다양한 작용을 적절하게 표현할 수 있는 모형을 구안하기 위해 노력하고 있다. 많은 인지 신경 과학자들은 인간이 특정한 과제를 수행하면서 뇌의 어떤 영역을 사용하는지, 다른 영역과 어떻게 상호 작용을 하는지, 이러한 영역의 결함이 인지 작동 중에 어떤 문제를 야기하는지 등을 연구하고 있다(p.121).

신경계에 대한 연구가 어려움에도 불구하고 정신상태를 보여주는 뇌의 활동 형태 연구는 뇌 연구 분야에서 활발하게 이루어지고 있다 (Tracey et al., 2010). 뇌 활동은 '신경 촬영법(neuroimaging)'이라고 알려진 기술을 통해 살펴볼 수 있다. 신경 촬영법은 양전자 단층 촬영을 통해 촬영되며, 이는 사건 관련 전위에서 작동하는 자석 공명 이미지를 찍는 것이다.

양전자 단층 촬영(*positron emission tomography: PET*)은 특정한 실험 주제가 주어지고 그 과제를 수행해야 하는 관찰자의 몸에 방사능 추적 장치를 삽입하여 촬영하는 방식이다. 연구자들은 이 추적 장치를 따라 신경의 활동을 관찰하게 된다. PET 방법은 주파에 의한 침습성이 있기 때문에 아동을 대상으로 실험하기는 어렵다.

이에 비해 **기능적 자기 공명 영상**(*functional magnetic resonance imaging: fMRI*)은 인체에 부정적 영향을 미치지 않는 신경 촬영법이다. fMRI는 신경세포 속의 물의 양을 통해 측정되는 공명 신호를 받아들여 측정하는 방법이다. 뇌의 특정한 영역에서 어떤 활동이 일어날 때 그곳의 혈액 양이 증가하는데, 이때 받아들이는 자기 공명 신호는 평소와 달라진다. fMRI는 자기 공명 신호의 변화를 측정한다. 그러나 fMRI 역시 아동에게는 부적합한 측정 도구이다. fMRI를 측정하기 위해서는 아동이 굉장히 시끄럽고 무서운 기계 안에 가만히 누워 있어야 하기 때문이다. Goswami(2004)는 아동에게 활용 가능한 fMRI 기계가 곧 개발될 것이라고 전망하였다.

세 번째 신경 촬영법은 **사건 관련 전위**(*event-related potential: ERP*)이다. 사건 관련 전위는 전극을 두개골의 특정한 영역에 보낸 다음, 피실험자에게 다양한 임무를 수행하게 한다. 사건 관련 전위는 뇌 활동 시간(부위라기보다는)을 측정하는 방식이다. 따라서 이 방법은 얼마나 빨리 혹은 느리게 시각적이나 청각적으로 동시에 수용되는가를 측정한다. ERP는 또한 뇌 활동의 전, 중, 후를 동시에 보여 준다.

Goswami(2004)는 읽기와 관련한 몇 가지 신경 과학 연구 결과를 제시하였다. 신경 촬영법을 바탕으로 좌뇌가 읽기와 관련한 기본적인 체계를 조정한다는 초기의 연구 가설을 증명하였다. 특히, 후두부, 측두부, 두정엽이 읽기와 관련이 있다는 것을 밝힌 Pugh 외(2001)의 연구를 뒷받침하였다. Goswami는 또한 읽기 기술은 측두엽과 후두엽의 활동이 증가할 때 향상된다는 점을 밝힌 Shaywitz 외(2002)의 논의에 대해서도 의견을 개진하였다. 또한 난독증이 있는 어린이들의 경우는 다른 일반 어린이들과 비교하였을 때 바로 이 영역의 활동이 낮기 때문이라는 연구 결과도 제시하였다. Goswami는 음운 인식, 글자와 소리의 해독, 맞춤법 인식 불능과 같은 기능 장애에는 측두엽과 두정엽이 가장 결정적인 역할을 한다는 사실을 밝힌 Simos 외(2002)의 연구도 조명하였다.

Simos 외(2002)는 운(韻)과 관련한 과제를 수행하면서 일반 어린이들과 비교하였을 때 난독증 어린이들은 손상된 뇌 활동을 보인다는 신경 촬영 결과도 제시하였다. 또한 이 연구자들은 읽기를 잘 하지 못하는 학생들을 대상으로 보충 지도를 실시한 이후에 신경 촬영 결과를 제시하여 실제로 향상되었음을 자료로 제시하였다. Heim, Eulitz, Elbert(2003)는 우뇌의 비정상적 조직을 가진 난독증 학생들에게 적합한 보충 전략을 제시하였다.

Goswami(2004)는 신경 과학이 교실 현장에서는 거의 받아들여지지 않고 있으나 앞으로 교육과 관련한 연구에서 중요한 부분이 될 것이라고 주장한다. 또한 특수 교육 대상자를 구별하거나 연령과 능력에 상관없이 모든 학습자들의 다양한 중재 프로그램을 개발하는 연구에 활용될 것이라는 점도 제기하였다.

교실에 적용하기

인지 과정 이론은 실제 교실 수업에서 적용할 수 있다. 예를 들어 교사는 정보 처리 모형 이론을 사용하여 학생들의 지각 능력, 단기 혹은 장기 기억 능력, 조절 능력 등을 평가할 수 있다. 이 모든 기술이 형식적 진단 도구를 통해 평가될 수 있지만 학생들의 지각 능력은 형태를 똑같이 그리도록 하거나 소리를 듣고 말해 보게 하는 등과 같은 비형식적 과정을 통해

교실 현장 엿보기 **신경 과학과 교육**

나는, 3학년이지만 초보 수준의 읽기 능력을 가진 학생을 지도한 적이 있다. 읽기 학습이 불가능할 정도라고 진단받은 그 학생은 기본적인 운을 익히지 못하였고 짧은 모음 소리를 구별하지 못하였을 뿐만 아니라 소리와 글자를 대응시키지 못하였다. 대체로 학급의 다른 친구들은 그 학생보다 읽기를 잘 하였기 때문에 다른 학생들과의 읽기 능력 차이를 어떻게 이해해야 할지 몰랐다. 이제야 나는 그 학생이 후두부, 측두부, 두정엽에 문제가 있지 않았을까 짐작해 본다. 그 학생은 3년 동안 읽기 부진아 지도를 받았다. 그 학생의 부진이 무엇 때문인지 미래의 신경 과학이 밝힐 수 있다면 좋겠다.

– Michelle Hilke, 3학년 교사

서도 평가될 수 있다. 학생들의 단기 기억을 평가하기 위해서 특정한 낱말이나 문장 등을 읽은 다음 말해 보게 하거나 교사의 지시에 따라 행동하도록 유도할 수 있다. 학생들의 장기 기억을 평가하기 위해서 학습한 것을 기억하는 정도를 매일 점검해 볼 수도 있다. 이러한 방법으로 학생들의 능력을 평가하기 위해서는, 이 분야에서 학생들의 성취도에 관심이 높은 전문가를 활용할 수 있다.

Gough의 모형은 글자의 인식, 글자와 소리의 관계 인식 능력, 낱말 지식, 읽으면서 의미를 구성하는 능력, 비판적으로 읽기를 수행하는 능력 등의 특성을 밝혔다. 앞서 언급한 바와 같이 교사나 학습 전문가들은 이러한 능력을 형식적 혹은 비형식적 방법으로 평가할 수 있다. 이를 통해 얻어진 결과는 학습에 적용 가능하다.

자동 정보 처리 모형도 학생을 진단하고 보충 지도하는 데 효과적이다. 독자가 텍스트를 읽고서도 이해하지 못한다면 이는 인지적 활동이 여러 곳에 분산되어 있기 때문이다. 이때에는 낱말을 해독하는 데 쏟는 인지적 부담을 적절히 분산시킴으로써 해결할 수 있다. 독자의 모든 관심이 낱말 해독에만 있게 되면 텍스트 의미를 구성하는 데에는 관심을 둘 수 없기 때문이다. 이에 대한 적절한 보충 지도는 읽기 쉬운 텍스트를 제시해 주어 낱말을 해독하는 데 어려움을 느끼지 않도록 하는 것이다. 독자는 자동적으로 낱말의 의미를 해석할 수 있거나, 거의 자동적으로 할 수 있는 수준에 도달해야 텍스트의 의미를 구성하는 데 관심을 가질 수 있기 때문이다.

학생들의 읽기 기술과 발달을 조정하는 가장 좋은 방법 중 하나는 문식성 프로그램의 한 부분에 안내된 읽기 지도를 포함시키는 것이다. 안내된 읽기는 1990년대까지는 교실에서 많이 활용되지 않았지만, 1950년에서 1970년까지 제시된 인지 과정 모형이 읽기 교육을 성공적으로 이끌면서 중요한 읽기 기술로 인식되고 있다.

안내된 읽기를 통해 읽기 지도에서 중요한 세 가지 요소가 드러났다. 첫째, 효율적인 읽기 지도를 하기 위해서는 소집단으로 구성하여 지도해야 한다. 안내된 읽기를 하려면 한 명의 교사와 5~7명의 학생으로 구성된 집단이 가장 이상적이다. 교사는 학급 전체와 수업할 때보다 소집단 지도를 통해 학생들의 장점과 단점을 파악할 수 있다. 둘째, 읽기 능력이 비슷한 동질 집단으로 구성해야 한다. 매 시간 동질 집단으로 구성하기 어렵지만 동질 집단이 가장 효율적이기 때문에 가능하면 동질 집단으로 구성해야 한다. 셋째, 학생들의 정확한 읽기 수준에 따른 읽기 자료를 제시해 주어야 한다. 한 페이지의 낱말 중 대략 95% 정도를 정확하게 해독하는 읽기 자료나 무엇을 읽고 있는지 이해할 수 있는 정도의 읽기 자료가 안내된 읽기의 읽기 자료로 적절하다. 안내된 읽기의 두 번째 특징과 세 번째 특징은 서로 관련이 있다. 즉 읽기 능력에 따라 집단을 구성하게 되면 지도 과정에 따라 적절한 읽기 자료를 제시해 줄 수 있다.

읽기 자료를 다양하게 제시하는 일 역시 안내된 읽기에서는 매우 필요하다. 안내된 읽기를 위해 만들어진 이야기책인 『Leveled Readers』[4)]를 이용하거나 학생들과 관련 있는 문학이나 소설 작품을 사용하기도 한다. 신문, 잡지, 인터넷 기사 등과 같은 읽기 자료도 사용할 수 있다. 따라서 학생들의 읽기 수준을 높일 수 있는 것이라면 초보 수준의 시리즈물도 사용할 수 있다. 읽기 자료를 준비할 때 미리 소집단 구성원의 수만큼 5~7부 정도의 복사본을 마련하여 학생들이 안내된 읽기 자료로 활용할 수 있도록 해야 한다.

안내된 읽기 수업은 계획할 때 읽기 전, 읽는 중, 읽은 후의 세 단계로 구분하는 것이 훨씬 효과적이다. **읽기 전 단계**에서는 읽어야 할 텍스트에 대한 사전 지식을 만들어 주어야 한다. 학생들의 사전 지식을 마련하거나 이를 활성화시키는 활동으로서 핵심 어휘에 대한 이해를 강화시키는 활동이 주로 여기에서 이루어진다. **읽는 중 단계**에서는 이해력 증진에 초점을 둔 학습이 이루어진다. 교사는 학생들이 텍스트 내용에 대해 예상하고 그 예상이 맞는지를 확인하며 책을 읽도록 해야 한다. 또한 낱말이나 초인지와 관련한 지도를 할 수도 있다. 읽는 중 단계에서는 대체로 학생들이 큰 소리로 책을 읽도록 하는데, 이것은 전통적인 '차례대로(round-robin)' 읽기가 안내된 읽기라는 오개념을 가질 수 있게 한다. 이에 대한 오해는 읽는 중 활동에서 묵독 시간을 피하고 소집단 토의 시간을 가짐으로써 피할 수 있다. 이해를 위한 단서를 찾거나 의미를 명확하게 하기 위해 다시 읽거나 특정한 부분을 다시 소리 내어 읽을 수도 있다. **읽기 후 단계**에서는 학생들을 다시 소집단으로 구성하거나 보통 때 앉는 자리에서 학습할 수도 있다. 이 단계에서는 안내된 읽기를 하면서 익힌 것을 확

4) 역주: 『Leveled Readers』는 읽기 능력에 따라 수준별로 익힐 수 있는 짧은 이야기책을 말한다.

장하거나 더 강화하기 위한 활동으로 구성해야 한다.

안내된 읽기 지도법에서 평가는 중요한 요소이다. 교사는 안내된 읽기를 하면서 학생의 음독 수행 결과를 수시로 기록해야 하는데, 이때는 체크리스트(running-record) 형식을 사용하는 것이 좋다. 또한 안내된 읽기를 하는 동안 학생들의 모습을 관찰하고 자유롭게 기록할 수도 있다. 이러한 자료는 학생들의 읽기 발달 과정의 자료로 활용할 수 있다. 또한 부모와의 면담에서 자료로 활용할 수도 있다.

안내된 읽기는 인지 과정 이론에서 강조하는 활동에도 적용된다. 또한 안내된 읽기는 여러 문식성 지도법 중에서도 매우 중요한 지도법이다. 안내된 읽기의 수행 전제인 소집단 구성은 교사가 인지 과정 모형에서 중요하게 다루는 읽기의 여러 요소를 조정할 수 있도록 한다. 안내된 읽기에 대해 더 자세한 내용을 알고 싶다면 Fountas와 Pinnell(1996)의 『안내된 읽기(Guided Reading)』를 참조하기 바란다.

상호 작용식 모형은 네 가지 기본 처리장치를 이용하여 읽기를 이해한다. 철자 처리장치는 시각적 수용을 조절하고, 통사 처리장치는 문장 내 낱말의 순서를 이해하는 데 관여하며, 낱말 처리장치는 낱말의 의미를 이해하는 데 관여하고, 의미 처리장치는 텍스트 전체의 의미를 구성하도록 관여한다. 상호 보완식 모형은 이러한 처리장치가 상호 작용하며 또한 상호 보완한다고 본다. 학급에서 상호 보완식 모형을 적용하려면 아동을 융통적인 독자로 보아야 한다. 독자가 잘 아는 단어는 쉽게 인식된다. 또한 독자들은 단어의 발음이 비슷하거나 단어족에 속해 있는 단어를 식별할 수도 있다. 독자들은 또한 문장 전체를 이해하기 때문에 그 속에 있는 모르는 단어도 알아차릴 수 있다. 독자가 이렇게 융통적인 방법으로 텍스트를 읽는 동안 독자는 인식하지 못하지만 이 네 가지 읽기 처리장치가 상호 작용하고 상호 보완한다. 교사는 융통적인 독자가 어떻게 읽는지에 대해 생각할 때, 상호 보완식 모형을 떠올려야 한다. 문맥을 어떻게 활용하는가를 지도하는 방법은 이 모형에서 가장 효율적으로 많이 활용되는 방법이다.

Stanovich(1988)가 읽기 장애의 가장 근본적인 원인으로 꼽은 음운론적 결함을 모형화한 음운 차이 인식 모형에서 '음운 분절하기'는 많은 시사점을 준다. **음운 분절하기**(*phonemic awareness*)는 낱말에 개별적인 소리가 있다는 것을 이해하는 것이다. 이러한 능력을 갖춘 학생들은 운이 있는 낱말을 들을 수 있고 낱말에서 개별적인 소리를 분리할 수 있으며 한꺼번에 모아 소리를 만들 수도 있다. 음운 분절하기는 자연적 성숙에 따라, 또한 연습을 통해 발달한다. 음운 분절하기 능력이 있다면 bug가 /b/, /u/, /g/이 세 소리로 되어 있다는 것을 알 수 있다. 또한 분리된 소리를 다시 모을 수 있고 이 소리들을 한꺼번에 발음하면 bug가 된다는 것을 안다. 음운 분절하기는 상징인 글자와 글자의 소리 간의 관계를 아는 소리값(phonics)에 대한 이해가 아니라 낱말에는 서로 다른 소리가 함께 섞여 있고 이 소리들을 분리해서 소리 내거나 한데 모아서 소리 낼 수 있는 능력을 말한다.

음운 분절하기 능력을 강화하는 방법에는 여러 가지가 있다. 음운을 강조한 책을 듣거나 게임 등을 할 수 있다. 여러 가지 소리를 다양하게 활용하는 언어 게임을 활용할 수도 있다. 세밀하고 분리된 개별적인 소리를 학습하기 전에 음절이나 합성어와 같이 큰 단위의 소리를 먼저 학습해야 한다(Yopp & Yopp, 2002).

평행 분산 처리 모형은 읽기를 하는 동안 네 가지 주요 처리장치들이 작동한다고 본다. 철자 처리장치는 시각적 수용을 조정하고, 음운 처리장치는 글자와 소리의 관계를 인식하도록 하며, 문맥 처리장치는 글의 의미를 구성할 수 있도록 한다. 또한 이 모형은 연결주의적 성격을 띠는데, 힘에 의한 연결 정도가 축적되어 머릿속에 그려진 정보가 결국 의미를 구성한다고 본다. 연결이 자주 일어나면 연결된 그 힘은 더 강해진다. 읽기에서 연결주의는 자주 뒤따라오는 글자나 소리가 그렇지 않은 글자와 소리에 비해 더 강한 연결을 갖는다는 점을 설명하는 데 활용된다.

평행 분산 처리 모형은 읽기가 글자의 자동적인 인식에 의해 가장 크게 좌우된다고 본다. 글자를 자동적으로 인식하지 못하면 글자 내의 관계를 이해하지 못하기 때문에 유창하게 읽기를 하지 못하게 된다는 것이다(Adams, 1990). Carnine 외(2004)는 효율적인 글자 인식 지도를 위한 네 가지 원칙을 마련하였다. (1) 가장 일반적인 소리를 여러 글자를 통해 알려 준다. (2) 글자나 소리에서 가장 유사한 글자를 분리하여 지도한다. (3) 가장 자주 나오는 글자를 지도한다. (4) 소문자보다 대문자를 먼저 지도한다. 이들은 학생들의 성취 수준에 따라 글자를 지도하는 속도를 달리해야 한다고 주장한다. 글자 지도는 교사가 시범을 보이고 학생들이 따라하는 과정으로 시작해야 하며 기존에 학습한 글자를 온전히 익혔는가를 확인한 다음 다른 글자를 제시해야 한다. 즉 새로운 글자를 학습할 수 있는지 그 여부를 확인해야 하는 것이다.

평행 분산 처리 모형에서는 **단어족**(*word families*)(ate, in과 같은 자주 결합되는 글자)을 활용하여 읽기를 지도하면 높은 효과를 얻을 수 있다고 하였는데, 이러한 접근법이 자주 결합되는 글자 사이의 관계를 강화하기 때문이다(Adams, 1990). 단어족을 활용한 활동 역시 다양하다. 첫 글자만 바꾸어 결합군을 그대로 유지하는 활동이나 게임 등도 여기에 포함된다. 가장 많은 단어를 만들어 낼 수 있는 단어족이나 가장 적은 단어를 만들어 낼 수 있는 단어족에 따라 각각 그림을 그려 작은 책을 만들게 할 수도 있다. 단어족을 활용하여 읽기를 해야 할 때 일반적인 글자에 대한 지식 역시 더 강화될 수 있다. 평행 분산 처리 모형에 따르면 이러한 학습은 읽기 효능감을 높이는 데 긍정적인 역할을 한다(Adams, 1990).

이중 경로 모형(Coltheart et al., 1993; Coltheart & Rastle, 1994)은 독자가 두 가지 경로를 통해 읽기를 수행한다고 본다. 이미 알고 있는 낱말을 다루는 경로와 알지 못하는 낱말을 다루는 경로가 바로 그것이다. 이미 알고 있는 낱말은 사전에서 낱말을 찾는 것과 같은 방식으로 이해되고, 잘 모르는 낱말은 기본적인 과정을 거쳐 낱말을 해독함으로써 이해된다. 따라서 이중 경로 모형은 일견 어휘 인식처럼 자동화된 낱말 인식의 중요성을 강조한다.

Carnine 외(2004)는 일견 어휘를 지도하기 위한 방법을 마련하였다. 여기서 제시한 일견 어휘 읽기 방법은 음운을 조합하여 낱말을 읽는 것이 아니라 자동적으로 바로바로 읽는 방법이다. **자주 제시되는 낱말**(영어에서 사용 빈도수가 가장 높은 낱말)은 일견 어휘처럼 지도되기도 하는데, 이러한 낱말이 독자에게는 일견 어휘처럼 자동적으로 인식되기 때문이다. 또한 자주 제시되는 낱말(예: the, this, through, there)은 소리가 비규칙적이기 때문에 일견 어휘 지도 방법이 적절하기도 하다. Carnine 외는 일견 어휘 지도는 가르치고자 하는 낱말 목록을 만든 후 문단에서 적용하는 것으로 나아가야 한다고 본다. 학생들이 이 네 개의 일견 어휘를 알고 있을 때 지도하고, 학생들이 2초 안에 해당 낱말을 읽을 수 있을 때 새로운 일견 어휘를 추가하여 지도하면 된다. 지도할 일견 어휘는 15개를 초과하지 않아야 한다. 대략 15개의 어휘를 2~3초 내로 각각 읽을 수 있게 되면 일견 어휘와 쉬운 낱말이 포함된 문단을 지도 자료로 삼아야 한다. 특히 미숙한 독자는 텍스트 내에서 일견 어휘를 읽는 연습을 많이 해야 한다. 실제 텍스트를 읽으면서 일견 어휘를 읽을 수 있게 되면 새로운 일견 어휘를 학습 내용에 포함시켜 지도할 수 있다. 자주 제시되는 낱말 목록이나 일견 어휘처럼 시각적으로 지도할 수 있는 낱말에 대한 더 자세한 내용은 Fry와 그의 동료들이 쓴 『The Reading Teacher's Book of List』(2000)를 참조하기 바란다.

이중 결함 가설(Wolf & Bowers, 1999)은 난독증 학생들이 가장 어려움을 느끼는 인지적 결함에 관여하는 두 가지 영역이 있다고 보는데, 음운 분절하기 능력과 명명화 기능이다. Wolf, Miller와 Donnelly(2000)는 인지적 이중 결함을 가진 독자를 위해 RAVE-O(검색, 자동성, 어휘, 정교화, 맞춤법: Retrieval, Automaticity, Vocabulary, Elaboration, Orthography) 프로그램을 개발하였다. Wolf와 Katzir-Cohen(2001)에 따르면 이 프로그램의 목적은 청각적 수용과 시각적 인지, 낱말 이해 등을 더 빨리 할 수 있도록 하는 데 있다. 음운론적 지도 프로그램과 결합할 경우, 이 프로그램은 "음운, 맞춤법, 낱말의 의미 구성 등의 전형성"(p.231)을 가지기 때문에 각 영역에 취약한 학생들에게 매우 유용하다. Wolf와 Katzir-Cohen(2001)은 "핵심 낱말은 (a) 음운론적 교정 프로그램에도 사용할 수 있는 음운이 포함된 낱말, (b) 맞춤법에서 일정한 형식이 반복되는 낱말, (c) 의미가 풍부한 낱말(세 가지 이상의 의미를 가지고 있는 낱말)이어야 한다"(p.231)고 설명한다. RAVE-O 프로그램은 맞춤법에서 일정한 형식이나 영어에서의 낱말군, 낱말 검색 등을 빨리 할 수 있어야 한다는 점을 강조한다. 또한 이 프로그램은 모든 핵심 낱말이 매일 다루어져야 한다는 점을 강조하고 초인지 전략을 중요하게 다룬다. RAVE-O 프로그램은 소집단 지도에 적절한데, 이는 예비 실험으로 증명된 바 있다(Wolf et al., 2000).

인지 과정 이론을 실제 교실에 적용하는 방법이 여러 가지 있다. Lajoie(1993)는 컴퓨터를 활용하여 인지 도구를 유용하게 사용하는 네 가지 방법을 제시하였다.

> (1) 인지 활동과 초인지 활동은 일반적인 방법을 제공한다. (2) 인지 활동이 일어나는 과정을 이용한다(예: 단기 기억이나 장기 기억을 보강하는 방법). (3) 학습자의 능력을 넘어설 수 있도록 다양한 방식으로 생각하기, 근거 대기, 문제 해결하기 등을 학습할 수 있도록 한다. (4) 가설을 일반화시키고 시험해 볼 수 있는 방식으로 학습자를 지원한다(Tracey et al., 2010, p.111).

컴퓨터 프로그램을 활용하는 방법과 이것의 유용성에 대한 연구(Liu and Bera, 2005)도 있고, 'Alien Rescue'[5]가 실제로 학생들의 인지적 수

---

5) 역주: 아케이드 게임의 한 종류이다.

용 능력을 기대 이상으로 향상시켰다는 결과(Liu, Williams, & Pederson, 2010)도 제시되었다(자세한 내용은 Tracey 외(2010) 연구 참고).

연구에 적용하기

Wolf와 Katzir-Cohen(2001)은 읽기 유창성과 읽기 유창성을 길러 주기 위한 교정 프로그램을 개발하면서 정보 처리 이론을 이론적 기저로 삼았다. 이 프로그램은 시각적 및 청각적 인식, 맞춤법 인식, 낱말의 의미 이해, 텍스트 의미 구성 능력을 길러 줄 수 있도록 설계되었다. 그들은 심각한 읽기 장애를 가진 2~3학년 학생 200명에게 이 프로그램을 적용하였다. 교정 프로그램인 RAVE-O는 낱말 인식, 무의미 낱말 읽기(word attack)[6] 이해력에 있어 효과적이라는 결과를 도출하였다. 이 연구의 사전 실험에서는 RAVE-O 프로그램에 따라 70시간 정도 학습을 하였을 때 모든 영역에서 높은 성취도를 나타냈다는 유의미한 결과가 나타났다. 사실 이 연구는 다른 많은 이론을 끌어와 논리적 근거를 마련하고 있지만 기본적으로는 정보 처리 이론의 요소를 토대로 삼고 있다.

Gough의 모형(1972)은 읽기 과정에 대한 역사적인 여러 연구들 속에 탄생한 것이기 때문에 대단히 유용하다. 우리가 어떻게 읽은 내용을 한 번에 이해하는지를 이해할 수 있다. 브라질에서 포르투갈어를 사용하는 어린이들에게 초기 읽기를 지도하였던 Cardoso-Martins(2001)는 Gough의 모형 중 낱말 인식에 관한 내용을 사용하였다. Cardoso-Martins는 5~6세 어린이들을 두 개의 집단으로 구성한 후 다른 방법으로 읽기 지도를 하였다. 첫 번째 집단은 통글자(whole-word) 낱말 지도 후 음절법으로 지

6) 역주: phonics를 익히는 방법으로 개별 글자의 음가를 익힌 후 그것을 조합하여 낱말의 소리를 읽는 방법, 처음 보는 낱말이어도 그 낱말의 각 글자를 분리하여 음가를 결합하면 읽을 수 있다.

도받았다. 두 번째 집단은 글자와 소리의 관계를 파악하는 방법으로 낱말 이해 지도를 받았다. 서로 다른 지도법으로 일정 기간 교육을 받은 후 두 집단의 읽기 능력 발달 정도를 조사하였다. 첫 번째 통글자로 학습한 학생들은 음절법으로 지도받기 전까지는 소리와 글자의 관계를 파악하는 능력이 전혀 발달하지 않았다. 이것은 초기 읽기 발달이 학생들의 수준에 알맞은 읽기 지도와 밀접하게 관련됨을 의미한다. Cardoso-Martins는 낱말 인식 과정에 대하여 설명하기 위해 Gough의 모형을 사용하였다.

LaBerge와 Samuels의 자동 정보 처리 모형(1974)에서 개념을 추출하여 읽기 성취, 특히 이해력에 대한 개인차를 설명하였다. Fuchs, Fuchs, Hosp와 Jenkins(2001)는 음독 유창성이 모든 읽기의 수행에 긍정적인 영향을 미친다는 것을 전제한 많은 연구들을 비교하였다. 이들은 "LaBerge와 Samuels의 읽기 자동화 모형(1974)이 모든 읽기 능력의 기본 전제가 되는 음독 유창성을 개념화하는 토대 이론으로 가장 많이 활용된다"(p.241)고 밝히고 있다. 또한 이들은 LaBerge와 Samuels의 모형은 "읽기란 낮은 수준의 낱말 인식에서부터 내용을 활용하여 이해하는 과정에 이르는 전 과정에서 독자의 관심을 적절히 안배하는 것"(p.241)이라는 인식을 심어 준 최초의 연구이기 때문에 매우 가치 있다고 기술한다. Fuchs 등의 연구는 이론적이고 음독 유창성에 대한 역사적인 분석만을 하고 있지만 LaBerge와 Samuels의 자동 정보 처리 모형의 가치를 높이 인정한 점은 대단히 흥미롭다.

이후 1977년에 상호 작용식 모형이 발표되고 나서 Rumelhart 등은 1989년에 평행 분산 처리 모형이라는 더 정교화된 모형을 제시하였다. 상호 작용식 모형의 주요 요소는 평행 분산 처리 모형에서 더 확장되고 정교화되었다. 상호 작용식 모형이 읽기 과정을 설명하는 것에 대단히 중요한 역할을 한 것은 맞지만, 많은 연구자들이 상호 작용식 모형보다 평행 분산 처리 모형을 선호하였다.

Wolf와 Katzir-Cohen(2001)은 읽기 유창성을 향상시키기 위한 읽기 유창성 프로그램 및 읽기 중재 프로그램에 대한 논문을 게재하였는데 이 논문의 이론적 토대는 정보 처리 이론이었다. 이 역시 평행 분산 처리 모형을 이론적 근간으로 삼기 때문에 평행 분산 처리 모형에 대해서 자세히 소개하였다. Wolf와 Katzir-Cohen은 읽기 유창성에 대해 서로 다른 관점을 가진 이론적 논의들을 많이 활용하였다. 이와 같이 읽기 유창성과 관련한 다양한 이론들의 활용을 통해 이들은 읽기 지도와 읽기 연구에 대한 다양한 분야에서 지금과 같은 텍스트 이용에 관한 관점을 제시하였다.

Stanovich와 Siegel(1994)의 연구도 주목할 필요가 있는데 이들은 음운 차이 인식 모형을 통해 읽기 장애 학생들을 분류하는 데 큰 기여를 하였다. 이 연구는 지진아와 부진아 사이의 읽기 능력의 차이 혹은 결손 내용이 무엇인가를 증명하고자 하였다. 앞서 설명하였듯이 지능과 읽기 능력이 서로 상응하지 않는다면 이 학생은 '읽기 부진아'이자 난독증으로 분류한다. 반대로 지능과 읽기 능력이 상응하여 읽기를 못하는 경우 이 학생은 '읽기 지진아'로 구분한다. 이와 관련한 후속 연구에서 Stanovich와 Siegel(1994)은 읽기 부진아와 읽기 지진아 간의 음운 분절하기 능력의 차이는 통계적으로 유의하지는 않다는 결과를 제시하였다. 그러나 음운 분절하기 능력이 아닌 읽기 과제에서는 읽기 부진아들이 읽기 지진아들보다 훨씬 더 높은 성취 수준을 보였다. 이 결과에 대해 Stanovich와 Siegel은 음운 차이 인식 모형의 타당성을 나타낸다고 해석하였는데, 이는 읽기 능력이 부족한 모든 학생들이 음운 인식 과정을 제대로 이해하지 못하기 때문이라는 것이다. 또한 이들은 지능이 난독증 학생들을 결정하는 주요 요소라는 보편적인 믿음이 잘못되었다고 지적한다. Stanovich와 Siegel은 음운 분절하기 처리 과정 결함이 읽기 문제를 유발하는 주요 원인이며, 난독증은 지능의 문제가 아니라 언어 학습에 관한 특별한 학습 능력이 부족한 것으로 재정의되어야 한다고 주장한다.

Mousikou, Coltheart, Finkbeiner와 Saunders(2010)는 이중 경로 모형을 통해 위장된 점화 효과(masked onset priming effect: MOPE)를 설명

하였다. 이들에 따르면 위장된 점화 효과란 독자가 같은 글자나 음운으로 시작되는 점화어(prime)[7]가 보이면, 그와 의미적으로 관련된 목표어(target)로 착각하여 빨리 읽어 버리는 현상을 말한다. 연구자들은 위장된 점화 효과가 첫 번째 글자나 혹은 음운의 영향을 받는지, 아니면 그 이외의 것에도 영향을 받는지 궁금하였다. 이와 관련하여, 연구자들은 첫 실험에서 목표어와 관련된 점화어 81개를 24명의 대학생에게 세 번씩 보여주었다. 그 결과 위장된 점화 효과는 첫 번째 글자나 음운 이외에도 다른 요소의 영향을 받았다. 이후 이중 경로 모형을 활용한 컴퓨터 프로그램으로 동일한 실험을 하였더니 동일한 결과를 얻었다. 다음으로 그들을 두 번째 실험을 하였는데, 24명의 동일한 학생들에게 앞서 보여 주었던 81개의 점화어의 목표어를 보여 주었다. 그 결과 위장된 점화 효과가 나타나기도 하고 나타나지 않기도 하였다. 그러나 이러한 현상을 이중 결합 모형의 컴퓨터 프로그램으로 모의실험하지는 못하였다.

이중 결합 가설을 토대로 Cardoso-Martins와 Pennington(2004)은 음운 분절하기 능력과 명명화 기능, 발달 기간과 읽기 능력 간의 상관도를 분석하였다. 이 연구는 124명 아동들의 문식성 발달을 추적하는 종적 연구였다. 6~7세 아동들 중 읽기 학습에 어려움을 겪었던 부모가 있는 경우는 고위험군으로 분류되었다. 5~7세 아동들 중 부모가 읽기 학습에 어려움이 없었던 경우는 저위험군으로 분류되었다. 3년이 넘는 기간 동안 이 아동들의 문식성 발달을 조사하였으며, 연구 대상 아동들은 1년에 4회 여러 종류의 문식성 평가를 받았다. 이 실험은 음운 분절하기와 명명화 기능이 읽기 학습에 매우 중요한 역할을 한다는 사실을 밝혔다. 그러나 Cardoso-Martins와 Pennington은 다음과 같이 설명한다.

---

7) 역주: prime, 의미적으로 관련된 단어, 점화 효과는 점화어가 앞서 제시된 후 이와 관련된 낱말이 제시될 때 후자에 대한 의미 처리가 빨라지는 효과를 의미한다.

> 그렇다 하더라도, 음운 분절하기와 명명화 기능이 초기 알파벳 문식성 습득에서 대단한 역할을 하는 것처럼 보인다. 음운 분절하기는 음운 지식이 읽기 능력과 문식성 발달 간의 관계를 예측할 수 있는 가장 강력한 변인이며 낮은 읽기 능력을 가진 학습자들에게 큰 도움이 되는 반면, 명명화 기능은 문식성 영역에 제한된다는 점에서 그 효과를 말하기는 쉽지 않다(p.47).

Cardoso-Martins와 Pennington(2004)의 연구 결과는 음운 지식과 이름 붙이기가 읽기 발달에 중요한 역할을 한다는 사실을 밝혀 이중 결함 가설을 증명한다. 이 연구에 따르면 음운 분절하기 능력은 모든 독자의 읽기 발달에 매우 중요한 역할을 한다. 이와 달리 이름 붙이기 능력은 읽기 능력이 낮은 독자들에게만 유용한 요소이다.

예일 대학의 Sally와 Bennett Shaywitz의 연구에서는 6~7세 아동 77명을 대상으로 하여 읽기 유창성을 높이기 위한 읽기 보충 프로그램과 fMRI(Shaywitz et al., 2004)를 통한 뇌 활성화 패턴을 검증하였다. Woodcock Reading Mastery Test(Woodcock, 1987)를 통해 단어 인식이나 단어 공격을 평가하고, 두 평가에서 모두 하위 25% 정도의 성취 수준을 보인 학생들을 이 연구에 포함시켰다. 실험에 참여한 77명의 학생들은 세 집단으로 분류하였다. 37명의 학생이 참여한 실험 집단은 8개월 동안 평균 105시간의 보충 지도를 받았다. 보충 프로그램은 구조적이고, 명시적이며 체계적으로 구성되었고, 글자와 소리의 관계를 인식하고 낱말 내의 각 글자의 소리를 이해할 수 있도록 구성되었다. 학습한 내용은 매일 한 편의 글에 적용하게 하였다. 실험 집단에 참여한 학생들은 또한 학급에서 정규 읽기 지도를 추가로 받았으나 그 외의 보충반 지도라든가, 기본 학습 훈련이라든가 개별 지도 등은 받지 않았다.

12명의 아동들은 일상의 보충 지도를 받았다. 이 아동들은 교실에서 정규 읽기 지도를 받았으며, 어려움을 느끼는 요소에 따라 일반적인 교

Sally E. Shaywitz & Bennett Shaywitz

육적 처치(가령 보충 읽기 지도, 보충반 지도, 개별 지도 등)를 받았다. 이 학생들 중 83%가 하나 이상의 교육적 처치를 받았다. 단, 이 학생들이 그런 학습을 몇 시간 동안 받았는지는 밝히지 않았다.

28명의 학생들은 일반적인 통제 집단으로 구성되었다. 이 학생들은 읽기에 어려움이 없는 학생들이며 집단을 구성하는 데 활용했던 Woodcock Reading Mastery Test(Woodcock, 1987)에서 상위 39번째까지 성취 수준을 보인 학생들이다. 이 학생들은 학급의 정규 지도만 받았으며 별도의 추가적인 지도는 이루어지지 않았다.

이 실험에 참여한 모든 학생들은 앞서 언급한 대로 Woodcock Reading Mastery Test를 받았으며 실험에 앞서 fMRI를 받았다. 글자 인식 과제를 수행하는 동안 학생들의 뇌 활성화 양상을 fMRI로 알아보았다. 그 결과 실험 집단의 학생들은 일반적인 보충 지도를 받은 학생들보다 읽기 유창성(Gray Oral Reading Test와 같은 시험을 통해 검증함)에서 높은 성취 수준을 보였다. 또한 fMRI 결과 실험 집단과 통제 집단의 경우 읽기 과정을 비판적으로 인식하는 역할을 담당하는 뇌의 특정한 기관의 활성화가 매우 증가하였다는 사실을 알 수 있었다.

일반적인 보충 지도를 받은 학생들은 아무런 변화가 없었다. 또한 1년

후에 실시된 사후 검사에서 실험 집단은 여전히 이 기관의 뇌 활성화가 증가되었다는 유의미한 결과가 제시되었다.

이 연구는 몇 가지 중요한 시사점을 준다. 첫째, 다양한 읽기 중재 프로그램은 읽기 능력이 부족한 학생들의 행동과 성취(예: 읽기 유창성과 같은 교육적 시험으로 측정한 것)에 서로 다른 영향을 주며, 뇌 활성화 양상도 서로 다르다는 점이다. 둘째, 뇌 활성화를 증가시키기 위해서는 오랜 시간이 필요하다는 점이다. 이 연구는 fMRI가 교육자들에게 학생들의 인지 과정에 대한 더 깊은 이해를 제시해 줄 것이고, 이에 알맞은 교육적 처치가 효과적으로 이루어질 수 있어 미래의 교육 평가 도구로 활용될 수 있을 것이라 기대한다.

요약

이 장은 읽기와 관련한 9개의 인지 과정 이론으로 정보 처리 이론(Atkinson & Shiffrin, 1968), Gough 모형(Gough, 1972), 자동 정보 처리 모형(LaBerge & Samuels, 1974), 상호 작용식 모형(Rumelhart, 1977), 상호 보완식 모형(Stanovich, 1980), 음운 차이 인식 모형(Stanovich, 1988), 평행 분산 처리 모형(Rumelhart & McClelland, 1986), 이중 경로 모형(Coltheart et al., 1993), 이중 결함 가설(Wolf & Bowers, 1999), 신경 과학 연구(Goswami, 2004; Shaywitz, 2003)에 대해 소개하였다. Atkinson과 Shiffrin(1968)의 정보 처리 모형은 정보 처리 과정을 이론화한 것이다. 이 모형은 뇌에서 정보가 다른 단계, 다른 저장소 즉 감각등록기, 단기 기억, 장기 기억, 음운 고리 등을 통해서 전달된다는 점을 설명하고 있는데, 이 설명은 여러 측면에서 인정받고 있다. Gough의 모형(1972)은 정보 처리 이론을 이론적 기반으로 삼은 첫 번째 읽기 모형이다. 이 모형에서는 수용, 검색, 원 기억, 문장을 읽을 때 그것에 대한 이해가 저장되는 TPWSGWTAU 단계로 읽기 과정을 설명한다. 자동 정보 처리 모형(LaBerge & Samuels, 1974)은 내적 흥미와 외적 흥미의 개념을 통합시켜 읽기를 설명하고, 읽은 내용에 대한 정보 처리가 자동적으로 이루어져야 한다는 점을 제시하였다. 상호 작용식 모형(Rumelhart, 1977)은 네 개의 인지 과정(철자, 의미, 통사, 어휘)을 통해 읽기를 설명하면서 읽기를 비선형적으로 인식한 첫 번째 모형이다. 이 모형은 읽기는 이 네 가지 인지 과정이 동시에 일어남으로써 텍스트에 대한 해석을 가능하게 한다고 본다. 상호 보완식 모형(Stanovich, 1980)은 텍스트 이해 과정에서 하나의 처리장치가 부족하거나 결함이 있을 때 다른 처리장치가 이를 보완하여 내용에 대한 이해를 돕는다고 주장한다. 음운 차이 인식 모형(Stanovich, 1988)은 난독증의 개념을 정의하는 것처럼 음운론적 처리 과정의 결함을 설명하는 데 비해, 평행 분산 처리 모형(Rumelhart & McClelland, 1986)은 독자가 읽은 내용을 이해할 때 네 가지 처리장치(철자, 음운, 의미, 문맥)가 연결주의 원칙에 따라 부족한 부분을 채워 나간다고 본다. 이중 경로 모형(Coltheart et al., 1993)은 낱말 인식에 두 가지 다른 경로가 있다고 본다. 잘 알고 있는 낱말과 그렇지 않은 낱말을 처리하는 과정이 다르다는 것이다. 이중 결함 가설(Wolf & Bowers, 1999)은 음운인식 부족으로 읽기 능력이 부족한 학생들에게 매우 유용하지만, 그 외 다른 학생들에게 음운 분절하기 능력이나 명명화 기능이 그리 유용하지 못하다. 끝으로, 신경 과학(Goswami, 2004; Shaywitz, 2003)은 읽기 과정을 보다 면밀히 연구할 수 있도록 뇌 영상 기술을 제공해 주며 이는 읽기 능력이 부족한 학생들의 진단과 처방에 효과적이다.

토의 주제

- 정보 처리 과정 이론과 모형은 무엇이며 읽기 교육 및 연구에 어떤 영향을 주었는가?
- Gough의 모형은 무엇이며 읽기 교육 및 연구에 어떤 영향을 주었는가?
- 자동 정보 처리 모형은 무엇이며 읽기 교육 및 연구에 어떤 영향을 주었는가?
- 상호 작용식 모형, 상호 보완식 모형은 무엇이며 읽기 교육 및 연구에 어떤 영향을 주었는가?
- 음운 차이 인식 모형은 무엇이며 읽기 교육 및 연구에 어떤 영향을 주었는가?
- 평행 분산 처리 모형은 무엇이며 읽기 교육 및 연구에 어떤 영향을 주었는가?
- 이중 경로 모형은 무엇이며 읽기 교육 및 연구에 어떤 영향을 주었는가?
- 이중 결합 가설은 무엇이며 읽기 교육 및 연구에 어떤 영향을 주었는가?
- 신경 과학 분야의 연구가 읽기 교육에 미친 영향은 무엇인가?

주요 활동

상호 교수(Reciprocal Teaching). 상호 교수의 목적은 읽기 전, 중, 후에 독자의 참여를 활성화시켜 독자의 이해력을 증진시키는 데 있다. 짝을 짓거나 소집단으로 나눈 다음 한 명씩 돌아가며 '교사' 역할을 한다. '교사'는 학생들에게 읽기와 관련한 다음의 네 가지 활동을 하도록 한다: (1) 제목, 핵심어, 혹은 그림을 통해서 읽으려는 텍스트의 내용을 짐작하기 (2) 읽는 동안 이해에 도움이 될 수 있는 질문 마련하기 (3) 중심 생각이나 개념을 명확히 하기 (4) 요약하기.

실천 과제(Class-to-Life Writing Assignment). 앞서 소개한 정보 처리 모형, Gough 모형, 자동 정보 처리 모형, 상호 작용식 모형 및 상호 보완식 모형, 음운 차이 인식 모형, 평행 분산 처리 모형, 이중 결함 가설, 신경 과학 등 각각의 인지 과정 이론에 대해 3~5쪽 정도의 분량으로 요약하시오. 각 모형이 교실에서 어떻게 적용되고 있는지 그 예를 한 가지 이상 설명하시오.

Chapter 8

이론의 통합적 적용

이 장에서는 8살 사라에 대한 일화(1장 참조)를 다시 생각해 보고자 한다. 사라의 상황을 이해하기 위해 앞에서 언급된 이론과 모형을 적용하고자 한다. 각각의 이론에 기초한 렌즈는 사라의 상황을 개선하거나 그 상황을 좀더 면밀히 살피기 위한 방향을 제시한다. 이 장에서는 각각의 이론과 모형을 활용하여 사라의 읽기 부진(reading problem)을 설명하고, 교사가 상황을 개선하기 위해 활용할 수 있는 도구를 제시하고자 한다.

토대 이론들

심성 도야 이론(Mental Discipline Theory; Plato, Aristotle)에 의하면, 사라의 약점인 읽기 부진은 연습의 부족에서 기인한다. 운동을 잘 하기 위해서는 몸에 있는 근육들을 강화시킬 필요가 있듯이 심성 도야 이론에서는 뇌를 연습을 시키면 강화될 수 있는 근육으로 간주한다. 사라의 독서 부진 원인으로 심성 도야 이론의 주요 요소에 관심을 가지고 있는 교육자들은 그녀가 학교나 집에서 얼마나 많이 연습하고 있는지 알고 싶어할 것이다. 만약 연습의 양이 충분하지 않다고 판단되면, 연습 시간을 늘려야 한다. 심성 도야 이론은 2000년 전에 구안되었지만, 많은 교육자들은 심성 도야 이론에서 강조하는 연습 시간이 읽기의 성패를 결정하는 가장 핵심적인 요소라고 보고 있다.

연합주의(Associationism) 역시 Aristotle의 시대로 거슬러 올라가야 한다. 기원전 4세기에 Aristotle은 기억과 학습을 돕는 세 가지 연결 고리를 추정하였다: **연상**(*contiguity*, 이것은 동시에 일어나는 것들이 연합되는 경향이다), **유사**(*similarity*, 이것은 비슷한 성질을 가진 것들이 연합되는 경향이다), **대조**(*contrast*, 이것은 대립되는 것들이 연합되는 경향이다). 연합주의에 따르면 사라의 읽기 부진을 해결하기 위해서는 사라가 읽기 전, 중, 후의 과정에서 만들어 내는 정신적 연합의 형식을 발달시켜야 한다. 그녀의 사고 과정에서 부족한 부분이 드러나면, 읽기 전, 중, 후의 과정에서 정신적인 연합의 강화에 초점을 맞춘 개입을 통해 개선하도록 해야 한다. 만약 사라가 읽기 전에 충분한 정신적 연합 작용을 보이지 않는다면, 읽기 전 브레인스토밍을 하는 것은 연합주의를 적용하는 하나의 좋은 예가 될 수 있다.

Rousseau, Pestalozzi, Froebel에 의해 1700년대 중반부터 1800년대 초기까지 구안된 계발 이론(Uufoldment Theory)은 학습에서 아동의 호기심을 강조한다. 사라의 읽기 상황에 계발 이론을 적용하려면, 읽기 자료가 사라에게 흥미를 주는지 여부를 면밀히 살펴야 한다. 계발 이론을 신봉하는 교육자들은 사라의 읽기 능력을 향상시킬 수 있는 읽기 자료를 제시하기 위해 노력할 것이다. 또한 계발 이론에 대한 Freobel의 연구는 학습에서 놀이의 필요성을 강조한다. 계발 이론을 수용한 교육자들은 사라의 읽기 발달을 위해 게임이나 드라마를 활용할 수도 있다.

1800년대 후기에서 1900년대 초기까지 연구된 구조주의(Structuralism)는 학습을 인지 과정으로 설명하려 하였다. 구조주의자들은 사라의 읽기 부진이 글자를 인식하는 문제와 관련된다고 판단한다. 따라서 사라의 글자 인식에 초점을 두고 시각적 인식 과정과 글에 개입(intervention)하는 과성을 확인하려 할 것이다. 사라가 읽을 자료의 글자 크기나 색깔을 다양하게 할 수도 있다. 구조주의를 따르는 현대의 연구자들은 TTS(text-to-speech)[1]나 디지털 기계를 활용하여 사라의 시각적 인식 과정을 확인하려고 할 것이다.

2장에서 설명된 이론들은 2000년 전에 개발된 것이며 가장 최근에 개발된 이론이 100년 전의 것이다. 그러나 이들은 아직도 현대의 교실에서 적용되고 있다. 앞에서 보여 준 것과 같이 이러한 이론들은 학생들의 읽기 부진을 확인하는 데 이용될 수도 있고 그들의 읽기 부진을 개선하기 위한 방향을 제시해 줄 수도 있다.

행동주의

행동주의는 관찰 가능한 행동 변화에 초점을 두어 학습을 바라보는 관점이다. 행동주의적 관점에서 보면, 변화된 행동은 학습의 결과라고 할 수 있다. 여기에는 세 가지 주요 이론이 있다: Ivan Pavlov와 John Watson이 구안한 고전적 조건 형성 이론(Classical Conditioning Theory), Edward Thorndike가 구안한 연결주의(Connectionism), E. F. Skinner가 구안한 조작적 조건 형성 이론(Operant Conditioning Theory)이다. 이 세 가지 이론은 모두 2장에 언급된 연합주의 기반 위에서 만들어진 이론들이다.

고전적 조건 형성 이론은 연합의 과정을 통해서 학습이 발생한다고 주장한다. Pavlov의 유명한 연구에서는 개가 벨소리와 먹이를 연결지었기 때문에 종소리를 듣고 침을 흘리기 시작했음을 보여 준다. 고전적 조건 형성 이론이 읽기 과정이나 읽기 부진을 설명하는 데 자주 언급되지 않을

1) 역주: Text-to-speech 소프트웨어는 컴퓨터가 텍스트를 음성으로 변환하여 읽어 주는 기능을 가진 프로그램을 말한다.

지라도, 수업 시간에 소리 내어 읽는 것을 불편해하는 사라의 고충은 고전적 조건 형성 이론의 렌즈로 파악할 수 있다. 이러한 관점에 비추어 보면 사라가 수업 시간에 소리 내어 읽지 못하는 것은 실패라는 감정과 연결되어 있음을 파악할 수 있다. 따라서 이를 개선하려면 사라가 읽기에 대한 성공감을 맛볼 수 있게 해야 한다. 교사는 먼저 사라에게 이야기를 읽어 주면서 읽기 내용에 대한 긍정적인 연관을 만들어 줄 수 있다. 또한 교사와 사라는 쉬운 텍스트를 번갈아 가며 읽을 수도 있다. 사라가 이러한 활동에서 성공감을 느꼈을 때, 교사는 점차적으로 읽기 어려운 텍스트를 제공하고 사라가 스스로 읽을 수 있도록 유도해야 한다. 사라가 읽기에 대한 성공 경험을 많이 가지게 되었을 때 교실 수업에서 큰 소리로 읽도록 시켜야 한다. 이러한 교육적 처치는 고전적 조건 형성 이론에 부합한다. 각각의 교육 절차의 목표는 읽기 활동과 긍정적인 경험 및 감정을 연결시키는 데 있기 때문이다.

Pavlov와 Watson이 절차적 행동에 기본적으로 관심을 가진 반면, Edward L. Thorndike는 '하나의 행동 뒤에 수반되는 자극과 그것이 미래의 행동에 미치는 영향'(Slavan, 2003: 140)을 보여 줌으로써 행동주의의 범주를 확장시켰다. Thorndike는 연결주의를 제창하였으며 네 가지 법칙을 상정하였다. 효과의 법칙, 준비의 법칙, 동일 요소의 법칙, 연습의 법칙이 그것이다. 강화의 원리(Principle of Reinforcement)로도 알려진 효과의 법칙(Law of Effect)은 만족스러운 사건에 수반된 행동은 반복되어 나타날 가능성이 높다는 것이다. 반대로 불만족스러운 사건에 수반된 행동은 반복되지 않을 가능성이 높다. 준비의 법칙(Law of Readiness)은 어려운 과제보다는 쉬운 과제를 먼저 제공하였을 때 학습 효과가 더 크다는 원리이다. 동일 요소의 법칙(Law of Identical Elements)은 처음에 주어지는 상황과 다음에 주어지는 상황에 동일한 요소가 더 많이 들어 있을수록 지식의 전이가 효과적으로 일어나며 이후에 주어진 상황을 학습하기 쉬워진다는 것이다. 마지막으로 연습의 법칙(Law of Exercise)은 자극-반응의 연결이 자주 연습될수록 자극과 반응 사이의 유대가 더욱 튼튼해진다는 것이다. 반면에 연결이 줄어들면, 유대 역시 약해진다.

효과의 법칙, 준비의 법칙, 동일 요소의 법칙과 연습의 법칙은 사라의 읽기 부진을 개선하는 방안으로 활용될 수 있다. 준비의 법칙을 통해 사라에게 보다 어려운 읽기 자료를 가르치려면, 먼저 쉬운 읽기 연습 자료를 제공해야 한다. 효과의 법칙에 따르면 사라는 매 읽기 과정마다 긍정적인 경험을 해야 한다. 동일 요소의 법칙을 통해, 유사한 어휘를 가진 읽기 자료를 읽는 활동은 사라의 읽기 능력을 강화시켜 줄 수 있다. 마지막으로 연습의 법칙을 통해서는 사라의 읽기 연습량을 늘려야 하고, 추가적으로 읽기 활동을 하면 그녀의 읽기 능력은 더욱 강화될 것이다.

Skinner의 조작적 조건 형성 이론은 행동주의를 더욱 심화시켰다. Skinner는 학습에서 연합주의의 중요성을 기반으로 하는 Pavlov와 Watson의 연구를 계승하였다. 그는 행동과 후속 결과를 연결 짓는 Thorndike의 업적도 계승하였다. Skinner의 연구는 행동 변화를 위해 강화와 처벌을 이용하는 데 중점을 두고 있다. 그는 후속 결과의 직접성과 강화의 절차에 대하여 실험하였다. 또한 그는 강화에 의해 성공적으로 변화될 수 있는 행동의 범위를 의미하는 **형성**(*shaping*)이라는 개념을 구체화하였다.

조작적 조건 형성 이론의 렌즈를 사라의 읽기 부진에 적용하기 위해서는 학습에 있어서 강화와 처벌의 사용을 살펴야 한다. 읽기 과제는 개인적으로 확인 가능하고 강화될 수 있는 독립적 기술을 익힐 수 있도록 제작되어야 한다. 낱자의 이름이나 소리를 아는 것과 같은 읽기 준비도는 개별 학습 과제를 통해 복습되어야 한다. 그리고 사라가 학습 과제를 정확하게 해결하면 칭찬, 사탕, 점수, 스티커 등의 긍정적인 후속 결과를 사용하여 강화해 주어야 한다. 기본적으로 형성의 의미에 따르면, 모든 읽기 반응은 보상되어야 한다. 그러나 그 보상은 점차적으로 학습자가 접근할 수 있는 범위 내에서 더 복잡하고 힘들며, 유창하면서도 더 높은 수준의 읽기 수행에만 이용되어야 한다.

행동주의를 구성하고 있는 이론들은 1900년부터 1950년까지 미국의 교육계에서 주도적인 역할을 하였다. 이후 많은 대안적인 교육 이론들도 생겨났지만 행동주의는 여전히 미국의 교육계에서 한 자리를 차지하고 있다. 오늘날 많은 아동들이 가진 교육적 · 심리적 문제와 읽기 부진을 확인하고 처치하는 데 이러한 이론이 렌즈로 활용되고 있다.

구성주의와 읽기

행동주의가 미국에서 활발하게 연구되고 있을 때, 구성주의 역시 미국의 교육자들에게 영향을 미치고 있었다. 구성주의는 학습에서 개인에 의한 지식의 **능동적 구성**(*active construction*)을 강조한다(Gunning, 2010). 구성주의자들의 관점에서 학습은 개인이 기존에 가지고 있었던 지식과 새로운 지식을 통합할 때 일어난다. 이러한 관점에서, 기존의 지식과 새로운 지식의 통합은 학습자가 학습 과정에 능동적으로 관여할 때 비로소 일어나게 된다.

John Dewey는 미국의 초창기 구성주의를 대표하는 인물이다. 학습에 대한 그의 관념은 Rousseau, Pestalozzi, Froebel에 의해 창안된 초기 계발 이론에 바탕을 두고 있다. Dewey는 이들 고전적인 철학자와 교육자들의 업적을 기반으로 개인의 성장과 주변 환경의 중요성 및 학습에서 교사의 역할을 강조하였다. 그는 또한 문제-기반(problem-based) 학습과 사회적 협력(social collaboration)의 중요성을 역설하였다. Dewey는 최적화된 학습을 위해선 학생들이 함께 가설을 세워 공부해야 하며, 가설을 검증하기 위한 자료를 모으고, 결론을 이끌어 내어 본래의 문제를 반성(reflection)하고 그것을 해결하기 위해 필요한 사고의 과정을 밟아야 한다고 하였다. Dewey의 교육에 대한 철학은 탐구 학습(Inquiry Learning)으로 잘 알려지게 되었다.

Dewey의 탐구 학습을 사라의 읽기 부진에 적용하기 위해서는 문제-기반 학습의 효과와 사회적 협력 학습의 영향을 고려해야 한다. 탐구 학습을 믿는 구성주의자들은 사라에게 그녀가 흥미로워하는 교과의 영역과 관련된 읽기 자료를 제공해야 한다고 제안한다. 그리고 그 읽기 자료와 관련된 문제를 제시하여 그녀가 그것을 해결할 수 있도록 해야 한다고 말한다. 그러면 사라는 그 문제를 해결하기 위하여 읽고 쓰게 될 것이다. 또한 탐구 학습은 수업의 일부로 사회적 협력 과정을 포함해야 한다고 말한다. 예를 들어 사라가 여행에 관심을 가지고 있다면 사라에게 자신이 가고 싶은 곳을 선정하도록 할 수 있다. 여행지에 대한 글을 읽게 한 후에 사라에게 그녀가 가고 싶어하는 특별한 곳에 대한 광고지를 만들게 할 수 있다. 다른 학생들도 광고지를 만들거나, 사라가 자신의 광고지를 만들도록 도와줄 수 있다.

스키마 이론(Scheme Theory) 역시 구성주의 이론의 하나이다. Anderson과 Pearson(1984)은 Bartlett의 연구(1932)를 확장시켰다. 그들의 연구에서 하나의 **스키마**(*schceme*)는 지식이며 마음속에서 지식을 구조화하는 방식이다. 스키마는 기존 지식의 구조가 새로운 정보를 통합하기 위해 조정되는 것을 보여 주며 스키마타는 시간에 따라 달라지기도 한다. 스키마 이론에 의하면, 독자는 텍스트를 이해하기 위하여 텍스트의 주제에 알맞은 배경지식이 필요하다. 스키마 이론은 독자가 읽는 과정에서 이미 알고 있었던 배경지식을 서로 연결시켜야 한다고 언급한다.

스키마 이론에 따른다면, 사라의 읽기 부진은 읽기 주제나 읽기 과정에 관련된 스키마타의 질에 기인한다. 또한 이 이론에 따르면 사라가 글을 읽을 때, 그녀가 기존에 가지고 있었던 스키마를 활성화시킬 수 있는지 혹은 그렇지 않은지를 확인해야 한다. 만약 사라의 스키마가 충분하지 않다면 그녀의 배경지식을 풍성하게 할 수 있도록 도와주어야 한다. 예를 들어 사라가 남북 전쟁(Civil War)에 대한 글을 읽는다고 가정하자. 교사는 사라가 남북 전쟁에 대하여 이미 알고 있는 것이 무엇인지 확인해야 한다. 이때 KWL 차트나 브레인스토밍(brainstorming) 활동을 활용할 수 있다. 만약 교사가 사라의 배경지식이 충분하지 못하다고 판단한다면, 교사는 사라가 텍스트를 읽기 전에 남북 전쟁에 대한 추가적인 사실이나 능동적인 학습 경험을 제공할 수 있다. 스키마 이론과 관련된 교육 방법으로서, 교사는 읽기 전에 먼저 문제를 제시하고 읽은 후에 그 문제의 답을 말하도록 할 수 있다. 배경지식을 풍부하게 하여 능동적인 학습을 경험하도록 하는 예로, 남북 전쟁 시기의 미국 지도를 만들어 보도록 할 수도 있다.

Rosenblatt(1984)은 스키마 이론을 더욱 확장하여 읽기에 적용하였다. 개인은 특정 분야에 대한 스키마를 구성하며 그것은 개별적 속성을 갖는다는 생각에 기반하여, Rosenblatt은 모든 읽기 경험이 개인들마다 독자적이라고 주장한다. 모든 독자가 서로 다른 형식으로 읽는다는 개념은 Rosenblatt의 교류 이론(Transaction Theory)/독자 반응 이론(Reader Response Theory)의 초석이 되었다. Rosenblatt은 독자가 책을 읽을 때 두 가지 방법으로 반응하며 읽게 된다고 말한다. 즉 원심적 반응과 심미적 반응이다. **원심적 반응**(*efferent responses*)은 사실적이고 객관적인 것이고, **심미적 반응**(*aesthetic responses*)은 감정에 기반한 개인적이고 주관적인 것이다.

교류 이론이나 독자 반응 이론을 사라의 읽기 부진에 적용하기 위해서는 읽기 자료에 대한 그녀의 원심적 반응과 심미적 반응을 살펴보아야 한다.

교사는 먼저 사라에게 텍스트의 한 부분을 읽게 하고 그 부분에 대한 사라의 생각에 대하여 이야기할 수 있다. 그 대화는 사라의 원심적 반응과 심미적 반응을 알아볼 수 있는 질문과 대답으로 이루어져야 한다. 이후에 점차적으로 사라에게 읽기 과제를 스스로 해결할 수 있도록 격려하면서 텍스트에 대한 원심적이고 심미적인 반응에 대한 이야기를 지속할 수 있다.

심리언어학 이론(Psycholinguistic Theory, Goodman, 1967)은 구성주

의에 속하는 또 다른 이론이다. 심리언어학 이론은 읽기를 언어 과정으로 파악한다. 심리언어학 이론의 중심 원리에 따르면 독자가 텍스트를 빠르게 읽도록 도와주는 언어 신호 체계(language cueing system)가 있다. 독자는 다양한 언어 신호 체계를 사용하는데, 특히 심리언어학 이론에서는 통사 체계, 의미 체계, 음운-자형 정보 체계를 주목한다. **통사 체계**(*syntactic system*)는 문법 구조나 통사 구조를 의미하며 독자가 글을 읽을 때 앞으로 나올 단어를 예상할 수 있게 한다. **의미 체계**(*semantic system*)는 단어나 문장의 의미를 말하며 독자가 글을 읽을 때 전개되는 내용을 이해하도록 유도한다. **음운-자형 정보 체계**(*graphophonic information system*)는 글자의 소리와 그 모양의 정형화된 양식에서 유래된 것으로 독자가 글을 읽을 때 앞으로 나올 단어를 예상하도록 한다.

사라의 읽기 부진을 해결하기 위하여 심리언어학 이론을 적용하려면, 교사는 사라의 언어 신호 체계를 확인하기 위하여 그녀의 오류 현상(예를 들어 음독 오류)을 확인하고 어떤 언어 체계를 활용하지 못하는지 살펴야 한다. 예를 들어 사라가 어떤 단어를 소리 내어 읽지 못한다면 음운 자형 정보를 제대로 활용하지 못하는 상황이다. 이러한 분석 자료에 따르면 사라에게 이 분야에 대한 추가적인 교육이 필요하다. 또한 사라가 문장을 읽을 때에 의미가 잘 통하지 않게 소리 내어 읽는다고 가정해 보자. 이것은 사라가 의미 체계를 잘 활용하지 못하고 있다는 것을 의미하며 이에 대한 교정이 필요하다는 것을 알 수 있다. 요약하면, 심리언어학의 신호 체계 분석을 통하여 사라가 글을 읽을 때 잘 할 수 있는 것과 하지 못하는 것이 무엇인지 알 수 있으며 그에 대한 교육적 처치를 계획할 수 있다.

1971년에 Smith가 발간한 저명한 저서인 『Understanding Reading』에서 그는 심리언어학 이론의 개념을 읽기 교육에 적용하였다. 이 책은 1980년대 이후 문식성 교육에서 강력한 영향력을 미치고 있는 총체적 언어 이론(Whole Language Theory)의 토대가 되었다. 총체적 언어 이론은 교육자가 의도한 교육 전략을 통해 아동이 읽기를 어떻게 배우는가에 대한 철학을 담고 있다. 총체적 언어 교실에서 문식성 학습은 아동 중심(child-centered)으로 의미 있고 계획적으로 설계된다. 또한 문식성 활동은 미술, 음악, 사회, 과학, 수학과 같은 내용교과의 학습과 함께 통합되어 이루어진다. 총체적 언어 교육에서 주제는 내용교과와 문식성 경험을 연결한다. 다양한 장르의 아동문학 작품들도 읽기 자료로 활용된다.

총체적 언어 이론을 사라의 읽기 부진에 적용하기 위해서는 사라가 할 수 있는 것과 의미 있어 하는 것 그리고 문식성 기능 관련 학습 경험이 무엇인지 파악해야 한다. 더 나아가 이러한 접근 방법은 사라의 문식성 교육의 수준을 결정하기 위하여 어떠한 내용교과가 함께 통합될 수 있는지 확인하는 방안이기도 하다. 총체적 언어 이론의 관점을 활용한 교육적 처치는 사라 개인을 위해 의미 있는 문식성 경험을 제공하고, 사라가 실제처럼 느끼는(authentic) 환경을 구성해 주는 것이다. 예를 들어 사라가 가장 좋아하는 작가에게 책의 내용과 관련된 편지를 쓰도록 하거나, 특별히 관심 있는 주제에 대해 조사하도록 할 수 있다. 또한 다른 내용교과 수업시간에 사라에게 글을 읽도록 유도할 수도 있다.

초인지(*metacognition*)는 자신의 사고에 대하여 인지하는 것이다. 연구자들은 초인지에 대한 연구를 통하여, 능숙한 독자는 텍스트에 대한 이해를 증진하기 위해 텍스트를 읽는 동안 다양한 초인지를 활용하고 있다는 것을 알게 되었다(Pressely, 2000). 예를 들어, 능숙한 독자는 자신이 읽고 있는 텍스트를 이해하고 있는지 혹은 그렇지 못한지 인지한다. 따라서 이해가 안 되는 부분이 있을 때에는 단어의 의미를 찾아보고 느리게 읽어도 보며, 다시 읽기도 하는 '재확인하기(fix-up)' 전략을 활용한다. 연구자들에 의해 일관적으로 보고되는 것은, 능숙한 독자들의 경우 초인지 전략을 효과적으로 사용하는 데 반해, 미숙한 독자들은 이러한 기능을 가지고 있지 못하다는 것이다(Baker, 2002). 결론적으로 초인지 이론은 초인지 전략에 대한 직접적이고 명시적인 교육을 통해 미숙한 독자들의 이해력이 향상될 수 있음을 시사한다. 사라의 읽기 부진을 해결하기 위하여 초인지 이론을 적용하려면, 먼저 사라가 글을 읽을 때 초인지 전략을 활용하고 있는지 확인해야 한다. 만약 그녀가 초인지 전략을 활용하고 있지 않다면 그녀의 읽기 부진을 교정하기 위해, 초인지 전략을 직접적이고 명시적으로 가르쳐야 한다.

이 책에서 언급된 구성주의 이론은 탐구 학습(Inquiry Learning), 스키마 이론(Scheme Theory), 교류/독자 반응 이론(Transaction/Reader Response), 심리언어학 이론(Psycholinguistic Theory), 총체적 언어 이론(Whole Language Theory)과 초인지 이론(Metacognitive Theory)이다. 구성주의 이론은 독자의 능동적인 의미 구성에 초점을 맞춘다. 그러나 이러한 성향에도 불구하고 각각의 이론들은 사라의 읽기 부진을 각각의 관점에서 바라보며, 그에 알맞은 특별한 처방도 제안한다.

문식성 발달 이론

1900년대 초, Dewey(1916) 같은 구성주의자들이 개인 내부에서 일어나는 이해 작용을 설명하기 위한 연구를 진행하고 있었고, Watson(1913)과 Thorndike(1903, 1931)와 같은 행동주의 이론가들은 관찰 가능한 행동의 측면에서 학습을 이해하고 설명하려고 하였다. 같은 시기에, 발달 이론가들은 통시적인 관점에서 문식성 발달을 설명하려고 노력하고 있었다. 발달의 관점에서 연구된 이론들은 특정 행동이나 능력이 어떻게 성장하는지 연대기적으로 설명하고자 하였다.

발달 이론가로 평가받는 Piaget(Piaget & Inhelder, 1969)는 아동의 사고가 시기별로 변하는 과정을 설명한 인지 발달 이론(Theory of Cognitive Development)을 제창하였다. Piaget는 아동이 성장할 때 사고의 질에 영향을 미치는 요소(factors)와 아동의 사고 처리 과정(processes), 그리고 그들이 성숙해 가면서 거치는 단계(stage)를 분명히 밝혔다. Piaget의 이론은 문식성 교육자들이 아동의 사고 능력 차이와 인지 능력 및 문식성 발달의 관계를 이해하도록 돕는다. Piaget의 인지 발달 이론을 사라의 읽기 부진을 해결하기 위한 방법으로 적용한다면, 사라가 읽기 과제를 해결할 수 있을 정도의 인지 능력을 가지고 있는지 확인해야 하는데, 이러한 현상은 사라가 본래 가지고 있는 선천적인 것이며 추상적이다. 만약 그녀가 추상적으로 사고해야 하는 학습 과제를 해결할 수 있을 만큼 인지적으로 발달되지 못하였다면 그녀의 인지 능력이 충분히 발달하기 전까지 더 쉬운 과제를 제공해야 한다.

Morphett과 Washburne(1931)에 의해 만들어진 성숙 이론(Maturation Theory)은 아이가 기초적인 읽기 과제를 성공적으로 해결할 수 있을 정도의 나이가 될 때까지 읽기 교육이 지연되어야 한다고 주장한다. Morphett과 Washburne의 연구 결과에 의하면, 아동에게 읽기 교육을 해야 하는 최적화된 시기는 6세 6개월이 되었을 때이다. 따라서 그들은 아동이 이 나이가 될 때까지 읽기 교육을 시키면 안 된다고 주장한다. 이 이론은 학부모와 교육자들이 너무 어린 아동에게 읽기를 지도했을 때, 아동의 읽기 능력에 해를 끼칠 수 있다는 믿음을 담고 있다. 성숙 이론은 오랜 기간 의심받긴 했지만, 미약하게나마 살아남아 있다. 많은 교육자들은 아직도 아동이 공식적인 읽기 교육을 받기 전에 일정 수준에서 성숙의 정도를 보여주어야만 한다고 믿고 있다. 성숙 이론은 사라의 읽기 부진을 해결하기 위해 적용할 수 있는 추가적이거나 대안적인 교육 방법을 제공하지는 않는다.

Holdaway(1979)는 읽기 학습에서 문식성 발달은 자연적이고 발달적인 발생(occurrence)이라고 본다. Holdaway는 읽기 학습은 가정에서부터 시작된다고 주장한다. 아이는 부모가 글을 읽거나 부모가 아이에게 책을 읽어 줄 때 처음으로 읽기를 하는 광경을 보게 된다. 이 이론에 의하면, 부모는 아동의 모델이 되고 아동은 부모를 따라하려고 노력한다는 것이다. 아동의 첫 시도는 모방을 통해서 나타나는데, 그것은 적어도 아동이 읽기를 하려는 가능성으로 받아들여질 수 있고, 읽기에 대한 오류도 여기서 기인한다. 이는 Holdaway의 표현을 빌리자면 '가능성의 총체(gross approximation)'라고 할 수 있다. 그렇기는 하지만 Holdaway는 읽기에서 이러한 첫 시도가 부모에 의해 강화될 수 있고, 그래야만 한다고 믿는다. 문식성 발달에 관한 이러한 이론에 따르면, 점진적으로 읽기에 대한 정제된 시도가 일어나면서 아동은 비로소 읽기 시작한다는 것이다. 따라서 Holdaway의 이론에 의하면, 읽기 발달은 아동의 음성 언어 능력의 자연적인 발달을 모방하여 자연스럽게 이루어진다.

문식성 발달 이론을 사라의 읽기 부진에 적용하면, 사라에게 적당한 읽기 방법을 적용하기 위하여 그녀가 가정에서 글을 읽는 상황과 수준을 검토해야 한다. 또한 문식성 발달 이론에서는 가정에서의 풍부한 문식성 환경을 강조할 뿐만 아니라, 교실에서의 풍부한 문식성 환경도 권장하고 있다. 교사는 교실 안의 주요 물건에 이름을 붙여 놓는 등 아동이 자기 자신을 조절하면서, 스스로 읽을 수 있는 환경을 구성하도록 해야 한다. 그리고 아동이 (교실 안에서) 높은 수준의 아동 문학을 경험하게 함으로써 유의미한 언어 경험을 할 수 있도록 해야 한다. 또한 Holdaway는 학생들 사이에 일어나는 활동이 매우 중요함을 강조하였다. 그가 가장 효과적이라고 제안한 활동은 빅북(big book)을 활용하여 학생들이 함께 읽는 것이다. 문식성 발달 이론은 사라의 읽기 부진을 해결하기 위해 위에서 언급한 모든 활동을 적용할 수 있다고 제안한다. Holdaway의 이론과 그것의 적용은 발생적 문식성 이론(Emergency Literacy Theory)과 부합한다(Morrow, 2012).

1980년대 초기에, 교육자들은 독자가 유창하게 읽기 위해서 거쳐야 하는 단계와 관련된 이론과 읽기 능력의 발달에 관심이 있었다. 비록 실제 읽기 발달이 연속적이고 점진적일지라도, 단계의 인식은 발달 과정을 명확하게 구분하는 데에 도움을 주었다. 읽기 발달의 단계는 Ehri(1991), Chall(1986), Gough 외(1992), Frith(1985)와 같은 많은 연구를 통해 제안된 바 있다. 이러한 모든 단계 이론(Stage Model)들은 독자가 글자를 인식하는 시각적 단계, 알파벳을 인식하는 단계, 철자를 인식하는 단계를 겪는다고 보고 있다.

읽기 발달 단계 모형 렌즈를 통해 사라의 읽기 부진을 해결하기 위해서는 사라의 발달 단계를 확인하는 작업이 필요하다. 만약 사라가 시각적 단계에 있다면, 그녀는 일견 어휘(sight word)를 읽을 수는 있지만 그 밖의 것들을 읽을 수 없는 상태이다. 예를 들어 사라가 그녀의 이름이나 'mom'이나 'dad' 같은 단어를 읽지 못한다면, 'pad'라는 단어를 읽을 수 없는 것은 당연하다. 시각적 단계에 있는 독자들은 일견 어휘를 읽을 수 있는 능력밖에 없기 때문에 사라는 'pad'와 같은 단어를 읽기 위한 다른 전략을 사용할 수 없다. 만약 사라가 글자 해득(letter-by-letter)법으로 'pad'를 소리 낼 줄 안다면, 그녀는 알파벳 단계에 있는 것이다. 만약 사라가 'p-ad'로 끊어서 읽을 줄 안다면, 그녀는 단어를 의미 단위인 청크(chunk)로 나눌 수 있는 철자법 단계에 있는 것이다. 이것이 단어를 식별할 수 있는 최종 단계의 특징이며, 능숙한 독자가 모르는 단어를 읽을 수 있는 방법이기도 하다. 사라에게 필요한 교육적 처방은 그녀의 발달 단계에 달려 있다. 예를 들어, 만약 그녀가 시각적 단계에 있다면 낱자 각각의 소리를 배워야 하며, 단어족을 익히는 것이 다음 단계로 진보하는 데 도움이 될 것이다.

읽기 발달 단계 모형은 교육자들이 아동의 초기 읽기 발달을 이해하는 데 높은 가치를 갖지만, 이 연구들의 주요 내용은 거의 어휘 인식과 관련되어 있다. 어휘 인식보다 더 넓은 분야에 관심을 가지고 있는 이론가나 연구자들은 발생적 문식성 이론(Emergent Literacy Theory)으로 알려진 연구를 진행하였다. 발생적 문식성 이론가들은 아동의 듣기, 말하기, 읽기, 쓰기 발달이 모두 연관되어 있다고 믿는다. 문식성 발달 이론가들은 아동의 듣기, 말하기, 읽기 및 쓰기 기능이 태어나면서부터 시작되어 지속적으로 진행된다고 믿고 있기 때문에 아동의 가정환경을 아동의 문식성 발달에 매우 중요한 요인으로 간주한다.

발생적 문식성 이론을 따르는 사람들은 사라의 읽기 부진을 해결하기 위해 그녀의 듣기, 말하기, 읽기 및 쓰기 능력 전반을 살펴볼 것이다. 또한 그녀의 가정 문식성 환경의 질과 문식성 학습에 대한 태도도 함께 검토하려고 할 것이다. 발생적 문식성의 관점에서 사라가 책에 대해 가지고 있는 관점과 글로 쓰인 텍스트에 대한 관점은 반드시 확인되어야 한다. 더불어, 읽기 발달 단계 모형 이론가들에 의해 제안된 세 단계 중 그녀가 어느 위치에 있는지도 살펴보아야 한다.

발생적 문식성 이론의 관점에서 사라의 읽기 부진을 바라보는 교사는 다른 발달 이론가(예를 들어 Holdaway)들에 의해 제안된 다양한 전략들을 사용하려 할 것이다. 가족 문식성 전문가들은 이러한 두 가지 형식의 의사소통이 필수적이라고 주장한다.

이 장에서 마지막으로 언급되는 발달 이론인 가족 문식성 이론(Family Literacy Theory)은 가족 구성원 사이의 관계와 문식성 발달에 대한 연구이다(Morrow, 2009). 이와 관련된 연구는 풍부한 가정 문식성 환경이 최고 수준의 유치원 환경보다 성공적인 문식성 발달에 큰 영향력을 미친다는 것을 입증한다(Bus, van IJsendoorn, & Pellegrini, 1995; Hart & Risley, 1999; Scarborough & Dobrich 1994). 문식성 환경이 풍부한 가정에서는 많은 책과 읽기 자료를 구비하고 있고, 가족 구성원은 문식성 활동에 개입하여 아동에게 모델이 되어 줄 수 있다. 또한 학부모는 성공적인 독자로서 아동의 학교 학습 과제를 도와주고, 아이들의 문식성 발달에 대한 정보를 찾기도 한다.

가족 문식성 이론(Talor, 1983)을 사라의 읽기 부진에 적용하면, 사라가 집에서 질 높은 문식성 환경에 있을 수 있도록 해야 한다. 이것은 그녀가 가족들과 함께 질 높은 상호 작용을 자주 할 수 있는 것도 포함한다. 이러한 관점에서 사라를 돕기 위한 개입은 그녀의 문식성 신장과 관련한 정보를 가족들에게 전하는 것과 가족으로부터 사라에 대한 정보를 수집하는 활동을 모두 포함한다. 교사는 사라의 가족들이 사라의 읽기를 도와 줄 수 있는 방법을 부모와 공유해야 한다. 또한 가족 문식성 이론에서는, 교사는 사라가 가정에서 겪는 문식성 경험에 대한 정보를 사라의 부모로부터 가능한 한 많이 얻도록 노력하기를 권한다.

이 장에서 언급한 발달 이론은 인지 발달 이론(Theory of Cognitive Development; Piaget & Inhelder, 1969), 성숙 이론(Maturation Theory; Morphett & Washburne, 1993), 문식성 발달 이론(Theory of Literacy Development; Holdaway, 193)과 읽기 발달 단계 모형(Stage Models, Ehri, 1991; Frith, 1985; Chall 1983), 발생적 문식성 이론(Emergent Literacy Theory; Clay, 1985), 가족 문식성 이론(Family Literacy Theory; Taylor, 1983) 등이다. 여기 언급된 모든 이론들은 아동의 초기 문식성 발달에 대한 상호 보완적 관점을 보여 주며, 사라의 읽기 부진을 이해하고 해소하기 위한 기술과 교육적 개입을 안내해 준다.

사회적 학습의 관점

사회적 학습의 관점은 문식성 학습에 대하여 사회적 영향과 상호 작용을 강조한다. 사회언어학 이론(Socilinguistic Theory)을 가장 처음 읽기 분야에 적용한 연구는 1970년대에 나타났다(Bernstein, 1972a, 1972b). 사회언어학 이론은 읽기 능력과 그 습득에 있어서 특별히 개인 언어의 역할을 중요시한다. 사회언어학 이론에 의하면 사회적 언어 상호 작용의 다양한 양식은 결과적으로 개인적 차원의 다양한 읽기 능력으로 연결된다고 한다.

사라의 읽기 부진을 사회언어학 이론을 토대로 분석하면, 사라의 구어 능력을 점검할 필요가 있다. 사라가 음성 언어 텍스트를 이해하고 생산하는 능력을 평가해야 한다. 검사 영역에는 사라의 이해력과 말하기 소리,

방언의 사용, 통사 구조(예를 들어, 문장에서 단어의 위치가 명확한지 아는 능력)와 의미(예를 들어, 문장이 의미하는 바를 이해하는 능력) 구성이 포함되어야 한다. 이 부분에서 부족한 부분이 발견되면, 사회언어학 이론은 구어에 대한 교정을 제안한다. 사라에게 적용할 수 있는 하나의 방법으로 언어 경험 접근법(Language Experience Approach)이 있으며, 이것은 사회언어학 이론을 활용하여 읽기 교육을 실시하는 대중적인 방법이다. 이러한 방법은 사라의 음성 언어 능력을 강화하는 데 도움을 줄 수 있으며 동시에 그녀의 텍스트 이해 능력에도 도움을 준다.

사회 문화 이론(Socio-Cultural Theory; Bronfenbrenner, 1979)은 인간 경험에 있어서 사회적, 문화적, 역사적 요인을 중요시한다. 사회 문화 이론은 학습에 있어서 사회적 관점을 취한다는 측면에서 사회언어학 이론과 유사하다. 그러나 사회언어학 이론이 학습에서 학습자의 언어에 초점을 맞춘다면, 사회 문화 이론은 학습자의 언어에 국한되지 않고 학습자가 속한 문화 영역에까지 관심을 둔다.

사회 문화 이론을 사라에게 적용하면, 그녀의 인생에 영향을 미친 가장 강력한 사회적 계층에 대해 확인하는 작업이 필요하다. 사라에게 가장 강력하게 영향을 미친 가정과 교실이 적합한 환경을 가지고 있는지 연구해야 한다. 그러나 사회 문화 이론은 세세한 개입 방법을 제공하지는 않는다. 다음으로 사라의 가정과 학교가 영향을 받고 있는 중간체계에 대한 검토가 필요하다. 사라의 교사와 학부모 간에 이루어지는 대화의 초점이 어디에 있는지, 어떤 효과가 있는지 유심히 관찰해야 한다. 세 번째 단계로 사라의 인생에서 가장 외부 체계에 속하는 지역 사회와 국가, 세계의 차원을 검토할 필요가 있다. 따라서 사회 문화 이론의 렌즈는 사라의 읽기 발달에 영향을 미쳤을 것으로 예상되는 여러 수준의 환경을 검토하는 기회를 제공한다.

Vygotsky에 의해 제창된 사회 구성주의(Social Constructivism)는 사회-역사 이론(Socio-historical Theory)으로도 잘 알려져 있으며 사회적 학습 이론의 하나라고 할 수 있다. 사회 구성주의는 아동의 성장은 기본적으로 타인과의 사회적 상호 작용의 결과라는 믿음에 바탕을 두고 있다. 또한 사회 구성주의는 아동의 발달에서 기호 체계(예를 들어 음성언어 받아쓰기와 셈하기)를 완벽하게 이해하는 것이 매우 중요하다고 강조한다. 사회 구성주의의 주요 개념 중 하나는 학습에 적합한 과제의 난이도를 이상적인 수준으로 나타내는 **근접 발달 영역**(*Zone of proximal development*)이다. Vygotsky가 제안한 또 다른 개념으로 **비계**(*scaffolding*)가 있는데, 이것은 아동이 학습할 때 어른이나 보다 나은 동료가 도움을 주는 것을 말한다.

사회 구성주의의 관점에서 보면 사라가 자신의 읽기 부진을 해결하기 위해서는 교사나 학부모 및 동료와 함께 상호 작용을 해야 한다. 사라의 문식성 과제는 사회적 협력에 의해서 완성되어야 하며 그 내용은 그녀가 성취할 수 있는 근접 발달 영역 안에 있어야 한다. 이 장에서 논의한 바와 같이, 유능한 동료나 친구 혹은 성인 전문가의 교육적 도움은 사라의 읽기 문제 해결에 도움이 될 수 있다.

Bandura(1967, 1977, 1989, 1997)는 사회적 학습 이론(Social Learning Theory)을 발전시켰으며 이것은 최근에 사회 인지 이론(Social Cognitive Theory)으로 명칭을 변경하였다. Bandura가 사회 인지 이론을 만들게 된 초기 문제의식은, 학습에 대한 행동주의의 설명이 대리적인 학습 현상과 타인을 관찰함으로써 얻은 학습의 개념을 설명할 수 없다는 것이다. Bandura는 사람은 사실 자신의 직접적인 경험보다 다른 사람을 관찰함으로써 더 많이 배운다고 하였다. 사회 학습 이론에서 우리가 배움을 얻도록 하는 사람을 **모델**(*model*)이라고 한다. 비슷한 측면에서 **시범**(*modeling*)은 모델에 의해 보여지는 행동을 의미한다.

사회 학습 이론은 사라의 인생에서 모델과 시범이 그녀의 읽기 문제를 해결하는 데 중요한 요소가 될 수 있음을 보여 준다. 사라의 모델들은 그녀의 가족, 선생님과 학교 친구들일 수 있다. 사회 학습 이론은 이러한 모델들이 사라가 따라 하고자 하는 행동에 관여한다고 한다. 예를 들어 다양한 읽기 자료에 내한 시속석인 묵녹(SSR: sustained silent reading)과 읽기에 대한 긍정적인 태도, 다양한 목적의 쓰기 활동 그리고 자신이 읽은 자료에 대한 깊이 있는 토론 활동 등이 이에 속한다. 이러한 시범 행동들은 사라의 읽기 기능을 발달시키는 데 도움이 된다.

또한 사회언어학 이론의 지류인 사회 문화 이론, 사회 구성주의 이론과 사회 학습 이론, 사회적 학습의 관점은 쓰기 교육의 이론적 기반은 물론이고, 문식성 교육에 대한 정치적 양상과 관련된 연구의 기반을 제공하였다. 정치적 렌즈를 활용하여 문식성 교육을 바라보는 연구는 비판적 문식성 교육(Critical Literacy Theory; Friere, 1970; Siegel & Fernandez, 2000)이라는 큰 범주(Umbrella terms) 아래에서 논의될 수 있다. 비판적 문식성 이론은 교육의 정치적 중립성에 반기를 든다. 대신에 이 이론에서는 "교육과 교육과정이 사회적 통제를 목적으로 생산된 지식을 학생이 배우도록 유도하고 강요한다는 점에서 다분히 정치적이다"라고 말한다(Siegel & Fernandez, 2000: 141). 이러한 입장에서 보면, 사회경제적 지위(SES)가 낮은 계층에게 학교는 불필요하다. 왜냐하면 학교는 국가가 필요로 하는 천한 직업에 종사할 노동자를 양산해 주는 역할을 하기 때문이다(Gee, 1990). 사라의 읽기 부진을 해결하기 위해 비판적 문식성 이론을 적용한다면 그녀의 부족함을 교정하기 위해 제공된 모든 교육적 처치 활동은 의심해야 하고 곧 그녀에게 제공된 교육적 처치가 부적절할 수 있음을 파악해야 한다.

제3의 공간 이론(Third Space Theory)에 의하면, '공간(space)'이라는 개념에는 신체적인 것뿐만 아니라 정신적인 것도 포함된다. 제3의 공간 이론에서 '제1의 공간(first space)'은 집이나 가족 혹은 동료와 같이 개인에게 가장 밀접한 영향력을 미치는 개인적 지식과 담화의 공간이다. '제2의 공간(second space)'은 학교나 직장, 교회와 같이 개인에게 보다 덜 영향을 미치는 공간이다. 앞서 언급한 바와 같이 개인에게 영향을 미치는 이 두 수준은 Bronfenbrenner(1979)의 사회 문화 이론과 유사하다. 그러나 제3

의 공간 이론에 따르면 개개인이 구체적인 공간을 넘어서 제1의 공간과 제2의 공간이 교차하는 부분에서 발생하는 개인적인 '제3의 공간'을 구성할 수 있다고 한다. 이 이론에 의하면 '제3의 공간'은 보이지 않으며, 또 다른 형식의 지식과 정체성으로 구성된 내적 환경에 해당한다(Moje et al., 2004). 제3의 공간 이론을 사라의 읽기 부진에 적용하기 위해서는 사라의 집과 학교 사이에서 교차되어 만들어진 어떤 영역을 확인하는 일이 필요하다. 그녀는 내부적으로 만들어 낸 지식으로 의미 있는 제3의 공간을 만들고 있었을 가능성이 크다.

사회적 학습의 관점을 지지하는 이론의 유형은 다양하나 모두 사회적 상호 작용이 지식과 학습의 발달에 중심적인 역할을 하고 있다고 강조한다. 사회언어학 이론, 사회 구성주의, 사회 학습 이론은 모두 사라의 읽기 부진을 설명하고 교정하는 방향을 제시하였고, 사회 문화 이론과 비판적 문식성 이론, 제3의 공간 이론은 사라의 읽기 문제를 더 넓은 관점에서 바라보고 이해할 수 있는 관점을 제공하였다.

인지 처리 관점

1950년대에 학습과 관련된 연구는 변화를 맞이하는데, 그것은 관찰 가능한 행동의 연구에서 관찰 불가능한 인지적 행동의 연구로 이동한 것이다. 그 결과 교육과 심리학 분야의 연구자들은 읽기와 관련된 인지 처리 과정을 탐구하기 시작하였다.

정보 처리 이론(Information Processing Theory)과 모형은 인지 이론과 모형의 원류를 보여 준다. Slavin(2003)에 의하면 "정보 처리 이론은 학습에 대한 인지 이론으로서 마음속에서 일어나는 지식의 처리, 저장 및 검색을 보여 준다"(p.173). Atkinson과 Shiffrin(1968)은 정보 처리 모형(Information-Processing Model)에서 정보가 서로 다른 단계 혹은 저장 체계를 통해 옮겨진다고 주장한다. 이 주장에 따르면 정보는 처리되고, 평가되며, 학습되고, 저장되며 다시 검색된다. 이것은 정보 처리 이론(Information-Processing Theory)으로 명확하게 설명된다. Atkinson과 Shiffrin의 정보 처리 모형은 감각 등록기(sensory register), 작업 기억(working memory), 음운 고리(articulatory loop), 장기 기억(long-term memory)으로 구성된다. 실행 제어(executive control)는 처리 체계를 조직하며 주의(attention)는 그것을 부드럽고 효과적으로 작동하게 한다.

만약 정보 처리 모형을 사라에게 적용한다면, 정보 처리 단계가 적절한지 확인해야 한다. 또한 사라의 감각 등록기에 수용된 정보가 충분한지 확인하기 위하여 사라의 시각적 인식을 평가해야 한다. 아울러 사라의 작업 기억 용량을 평가하고 확인하기 위하여 사라의 단기 기억 능력도 측정해야 한다. 이 밖에도 사라의 청각 처리 기능도 측정해야 하는데, 그것은 음운 고리와 관련된 능력을 알아보기 위한 것이다. 정보 처리 과정에서 정보를 조직하고 검색하는 능력을 포함한 사라의 장기 기억 능력 역시 평가해야 한다. 사라의 집중력을 알 수 있는 인지 실행 제어 처리 과정도 탐구해야 한다. 사라가 정보를 처리할 수 있는 이러한 모든 능력을 향상시키고, 이것을 그녀의 읽기 능력과 긍정적으로 연관시키기 위하여 이들 영역에서 부족한 부분이 사라의 교육 목적이 되어야 한다.

1972년에 Gough는 정보 처리의 관점에 바탕을 둔 읽기 모형을 제안하였다. Gough가 제안한 이론은 '상향식(bottom-up)' 정보 처리 이론으로 알려져 있다. 그들은 정보의 처리를 낮은 수준에서 높은 수준의 단계로 이동하는 과정으로 묘사하였다. 일반적인 정보 처리 관점으로서, Gough의 모형에서는 읽기 과정이 별개의 연속체로 구성되었다. Gough가 그의 모형에서 제시한 각 과정별 하위 요소에는 식별 장치(scanner), 문자 등록(character register), 해독 장치(the decoder), 기억 장치(the code book), 즉각적 의미 연결 장치(the librarian), 어휘 사전(the lexicon), 주기억 장치(the primary memory), 그리고 TPWSGW(the place where sentences go when they are understood, 의미가 파악된 문장의 저장소)가 있다. 1980년대에 읽기가 해독과 언어 이해라는 두 단계의 결과임이 강조되면서 Gough의 모형은 재구성되었으며 정보 처리 단순 모형(Simple View)으로 재명명되었다.

Atkinson과 Shiffrin의 정보 처리 모형과 Gough의 모형을 사라에게 적용한다면, 정보 처리 단계의 적절성에 초점이 모아질 것이다. 간단히 언급하면, 정보 처리 과정에서 부족한 부분은 교사의 교육적 처치를 통해 해소되어야 한다.

읽기 과정에 대한 또 다른 인지 처리 모형은 1970년대에 나타난 자동 정보 처리 모형(Automatic Information-Processing Model)이다(LaBerge & Samuels, 1974). 자동 정보 처리 모형은 상향식(button-up)을 따른다는 점에서 Gough의 모형(1972)과 유사하다. LaBerge와 Samuels의 모형이 구별되는 특징은 독자가 글을 읽는 동안 일어나는 내적 집중을 강조한 점이다. LaBerge와 Samuels는 모든 독자는 내부적으로 한정된 인지 에너지를 가지고 있으며, 글을 읽는 동안 그것을 사용한다고 주장한다. 그러나 만약 글자를 해독하는 데 너무 많은 에너지를 소비한다면 이해를 위한 에너지는 충분하지 못하게 되고, 이것이 읽기 부진으로 연결된다는 것이다.

자동 정보 처리 모형을 사라의 읽기 부진에 적용하기 위해서는 위에서 언급한 정보 처리 단계와 관련된 그녀의 읽기 기능을 살펴보아야 한다. 사라가 글자를 유창하게 해독하는 능력이 떨어진다면, 그것은 사라가 내부에 있는 인지 에너지를 글자 해독에 너무 많이 사용하여 이해력 부족을 초래하였다는 것이다. 이를 해결하기 위하여 사라에게 좀 더 쉬운 수준의 자료를 주어야 한다. 쉬운 읽기 자료는 자동적으로 해독되기 때문에 사라는 내적 집중력을 덜 소모하게 된다. 따라서 사라 내부에서 일어나는 인지 집중력은 텍스트의 의미를 이해하는 데 사용될 것이다 — 이것이 읽기의 진정한 목적이다.

Rumelhart(1977)는 상향식 인지 모형에 반대하였다. 왜냐하면 상향식 모형은 높은 수준의 사고력을 가진 독자(예를 들어 문장의 의미를 이해하는 경우)와 낮은 수준의 사고력을 가진 독자(예를 들어 단어를 인지하는 경우) 사이에 개념적 차이를 두지 않았기 때문이다. Rumelhart의 상호 작용식 모형(Interactive Model)에 의하면, 읽기에서 작용하는 다양한 처리기들은 선형적이라기보다는 시각적 정보를 동시에 처리하는 과정이라고 본다.

높은 수준이나 낮은 수준에서 통사 정보(문장에서 단어의 순서), 의미 정보(의미의 구성), 시각적 철자 정보(시각적 인출) 및 어휘 정보(단어의 의미)들이 동시에 처리되기 때문에 이 정보 처리기들은 텍스트상에서 서로 동시에 상호 작용한다. Rumelhart의 상호 작용식 모형은 상향식 모형보다 상호 작용을 더욱 중요시한다. 왜냐하면 읽기 과정에서 다양한 처리기들은 순차적인 방법처럼 선형적으로 작용하기보다는 텍스트에 동시에 모여 들어 집중되는 것이라 보기 때문이다.

사라의 읽기 부진에 상호 작용식 모형을 적용할 경우, 통사 정보, 의미 정보, 시각적 철자 정보와 어휘 정보와 같은 서로 다른 분야의 기능들이 사라가 글을 읽을 때에 서로 적절하게 작용하고 있는지 확인해야 한다. 상호 작용식 모형에 바탕을 둔 교육적 개입은 특별히 상호 작용의 질에 집중함으로써 이러한 처리기들을 효과적으로 활용하는 데 도움을 준다. 예를 들어, 사라에게 모르는 단어를 해독하는 데 도움을 주기 위하여 맥락적 단서를 활용하는 방법을 가르치려면, 낮은 수준의 기능(예를 들어, 단어 인지)에 영향을 미치는 더 높은 수준의 기술(의미 정보)을 사용하는 것을 보여 줄 수 있다.

1980년에 Stanovich가 Rumelhart의 상호 작용식 모형을 수정 · 보완하여 개발한 것이 바로 상호 보완식 모형이다. Stanovich는 읽기 요소들이 상호 작용할 뿐만 아니라, 하나의 요소가 제대로 작동하지 않을 경우 다른 요소가 이를 보완할 것이라고 생각하였다.

Stanovich(1980)의 상호 보완식 모형(Interactive-Compensatory Model)

에 따르면 사라가 글을 읽을 때 단어를 해독하고 의미를 이해하도록 도와주기 위해서는 다양한 접근 방법을 명시적으로 제공해야 한다. '미리 읽기(read ahead)'를 활용하여, 사라에게 모르는 단어를 가르치는 것은 상호 보완적 교수법의 한 예에 해당한다.

Stanovich(1980)는 정상인과 난독증을 가진 사람의 차이는 기본적으로 인지 작용의 음성학적 영역에서 부족함을 보이느냐의 차이로 설명된다는 음운 차이 인식 모형(Phonological-Core Variable Difference Model)을 제안하였다. 앞서 언급한 바와 같이, '음운인식 능력(phonological capability)'은 개인의 인지 능력이며 단어의 소리를 인식하고 구별하여 들을 수 있는 능력을 말한다. 이 모형에 따르면 사라의 음운론적 능력이 읽기 부진의 원인이 될 수 있다. 사라의 음운론적 능력을 섬세하게 평가하고 부족한 부분을 발견하였을 때 그것을 개선하는 일이 사라의 읽기 부진을 해소하는 일보다 선행되어야 한다.

평행 분산 처리 모형(Parallel Distributed Processing Model; Rumelhart & McClelland, 1986)에 의하면, 성공적 읽기는 자동적 문자 인지력, 정확한 음운 처리력, 높은 어휘력, 의미 구성력의 네 영역에 대한 독자의 성숙 여부에 달려 있다. 이러한 영역 사이에 일어나는 정보는 연결주의 원칙에 의해 조직되고, 나아가 모든 영역은 상호 보완적으로 작용한다.

평행 분산 처리 모형을 사라의 상황에 적용하기 위해, 자동적 문자 인지력, 정확한 음운 처리력, 높은 어휘력, 의미 구성력 등을 확인할 필요가 있다. 앞서 설명된 모든 모형들에서 본 바와 같이, 한 영역에서 부족한 부분이 발견되었을 때 그 부분을 개선하기 위한 처치가 준비되어야 한다. 또한 이 모형은 다시 읽기가 읽기 부진을 강력하게 개선할 수 있는 방법이 될 수 있다고 제안한다. 인쇄된 글자와 소리를 인식하면서 의미도 구성할 수 있기 때문이다.

평행 분산 처리 모형(Rumelhart & McClelland, 1986)과 대조적으로, 이중 경로 모형(Dual-Route Cascaded Model; Coltheart et al., 1993)은 텍

스트 인출 과정을 두 가지 경로로 설명한다. 하나는 이미 알고 있는 단어를 처리하는 경로이고 다른 하나는 모르는 단어를 처리하는 경로이다. 어휘 경로는 하나의 익숙한 단어를 확인한 후 모든 단어를 처리한다. 이어서 독자는 의미와 발음을 명확하게 한다. 이중 경로 모형의 두 번째 경로는 모르는 비어휘(nonlexical) 혹은 하위 어휘(sublexical)를 처리하는 것인데, 글자와 소리를 연결시키는(letter-to-sound) 과정을 기반으로 하고 있다.

이중 결함 가설(Double-Deficit Hypothesis; Wolf & Bowers, 1999)은 읽기 장애의 원인을 설명하는 이론이다. Wolf와 Bowers의 가설에 의하면 읽기 장애 아동은 다음 세 가지 범주 중 하나에 속한다고 할 수 있다. 첫째, 읽기 장애의 원인이 음운 분절하기 능력의 결함인 경우, 둘째, 읽기 장애의 원인이 명명화 기능 부족인 경우, 마지막으로 음운 분절하기 능력의 결함과 명명화 기능이 부족한 경우가 그것이다. 여기서, 마지막 범주에 속하는 아동은 '이중 결함(double deficit)'을 가지고 있으며, 읽기 장애가 심각한 아동이다. 이중 결함 가설을 읽기 부진에 적용한다면, 사라의 음운 분절하기 능력과 명명화 능력이 평가되어야 한다. 이 두 영역의 평가 결과는 교육적 개입 과정을 결정하게 된다.

이 장에서 마지막으로 언급할 이론적 렌즈는 신경 과학(neurosciences)이다. 이것은 두뇌 영상 기술(brain-imaging technology)을 활용하여 뇌의 작용을 검사하는 것이다(Goswami, 2004). 이러한 관점에서 사라를 평가할 경우, 의사는 기능적 자기 공명 영상(fMRI: functional magnetic resonance imaging)을 활용하여 사라를 검사할 것이다. 이러한 관점은 사라의 뇌 기능이 읽기 부진을 나타내지 않는 사람들의 것과 다를 것이라는 가정을 바탕에 두고 있다. 신경 과학적인 차이가 드러날 경우, 그것을 개선하기 위한 방안이 실행될 수 있다. 그 후에 사라는 다시 자기 공명 영상기로 검사받게 될 것이다.

최종 결론

이 장에서는 한 학생의 읽기 부진을 진단하고 교육하기 위하여 앞 장에서 언급된 이론과 모형이 어떻게 적용될 수 있는지 보여 주었다. 이 작업은 사라의 읽기 부진을 해석하는 다양한 관점이 존재하며, 각각의 관점이 읽기 부진을 평가하고 개선 방안을 제시하는 다양한 경로를 제안함을 보여 주었다. 읽기를 지도하거나 읽기 부진을 판단하는 데 있어 한 가지 방법만이 존재하지 않는다는 것을 강조하였다.

종합적으로 이 책은 읽기 분야에서 가장 영향력이 있는 이론과 모형을 안내해 주었다. 이러한 이론과 모형은 현상을 설명해 주며, 모든 사람들은 인식 수준에 상관없이 자신의 행동에 영향을 미치는 이론을 가지고 있다. Pressley 외(2001)에 의해 밝혀진 바와 같이, 교사가 이론을 이해하고 있을 때 더욱 효과적인 교실 수업과 의사 결정을 할 수 있다. 즉, 교사들이 그들의 교실에서 실행하고 있는 것과 그렇게 실행하는 이론적 근거 사이의 관계를 명확하게 설명할 수 있을 때, 교육의 효과는 높아진다.

이 책은 문식성 연구에 있어서 이론과 모형의 역할을 설명하려 노력하였다. 이론은 연구자가 자신의 연구를 설명하는 개념이므로 교육적 연구의 중심이라고 할 수 있다. 연구자들은 그들의 연구 가설에서 **앞으로 어떤 일이 일어날 것이라고 예상하는 이유**(*Why they expect something will happen*)를 설명하기 위하여 이론을 활용할 뿐만 아니라, 그들의 연구 결론에서 **어떤 일이 일어났다고 믿는 이유**(*why they believe something did happen*)를 설명하기 위해서도 이론을 적용한다. 또한 연구자들은 이론을 통하여 연구에 사용된 변수와 그들 사이의 관계도 확인할 수 있다. 만약 특정한 이론을 바탕으로 설계된 연구에서 하나의 변수가 중요하게 언급된다면, 같은 이론을 적용한 다른 연구들을 위해 이를 사실로 추정하는 것이 타당하다. 이론과 모형은 연구를 관통하는 운송수단과 같다.

어쩌면 이 책에서 가장 중요하게 언급된 것은 문식성 학습을 바라보는 다양한 렌즈를 제시한 것이다. 왜냐하면 하나의 이론으로 읽기 경험의 복잡한 상황을 모두 포착할 수는 없으며, 다양한 이론과 모형이 서로 연합될 때 가장 적절하게 인식될 수 있기 때문이다. 다양한 렌즈의 중요성을 믿는 교육자들은 각각의 이론이 자신이 검증하고 싶은 어떤 현상을 이해하는 데 특별하고 가치 있는 시선을 제공해 준다고 주장한다. 교육적 이슈들을 이해하기 위한 다양한 이론의 가치는 카메라의 렌즈에 비유될 수 있다. 이론과 모형은 그 주제에 대하여 독특하고 가치 있는 관점을 제시한다. 다양한 관점은 학급 활동에도 적용되어 왔으며, 이 책에서 언급한 교사들의 일화에도 드러나 있다. 학급의 교육적 실천을 바라보는 능력은 텍스트의 기본 전제를 강조하고 관찰자의 마음을 중요시하는 많은 이론을 적용하는 데서 출발한다. 다양한 관점들을 이해하는 일은 문식성 교육을 향상시킨다는 면에서 가치 있다.

결론적으로, 우리는 이 책을 통하여 이론이나 모형으로 잘 알려진 주요 사상에 대한 역사적인 이야기를 들려주려고 노력하였다. 여기에 언급된 이론과 모형은 우리가 읽기 과정과 읽기 교육 및 읽기 연구를 이해하는 데 영향을 미쳤다. 우리는 교육자들이 이 책을 읽고 난 후, 읽기 과정을 바라보는 관점(이론과 모형)에 대한 전체 범주를 더 잘 이해하기를 바란다. 우리는 교육 실천가와 연구자들이 이러한 관점을 깊이 이해함으로써 그 영향력을 키울 수 있을 것이라 믿는다.

부록

부록 A.
요약표: 읽기 교육에 영향을 미친 이론들

	기원전 400년경	기원전 350년경	1700년대	1870년대	1920년대	1930년대
초기 역사 이론들	심성 도야 이론(plato, Historical)	연합주의 (Aristotle)	개발 이론 (Rousseau, Pestalozzi, Froebel)	구조주의 (Wundt, Cattell, Javal, Quantz, Dearborn)		
행동주의					고전적 조건 형성 이론 (Pavlov, Watson)	
					연결주의 (Thorndike)	
구성주의						탐구학습(Dewey)
						스키마이론 (Bartlett)
						교류/독자반응이론 (Rosenblatt)
문식성 발달 이론						인지발달이론(Piaget)
						성숙이론(Morphett & Washburn)
사회 학습 이론						
인지 처리 이론						

1950년대	1960년대	1970년대	1980년대	1990년대	2000년대
조작적 조건 형성 이론 (Skinner)					
		심리언어학 이론 (Smith, Goodman)			
		총체적 언어 이론 (Goodman)			
		초인지 이론 (Flavell, Brown)			
		몰입 이론 (Guthrie, Wigfield)			
		문식성 발달 이론 (Holdaway)	단계적 읽기 모형 (Ehri, Chall, Gough, Frith)		
			발생적 문식성 이론 (Clay)		
			가족 문식성 이론 (Taylor)		
		사회언어학 이론 (Bernstein)		제3 공간이론 (Lefebvre)	
		사회 문화 이론 (Bronfenbrenner)			
		사회구성주의 (Vygotsky)			
		사회학습이론 (Bandura)			
		비판적 문식성 이론 (Freire)			
	정보처리 모형 (Atkinson & Shiffrin)	고프 모형 (Gough)	상호보완식 모형 (Stanovich)	평행분산처리 모형/연결주의 (Seidenberg & McClelland)	신경과학 (Goswami)
		자동정보처리 모형 (LaBerge & Samuels)	음운 차이 인식 모형 (Stanovich)	이중경로 모형 (Colheart & Rastle)	
		상호작용식 모형 (Rumelhart)		이중결함 가설 (Wolf & Bowers)	

부록 B.
장별 주요 이론 요약 및 실제

※ 주의 사항: 이론과 실제는 상호유기적으로 다양하게 연결된다. 아래의 부록 자료는 다양한 사례 중에서 일부만을 제시한 것이다.

제2장. 이론의 토대: 읽기에 적용된 초기 이론과 모형(기원전 400~1899)

심성 도야 이론

- 기능 훈련과 관련된 활동들
- 숙제, 반복 읽기, 시간을 정하고 과제 하기

연합주의

- 이해 능력을 증진시키기 위해 맵이나 웹 등을 활용하기(스키마 이론 참조)

계발 이론

- 교실에서 문식성 센터

구조주의와 초기 읽기 교육의 과학적 기반

- 어린이 읽기 능력 향상을 위한 글자 크기 변환

제3장. 행동주의: 50년 동안의 주요 교육 이론(1900~1950년대)

고전적 조건 이론

- 학생이 읽기에 대해 지닌 부정적 요소를 극복하도록 긍정적이고, 성취지향적 경험 제공

연합주의

- 난이도에 따른 문식성 과제 배열

작동적 조건 이론

- 직접 교수법, 강화

제4장. 구성주의(1920년대~현재)

탐구 학습

- 문제 해결 학습과 협동 학습

스키마 이론

- 브레인스토밍과 웹을 활용한 읽기 전 활동

교류/독자 반응 이론

- 심미적 읽기와 원심적 읽기를 활용한 독자 반응 중심의 활동

심리언어학 이론과 총체적 언어 이론

- 진정한 학습, 학생에게 유의미한 읽기와 쓰기 과제 수행

초인지 이론

- 글을 이해하거나 이해할 수 없을 때에 자신의 활동을 스스로 점검
- 글을 이해하기 어려운 경우에는 교정하기 전략 활용

몰입 이론

- 학생의 몰입을 유발하는 전략 활용

  (1) 주제 중심의 읽기 활동 (2) 학생의 선택권과 반응 존중 (3) 학생이 직접 읽고 쓰는 활동 중시 (4) 학생 흥미를 끌 수 있는 다양한 장르로 접근 (5) 읽은 후에 다양한 소통과 반응을 촉진하는 협동 학습 중시

제5장. 문식성 발달 이론(1930년대~현재)

인지 발달 이론

- 아동의 인지 발달과 읽기 능력의 상관 관계를 바탕으로 읽기 교육

성숙 이론

- 학생이 특정 발달 단계에 도달할 때까지 기다리기
- 읽기 교육을 하기 전에 분기점이 되는 특정 시기까지 기다리기

문식성 발달 이론

- 큰 활자로 된 Big Book 읽기 혹은 친구들과 함께 읽기

읽기 발달 단계 모형

- 읽기 친환경적인 글자 활용

발생적 문식성 이론

- 다양한 읽기와 쓰기 활동을 할 수 있는 환경 제공

가족 문식성 이론

- 부모가 참여하는 읽기 지도

제6장. 사회적 학습의 관점(1960년대~현재)

사회언어학

- 언어 경험 접근

사회 문화 이론

- 문학 동아리

사회 구성주의

- 혼합 연령과 짝과 함께 읽기

사회적 학습 이론

- 시범 보이기

비판적 문식성 이론

- 글을 읽고 쓰는 능력 차이에 따른 사회적, 정치적 결과 교육

제3의 공간 이론

- 유명한 문화를 활용하여 글을 읽고 쓰는 능력 신장

제7장. 인지 과정 이론(1950년대~현재)

정보 처리 이론

- 처방적 적용

Gough의 모형

- 문자 이해 및 해석 교육

LaBerge와 Samuels의 자동 정보 처리 모형

- 안내된 읽기 교육

상호 작용식 모형

- 문맥 단서나 빈칸 메우기 검사 활용

상호 보완식 모형

- 유연하고 전략적인 읽기 능력 신장

음운 차이 인식 모형

- 음운인식 능력을 개발하는 활동

평행 분산 처리 모형

- 단어족 교육

이중 경로 모형

- 일견 어휘 학습

이중 결합 가설 모형

- 처방적 교육

신경 과학 연구물

- 신경 과학 연구물을 활용한 읽기 교육 점검

참고문헌

Abbott, M., Willis, H., Grenwood, C. R., Kamps, D., Heitzman-Powell, L., & Selig, J. (2010). The combined effects of grade retention and targeted smallgroup intervention on students' literacy outcomes. *Reading and Writing Quarterly, 26*(1), 4–25.

Adams, M. J. (1990). *Beginning to read*. Cambridge, MA: MIT Press.

Allen, K. D., & Hancock, T. E. (2008). Reading comprehension improvement with individualized cognitive profiles and metacognition. *Literacy Research and Instruction, 47*, 124–139.

American Heritage Dictionary. (4th ed.). (2007). Boston: Houghton Mifflin.

Anderson, R. C., & Pearson, P. D. (1984). A schema–heoretic view of basic processes in reading. In P. D. Pearson (Ed.), *Handbook of reading research* (Vol. 1, pp. 185–224). New York: Longman.

Angermeyer, P. S. (2010). Interpreter-mediated interaction as bilingual speech: Bridging macro-and micro sociolinguistics in codeswitching research. *International Journal of Bilingualism, 14*(4), 466–489.

Apel, K., & Masterson, J. (2001). *Beyond baby talk: From sounds to sentences: A parent's guide to language development*. Rocklin, CA: Prima.

Aria, C., & Tracey, D. H. (2003). The use of humor in vocabulary instruction. *Reading Horizons, 43*(3), 161–179.

Armbruster, B. B., Lehr, F., & Osborn, J. (2001). *Put reading first: The research building blocks for teaching children to read*. Washington, DC: Center for Improvement of Early Reading Achievement.

Artino, A. R. (2007). *Bandura, Ross, and Ross: Observational learning and the Bobo doll*. Retrieved June 22, 2011, from www.eric.ed.gov/PDFS/499095.PDF.

Atkinson, R. C., & Shiffrin, R. M. (1968). Human memory: A proposed system and its control processes. In K. Spence & J. Spence (Eds.), *The psychology of learning and motivation* (Vol. 2, pp. 89–195). New York: Academic Press.

Au, K. H. (1997). A sociocultural model of reading instruction: The Kamehameha Elementary Education Program. In S. A. Stahl & D. A. Hayes (Eds.), *Instructional models in reading* (pp. 181–202). Hillsdale, NJ: Erlbaum.

Baker, L. (2002). Metacognition in comprehension instruction. In C. C. Block & M. Pressley (Eds.), *Comprehension instruction: Research-based best practices* (pp. 77–95). New York: Guilford Press.

Bakhtin, M. M. (1981). *The dialogic imagination: Four essays by M. M. Bakhtin* (M. Holquist, Ed.; C. Emerson & M. Holquist, Trans.). Austin: University of Texas Press.

Bandura, A. (1969). *Principles of behavior modification*. New York: Holt.

Bandura, A. (1977). *Social learning theory.* Englewood Cliffs, NJ: Prentice Hall.

Bandura, A. (1986). *Social foundations of thought and action: A social cognitive theory*. Englewood Cliffs, NJ: Prentice-Hall.

Bandura, A. (1997). *Self-efficacy: The exercise of control*. New York: Freeman.

Bartlett, F. C. (1932). *Remembering: A study in experimental and social psychology*. Cambridge, UK: Cambridge University Press.

Behrman, E. (2006). Teaching about language, power, and text: A review of classroom practices that support critical literacy. *Journal of Adolescent and Adult Literacy, 49*(6), 490–498.

Bergeron, B. S. (1990). What does the term whole language mean?: Constructing a definition from the literature. *Journal of Reading Behavior, 22*(4), 301–329.

Bernstein, B. (1971). *Class, codes, and control* (Vols. 1, 2, and 3). London: Routledge & Kegan Paul.

Bernstein, B. (1972a). A sociolinguistic approach to socialization, with some reference to educability. In J. Gumperez & D. Hymes (Eds.), *Directions in sociolinguistics* (pp. 465–497). New York: Holt, Rinehart & Winston.

Bernstein, B. (1972b). Social class, language, and socialization. In P. Giglioli (Ed.), *Language and social context* (pp. 157–178). Harmondsworth, UK: Penguin Books.

Best, J. L., & Kahn, J. V. (2003). *Research in education* (9th ed.). Boston: Allyn & Bacon.

Bigge, M. L., & Shermis, S. S. (1992). *Learning theories for teachers* (5th ed.). New York: Harper Collins.

Bloom, D., & Green, J. (1984). Directions in the sociolinguistic study of reading. In P. D. Pearson, R. Barr, M. Kamil, & P. Mosemthal (Eds.), *Handbook of reading research* (pp. 395–421). New York: Longman.

Bloome, D., & Talwalker, S. (1997). Book reviews: Critical discourse analysis and the study of reading and writing. *Reading Research Quarterly, 32*(1), 104–112.

Bourdieu, P. (1991). *Language and symbolic power*. Cambridge, MA: Harvard University Press.

Brisk, M. E., & Harrington, M. M. (2007). *Literacy and bilingualism: A handbook for all teachers* (2nd ed.). Mahwah, NJ: Erlbaum.

Bronfenbrenner, U. (1979). *The ecology of human development: Experiments by*

nature and design. Cambridge, MA: Harvard University Press.
Brown, A. L. (1978). Knowing when, where, and how to remember: A problem of metacognition. In R. Glaser (Ed.), *Advances in instructional psychology* (Vol. 1, pp. 77–165). Hillsdale, NJ: Erlbaum.
Brumbaugh, R. S., & Lawrence, N. M. (1963). *Philosophers on education: Six essays on the foundations of Western thought*. Boston: Houghton Mifflin.
Brumbaugh, R. S., & Lawrence, N. M. (1985). *Philosophical themes in modern education*. Landham, MD: Houghton Mifflin.
Bryant, P. (2002). Thoughts about reading and spelling. *Scientific Studies of Reading, 6*(2), 199–216.
Buchoff, R. (1995). Family stories. *The Reading Teacher, 49*(3), 230–233.
Buckingham, H. W., & Finger, S. (1997). David Hartley's psychological associationism and the legacy of Aristotle. *Journal of the History of the Neurosciences, 6*(1), 21–37.
Burman, E. (2007). *Developmental psychology* (2nd ed.). Hoboken, NJ: Taylor & Francis.
Bus, A., van IJzendoorn, M., & Pellegrini, A. (1995). Joint reading makes for success in learning to read: A meta-analysis on intergenerational transmission of literacy. *Review of Educational Research, 65*, 1–21.
Byrnes, J. P. (2001). *Minds, brains, and learning: Understanding the psychological and educational relevance of neuroscientific research*. New York: Guilford Press.
Cardoso-Martins, C. (2001). The reading abilities of beginning readers of Brazilian Portuguese: Implications for a theory of reading acquisition. *Scientific Studies of Reading, 5*(4), 289–317.
Cardoso-Martins, C., & Pennington, B. F. (2004). The relationship between phoneme awareness and rapid naming skills and literacy acquisition: The role of developmental period and reading ability. *Scientific Studies of Reading, 8*(1), 27–52.
Carnine, D. W., Silbert, J., Kame'enui, E. J., & Tarver, S. G. (2004). *Direct reading instruction*. Upper Saddle River, NJ: Pearson.
Cartwright, K. B. (2002). Cognitive development and reading: The relation of multiple classification skills to reading comprehension in elementary school children. *Journal of Educational Psychology, 54*, 56–63.
Cattell, J. M. (1886). The time it takes to see and name objects. *Mind, 11*, 63–65.
Cattell, J. M. (1890). Mental tests and measurement. *Mind, 15*, 373–380.
Ceci, S. J. (2006). Urie Bronfenbrenner (1917–005). *American Psychologist, 6*(2), 173–174.
Certo, J. (2011). Social skills and leadership abilities among children in smallgroup literature discussions. *Journal of Research in Childhood Education, 25*(1), 62–81.
Chall, J. S. (1983). *Stages of reading development*. New York: McGraw-Hill.

Christie, J., Enz, B., & Vukelich, C. (1997). *Teaching language and literacy: Preschool through elementary grades*. New York: Longman.

Clay, M. M. (1966). *Emergent reading behavior*. Unpublished doctoral dissertation, University of Auckland, Auckland, New Zealand.

Clay, M. M. (1985). *The early detection of reading difficulties* (3rd ed.). Portsmouth, NH: Heinemann.

Cobb, J. B. (2011). Living a literate life in the "third bubble": A case study of a high school dropout in solitary confinement in a maximum security prison. In J. B. Cobb & M. K. Kallus (Eds.), *Historical, theoretical, and sociological foundations of reading in the United States* (pp. 399–417). Boston: Pearson.

Cobb, J. B., & Kallus, M. K. (Eds.) (2011). *Historical, theoretical, and sociological foundations of reading in the United States*. Boston: Pearson.

Coker, D. (2006). Impact of first-grade factors on the growth and outcomes of urban school children's primary grade writing. *Journal of Educational Psychology, 98*(3), 471–488.

Coker, D. R., & White, J. (1993). Selecting and applying learning theory to classroom teaching strategies. *Education, 114*(1), 77–80.

Coleman, J. (2010). Elementary teachers' instructional practices involving graphical representations. *Journal of Visual Literacy, 29*(2), 198–222.

Coltheart, M., Curtis, B., Atkins, P., & Haller, M. (1993). Models of reading aloud: Dual-route and parallel-distributed-processing approaches. *Psychological Review, 100*(4), 589–608.

Coltheart, M., & Rastle, K. (1994). Serial processing in reading aloud: Evidence for dual-route models of reading. *Journal of Experimental Psychology: Human Perception and Performance, 20*(6), 1197–1211.

Coltheart, M., Rastle, K., Perry, C., Langdon, R., & Ziegler, J. (2001). DRC: A dual-route cascaded model of visual word recognition and reading aloud. *Psychological Review, 108*(1), 204–256.

Constas, M. A., & Sternberg, R. J. (Eds.). (2006). *Translating theory and research into educational practice: Developments in content domains, large-scale reform, and intellectual capacity*. Mahwah, NJ: Erlbaum.

Creswell, J. W. (2002). *Educational research: Planning, conducting, and evaluating quantitative and qualitative research*. Upper Saddle River, NJ: Merrill Prentice Hall.

Curwen, M. S., Miller, R. G., White-Smith, K. A., & Calfee, R. C. (2010). Increasing teachers' metacognition develops students' higher learning during content area literacy instruction: Findings from the Read–Write Cycle Project. *Issues in Teacher Education, 19*(2), 127–151.

Daniels, H. (1994). *Literature circles: Voice and choice in the student-centered classroom*. York, ME: Stenhouse.

Davidson, K. (2010). The integration of cognitive and sociocultural theories of literacy development. *Alberta Journal of Educational Research, 56*(3), 246–256.

Dearborn, W. F. (1906). *Psychology of reading: An experimental study of the reading pauses and movements of the eye*. New York: Science Press.

Dewey, J. (1916). *Democracy and education*. New York: Macmillan.

Dixon-Krauss, L. A. (1995). Partner reading and writing: Peer social dialogue and the zone of proximal development. *Journal of Reading Behavior, 27*(10), 45–63.

Dixon-Krauss, L. A. (1996). *Vygotsky in the classroom: Mediated literacy instruction and assessment*. White Plains, NY: Longman.

Douglass, R. (2011). Rousseau's debt to Burlamaqui: The ideal of nature and the nature of things. *Journal of the History of Ideas, 72*(2), 209–230.

Dressman, M. (2008). *Using social theory in educational research: A practical guide*. New York: Routledge.

Duffy, G. G. (2002). The case for direct explanation of strategies. In C. C. Block & M. Pressley (Eds.), *Comprehension instruction: Research-based best practices* (pp. 28–41). New York: Guilford Press.

Dupuis, A. M. (1985). *Philosophy of education in historical perspective*. Lanham, MD: University Press of America.

Durkin, D. (1978–979). What classroom observation reveals about reading comprehension instruction. *Reading Research Quarterly, 14*, 481–533.

Edens, K. M. (2008). The interaction of a pedagogical approach, gender, selfregulation, and goal orientation using student response system technology. *Journal of Research on Technology in Education, 41*(2), 161–177.

Edwards, P. A. (2009). *Tapping the potential of parents: A strategic guide to boosting student achievement through family involvement*. New York: Scholastic.

Ehri, L. C. (1991). Development of the ability to read words. In R. Barr, M. L. Kamil, P. B. Mosenthal, & P. D. Pearson (Eds.), *Handbook of reading research* (Vol. 2, pp. 383–417). New York: Longman.

Eisenhart, M., & Towne, L. (2003). Contestation and change in national policy on "scientifically based" education research. *Educational Researcher, 32*(7), 31–38.

Fetsco, T., & McClure, J. (2005). *Educational psychology: An integrated approach to classroom decisions*. Boston: Pearson.

Flavell, J. H. (1976). Metacognitive aspects of problem solving. In L. B. Resnick (Ed.), *The nature of intelligence* (pp. 231–235). Hillsdale, NJ: Erlbaum.

Flood, J. (1977). Parental styles in reading episodes with young children. *Reading Teacher, 30*, 846–867.

Fountas, I. C., & Pinnell, G. S. (1996). *Guided reading: Good first reading for all children*. Portsmouth, NH: Heinemann.

Freire, P. (1970). *Pedagogy of the oppressed*. New York: Herder & Herder.

Freud, S. (1933). *New introductory lectures on psychoanalysis*. New York: Norton.

Frith, U. (1985). Beneath the surface of developmental dyslexia. In K. E. Patterson, J. C. Marshall, & M. Coltheart (Eds.), *Surface dyslexia* (pp. 301–330). London: Erlbaum.

Fry, E. B., Kress, J. E., & Fountoukidis, D. L. (2000). *The reading teacher's book of lists* (4th ed.). Somerset, NJ: Jossey-Bass/Wiley.

Fuchs, L. S., Fuchs, D., Hosp, M. K., & Jenkins, J. R. (2001). Oral reading fluency as an indicator of reading competence: A theoretical, empirical, and historical analysis. *Scientific Studies of Reading, 5*(3), 239–256.

Gaffney, J. S., & Anderson, R. C. (2000). Trends in reading research in the United States: Changing intellectual currents over three decades. In M. L. Kamil, P. B. Mosenthal, P. D. Pearson, & R. Barr (Eds.), *Handbook of reading research* (Vol. 3, pp. 53–74). Mahwah, NJ: Erlbaum.

Gardner, H. (2005). *The development and education of mind*. Hoboken, NJ: Taylor & Francis.

Gay, L. R., Geoffrey, E. M., & Airasian, P. (2006). *Educational research: Competencies for analysis and applications*. Upper Saddle River, NJ: Pearson.

Gee, J. (1990). *Social linguistics and literacies*. London: Falmer Press.

Gee, J. (2005). *An introduction to discourse analysis: Theory and method, 2nd ed.* New York: Routledge.

Glynn, T. (1994). *Pause, Prompt, Praise: Seventeen years on. Best of set: Families and schools*. Wellington, New Zealand: New Zealand Council for Educational Research.

Good, K. (2011). Intersections of educational psychology and the teaching of reading: Connections to the classroom. In J. B. Cobb & M. K. Kallus (Eds.), *Historical, theoretical, and sociological foundations of reading in the United States* (pp. 165–173). Boston: Pearson.

Goodman, K. S. (1967). Reading: A psycholinguistic guessing game. *Journal of the Reading Specialist, 6*, 126–135.

Goswami, U. (2004). Neuroscience and education. *British Journal of Educational Psychology, 74*, 1–14.

Gough, P. B. (1972). One second of reading. In J. F. Kavanaugh & I. G. Mattingly (Eds.), *Language by ear and by eye: The relationships between speech and reading* (pp. 331–358). Cambridge, MA: MIT Press.

Gough, P. B., Juel, C., & Griffith, P. (1992). Reading, spelling, and the orthographic cipher. In P. B. Gough, L. C. Ehri, & R. Treiman (Eds.), *Reading acquisition* (pp. 35–48). Hillsdale, NJ: Erlbaum.

Gough, P. B., & Tunmer, W. E. (1986). Decoding, reading, and reading disability. *Remedial and Special Education, 7*, 6–10.

Gunning, T. G. (2003). *Creating literacy instruction for all children* (4th ed.). Boston: Pearson Education.

Gunning, T. G. (2010). *Creating literacy instruction for all children* (7th ed.). Boston: Allyn & Bacon.

Gutek, G. L. (1972). *A history of the Western educational experience*. Prospect Heights, IL: Waveland Press.

Guthrie, J. T. (2004). Teaching for literacy engagement. *Journal of Literacy Research, 36*(1), 1–29.

Guthrie, J. T. (2011). Best practices in motivating students to read. In L. M. Morrow & L. B. Gambrell (Eds.), *Best practices in literacy instruction* (4th ed, pp. 177–198). New York: Guilford Press.

Guthrie, J. T., Schafer, W. D., & Huang, C. W. (2001). Benefits of opportunity to read and balanced instruction on the NAEP. *Journal of Educational Research, 94*, 145–162.

Guthrie, J. T., & Wigfield, A. (2000). Engagement and motivation in reading. In M. L. Kamil, P. B. Mosenthal, P. D. Pearson, & R. Barr (Eds.), *Handbook of reading research* (Vol. 3, pp. 403–422). Mahwah, NJ: Erlbaum.

Gutierrez, K. D., Asato, J., Pacheco, M., Moll, L. C., Olson, K., Horng, E. L., et al. (2002). "Sounding American": The consequences of new reforms on English language learners. *Reading Research Quarterly, 37*(3), 328–343.

Gyorfy, J. (2011). *Class-to-life assignments, #1*. Unpublished manuscript, Kean University, Union, NJ.

Halliday, M. A. K. (1975). *Learning how to mean: Explorations in the development of language*. London: Arnold.

Hart, B., & Risley, T. R. (1995). *Meaningful differences in the everyday experience of young American children*. Baltimore: Brookes.

Hart, B., & Risley, T. R. (1999). *The social world of children: Learning to talk*. Baltimore: Brookes.

Hart, B., & Risley, T. R. (2003). The early catastrophe: The 30 million word gap. *American Educator, 27*(1), 4–9.

Hayes, D. A. (1997). Models of professional practice in teacher thinking. In S. Stahl & D. A. Hayes (Eds.), *Instructional models in reading* (pp. 31–58). Mahwah, NJ: Erlbaum.

Heath, S. B. (1982). What no bedtime story means: Narrative skills at home and school. *Language and Society, 11*, 49–76.

Heim, S., Eulitz, C., & Elbert, T. (2003). Altered hemispheric asymmetry of auditory P100m in dyslexia. *European Journal of Neuroscience, 17*, 1715–1722.

Henderson, A. T., & Mapp, K. (2002). *A new wave of evidence: The impact of school, family, and community connections on student achievement*. Austin, TX: National Center for Family and Community Connections with Schools.

Hennings, D. G. (2000). *Communication in action: Teaching literature-based language arts*. Boston: Houghton-Mifflin.

Hesse-Biber, S., Kinder, T., Dupuis, P., Dupuis, A., & Tornabene, E. (2007). *Hyperresearch: Qualitative analysis tool* [Computer software]. Randolph, MA: ResearchWare.

Hiebert, E. H., & Raphael, T. E. (1996). Psychological perspectives on literacy and extensions to educational practice. In D. C. Berliner & R. C. Calfee (Eds.), *Handbook of educational psychology* (pp. 550–602). New York: Simon & Schuster Macmillan.

Holdaway, D. (1979). *The foundations of literacy*. Sydney, Australia: Ashton Scholastic.

Holdaway, D. (1989). Shared book experience: Teaching reading using favorite books. In G. Manning & M. Manning (Eds.), *Whole language: Beliefs and practices, K–8* (pp. 137–150). Washington, DC: National Education Association.

Horowitz, M. (2000). Associationism. In A. E. Kazdin (Ed.), *Encyclopedia of psychology* (Vol. 1, pp. 275–276). Washington, DC: American Psychological Association.

Huey, E. B. (1968). *The psychology and pedagogy of reading*. Cambridge, MA: MIT Press. (Original work published 1908)

Jimenez, R. T., Smith, P. H., & Martinez-Leon, N. (2003). Freedom and form: The language and literacy practices of two Mexican schools. *Reading Research Quarterly, 38*(4), 488–508.

Jonas, M. E. (2010). When teachers must let education hurt: Rousseau and Nietzsche on compassion and the educational value of suffering. *Journal of the Philosophy of Education, 44*(1), 45–60.

Jones, D., & Elcock, J. (2001). *History and theories of psychology: A critical perspective*. London: Hodder.

Jordan, G. E., Snow, C. E., & Porche, M. V. (2000). Project EASE: The effect of a family literacy project on kindergarten students' early literacy skills. *Reading Research Quarterly, 35*(4), 524–546.

Justice, C., Rice, J., & Warry, W. (2009). Academic skill development-inquiry seminars can make a difference: Evidence from a quasi-experimental study. *International Journal for the Scholarship of Teaching and Learning, 3*(1), 1–24.

Kallus, M. K., & Ratliff, P. (2011). Reading: A brief history to 1899. In J. B. Cobb & M. K. Kallus (Eds.), *Historical, theoretical, and sociological foundations of reading in the United States* (pp. 6–12). Boston: Pearson.

Kame'enui, E. J., Simmons, D. C., Chard, D., & Dickson, S. (1997). Direct reading instruction. In S. A. Stahl & D. A. Hayes (Eds.), *Instructional models in reading* (pp. 59–84). Mahwah, NJ: Erlbaum.

Kezar, A. (2001). Theories and models of organizational change. In *Understanding and facilitating organizational change in the 21st century* (Vol. 28, No. 4, pp.

25–38). San Francisco: Jossey-Bass.

Korecki-Diaz, C. (2011). *Class-to-life assignment #1*. Unpublished manuscript, Kean University, Union, NJ. L'Allier, S. K., & Elish-Piper, L. (2007). "Walking the walk"with teacher candidates: Strategies for promoting active engagement with assigned readings. *Journal of Adolescent and Adult Literacy, 50*(5), 338–353.

LaBerge, D., & Samuels, S. J. (1974). Toward a theory of automatic information processing in reading. *Cognitive Psychology, 6*, 293–323.

Lajoie, S. P. (1993). Computer environments as cognitive tools for enhancing learning. In S. P. Lajoie & S. J. Derry (Eds.), *Computers as cognitive tools* (pp. 261–288). Hillsdale, NJ: Erlbaum.

Langer, J. (1995). *Envisioning literature: Literacy understanding and literature instruction*. New York: Teachers College Press.

Lau, K. (2009). Reading motivation, perceptions of reading instruction and reading amount: A comparison of junior and secondary students in Hong Kong. *Journal of Research in Reading, 32*, 366–382.

Lee, S., & Dallman, M. E. (2008). Engaging in a reflective examination about diversity: Interviews with three preservice teachers. *Multicultural Education, 15*(4), 36–44.

Lefebvre, H. (1991). *The production of space*. Malden, MA: Blackwell.

Liu, M., & Bera, S. (2005). An analysis of cognitive tool use patterns in hypermedia learning environments. *Educational Technology Research Development, 53*(1), 5–21.

Liu, M., Williams, D., & Pedersen, S. (2002). Alien rescue: A problem-based hypermedia learning environment for middle school science. *Journal of Educational Technology Systems, 30*(3), 255–270.

McKenna, M. K. (2010). Pestalozzi revisited: Hope and caution for modern education. *Journal of Philosophy and History of Education, 60*, 121–125.

Mertens, D. M. (2010). *Research and evaluation in education and psychology: Integrating diversity with quantitative, qualitative, and mixed methods* (3rd ed). Los Angeles: Sage.

Moddy, A. K. (2010). Using electronic books in the classroom to enhance emergent literacy skills in young children. *Journal of Literacy and Technology, 11*(4), 22–52.

Moje, E., Ciechanowski, K., Kramer, K., Ellis, L., Carrillo, R., & Collazo, T. (2004). Working toward third space in content area literacy: An examination of everyday funds of knowledge and discourse. *Reading Research Quarterly, 39*(1), 38–70.

Moll, L. C. (1992). Literacy research in community and classrooms: A sociocultural approach. In R. Beach, J. Green, M. Kamil, & T. Shanahan (Eds.), *Multidisciplinary perspectives on literacy research* (pp. 179–07). Urbana, IL:

National Council of Teachers of English.

Moll, L. C. (1994). Literacy research in community and classrooms: A sociocultural approach. In R. B. Ruddell, M. R. Ruddell, & H. Singer (Eds.), *Theoretical models and processes of reading* (4th ed., pp. 179–207). Newark, DE: International Reading Association.

Montare, A. (1988). Classical conditioning of beginning reading responses. *Perceptual and Motor Skills, 67*(2), 611–621.

Morphett, M. V., & Washburne, C. (1931). When should children begin to read? *Elementary School Journal, 31*, 496–508.

Morris, D. (2011). Critical literacy: Crises and choices in the current arrangement. In J. B. Cobb & M. K. Kallus (Eds.), *Historical, theoretical, and sociological foundations of reading in the United States* (pp. 286–315). Boston: Pearson.

Morrow, L. M. (2001). *Literacy development in the early years* (4th ed.). Boston: Allyn & Bacon.

Morrow, L. M. (2002). *The literacy center: Contexts for reading and writing* (2nd ed.). Portland, ME: Stenhouse.

Morrow, L. M. (2005). *Literacy development in the early years: Helping children read and write* (5th ed.). Boston: Pearson.

Morrow, L. M. (2009). *Literacy development in the early years: Helping children read and write* (6th ed). Boston: Pearson.

Morrow, L. M. (2012). *Literacy development in the early years: Helping children read and write* (7th ed.). Boston: Pearson.

Morrow, L. M., & Gambrell, L. B. (Eds.) (2011). *Best practices in literacy instruction* (4th ed.). New York: Guilford Press.

Morrow, L. M., Tracey, D. H., & Del Nero, J. R. (2011). Best practices in early literacy: Preschool, kindergarten, and first grade. In L. M. Morrow & L. B. Gambrell (Eds.), *Best practices in literacy instruction* (4th ed., pp. 67–95). New York: Guilford Press.

Mousikou, P., Coltheart, M., Finkbeiner, M., & Saunders, S. (2010). Can the dualroute cascaded computational model of reading offer a valid account of the masked onset priming effect? *Quarterly Journal of Experimental Psychology, 63*(5), 984–1003.

Orellana, M. F., Reynolds, J., Dorner, L., & Meza, M. (2003). In other words: Translating or "para phrasing" as a family literacy practice in immigrant households. *Reading Research Quarterly, 38*(1), 12–34.

Paratore, J. R. (2001). *Opening doors, opening opportunities: Family literacy in an urban community*. Needham Heights, MA: Allyn & Bacon.

Paratore, J. R., & Edwards, P. A. (2011). Parent–eacher partnerships that make a difference in children's literacy achievement. In L. M. Morrow & L. B. Gambrell (Eds.), *Best practices in literacy instruction* (4th ed., pp. 436–454).

New York: Guilford Press.

Pearson, P. D., Barr, R., Kamil, M. L., & Mosenthal, P. (Eds.). (1984). *Handbook of reading research*. New York: Longman.

Penn, H. (2008). *Understanding early childhood*. Berkshire, England: Open University Press.

Phillips, L. M., Hayden, R., & Norris, S. P. (2006). *Family literacy matters: A longitudinal parent–child literacy intervention study*. Calgary, Canada: Detselig Enterprises Ltd.

Piaget, J., & Inhelder, B. (1969). *The psychology of the child* (H. Weaver, Trans.). New York: Basic Books.

Posner, M. I., & Snyder, C. R. R. (1975a). Attention and cognitive control. In R. Soiso (Ed.), *Information processing and cognition: The Loyola Symposium* (pp. 55–85). Hillside, NJ: Erlbaum.

Posner, M. I., & Snyder, C. R. R. (1975b). Facilitation and inhibition in the processing of signals. In P. M. A. Rabbitt & S. Dornic (Eds.), *Attention and performance* (Vol. 5, pp. 669–682). New York: Academic Press.

Pressley, M. (2000). What should comprehension instruction be the comprehension of? In M. L. Kamil, P. B. Mosenthal, P. D. Pearson, & R. Barr (Eds.), *Handbook of reading research* (Vol. 3, pp. 545–561). Mahwah, NJ: Erlbaum.

Pressley, M., Allington, R. L., Wharton-McDonald, R., Block, C. C., & Morrow, L. M. (2001). *Learning to read: Lessons from exemplary first-grade classrooms*. New York: Guilford Press.

Pugh, K. R., Mencl, W. E., Jenner, A. R., Katz, L., Frost, S. J., Lee, J. R., et al. (2001). Neurobiological studies of reading and reading disability. *Journal of Communication Disorders, 34*, 479–492.

Quantz, J. O. (1897). Problems in the psychology of reading. *Psychological Monographs, 2(1, Whole No. 5). (Summary in Psychological Review, 1898*, 434–436.

Regan, V. (2010). Sociolinguistic competence, variation patterns, and identity construction in L2 and multilingual speakers. *Eurosla Yearbook, 10*(1), 21–37.

Renzulli, J. S. (2006). Swimming upstream in a small river: Changing conceptions and practices about the development of giftedness. In M. A. Constas & R. J. Sternberg (Eds.), *Translating theory and research into educational practice: Developments in content domains, large-scale reform, and intellectual capacity* (pp. 223–253). Mahwah, NJ: Erlbaum.

Reutzel, D. R., & Cooter, R. B. (1996). *Teaching children to read: From basals to books* (2nd ed.). Englewood, NJ: Merrill.

Reutzel, D. R., & Cooter, R. B. (2012). *Teaching children to read: The teacher makes the difference* (6th ed.). Boston: Pearson.

Reutzel, D. R., Hollingsworth, P. M., & Eldredge, J. L. (1994). Oral reading instruction: The impact on student reading development. *Reading Research Quarterly, 23*(1), 40–62.

Reyes-Rodriguez, A. (2008). Political discourse and its sociolinguistic variable. *Critical Inquiry in Language Studies, 5*(4), 225–242.

Richards, G. (2009). *Putting psychology in its place: Critical historical perspectives* (3rd ed.). Hoboken, NJ: Taylor & Francis.

Risko, V.J., Roller, C. M., Cummins, C., Bean, R. M., Block, C. C., Anders, P. L., et al. (2008). A critical analysis of research on reading teacher education. *Reading Research Quarterly, 43*(3), 252–288.

Romaine, S. (2000). *Language in society: An introduction to sociolinguistics* (2nd ed.). New York: Oxford University Press.

Roper-Hall, G. (2007). Historical vignette: Louis Emile Javal (1839–907): The father of orthoptics. *American Orthoptic Journal, 57*, 131–136.

Rosenblatt, L. M. (1978). *The reader, the text, the poem: The transactional theory of literacy work*. Carbondale: Southern Illinois University Press.

Rosenblatt, L. M. (1994). The transactional theory of reading and writing. In R. B. Ruddell, M. R. Ruddell, & H. Singer (Eds.), *Theoretical models and processes of reading* (4th ed., pp. 1057–1092). Newark, DE: International Reading Association.

Rumelhart, D. E. (1977). Toward an interactive model of reading. In S. Dornic (Ed.), *Attention and performance* (Vol. 6, pp. 573–603). Hillsdale, NJ: Erlbaum.

Rumelhart, D. E. (1994). Toward an interactive model of reading. In R. B. Ruddell, M. R. Ruddell, & H. Singer (Eds.), *Theoretical models and processes of reading* (4th ed., pp. 864–94). Newark, DE: International Reading Association.

Rumelhart, D. E., & McClelland, J. L. (Eds.). (1986). *Parallel distributed processing: Vol. 1. Foundations*. Cambridge, MA: MIT Press.

Ryder, J. F., Tunmer, W. E., & Greaney, K. T. (2008). Explicit instruction in phonemic awareness and phonemically based decoding skills as an intervention strategy for struggling readers in whole language classrooms. *Reading and Writing: An Interdisciplinary Journal, 21*(4), 349–369.

Samuels, S. J. (1994). Toward a theory of automatic information processing in reading, revisited. In R. B. Ruddell, M. R. Ruddell, & H. Singer (Eds.), *Theoretical models and processes of reading* (4th ed., pp. 816–837). Newark, DE: International Reading Association.

Samuels, S. J., & Kamil, M. L. (1984). Models of the reading process. In P. D. Pearson, R. Barr, M. L. Kamil, & P. Mosenthal (Eds.), *Handbook of reading research* (pp. 185–224). New York: Longman.

Scarborough, H. S., & Dobrich, W. (1994). On the efficacy of reading to preschoolers. *Developmental Review, 14*, 245–302.

Schoenfeld, A. H. (2006). Notes on the educational steeplechase: Hurdles and jumps in the development of research-based mathematics instruction. In M. A. Constas & R. J. Sternberg (Eds.), *Translating theory and research into educational practice: Development in content domains, large-scale reform, and intellectual capacity* (pp. 9–30). Mahwah, NJ: Erlbaum.

Schwartz, B., & Robbins, S. J. (1995). *Psychology of learning and behavior* (4th ed.). New York: Norton & Company.

Seefeldt, C., & Barbour, N. (1994). *Early childhood education: An introduction* (3rd ed.). New York: Macmillan.

Seidenberg, M. S., & McClelland, J. L. (1989). A distributed, developmental model of word recognition and naming. *Psychological Review, 96*, 523–568.

Shanks, D. R. (2007). Associationism and cognition: Human contingency learning at 25. *Quarterly Journal of Experimental Psychology, 60*(3), 291–309.

Shannon, P. (1990). *The struggle to continue: Progressive reading instruction in the United States*. Portsmouth, NH: Heinemann.

Shaywitz, B. A., Pugh, K. R., Jenner, A. R., Fulbright, R. K., Fletcher, J. M., Gore, J. C., et al. (2000). The neurobiology of reading and reading disability (dyslexia). In M. L. Kamil, P. B. Mosenthal, P. D. Pearson, & R. Barr (Eds.), *Handbook of reading research* (Vol. 3, pp. 229–249). Mahwah, NJ: Erlbaum.

Shaywitz, B. A., Shaywitz, S. E., Blachman, B. A., Pugh, K. R., Fulbright, R. K., Skudlarski, P., et al. (2004). Development of left occipitotemporal systems for skilled reading in children after a phonologically-based intervention. *Biological Psychiatry, 55*(9), 926–933.

Shaywitz, B. A., Shaywitz, S. E., Pugh, K., Mencl, W., Fulbright, R., Skudlarski, P., et al. (2002). Disruption of posterior brain systems for reading in children with developmental dyslexia. *Biological Psychiatry, 52*, 101–110.

Shaywitz, S. (2003). *Overcoming dyslexia: A new and complete science-based program for reading problems at any level*. New York: Vintage Books.

Shen, M. (2009). Reading–writing connection for EFL college learners' literacy development. *Asian EFL Journal, 11*(1), 87–106.

Siegel, M., & Fernandez, S. L. (2000). Critical approaches. In M. L. Kamil, P. B. Mosenthal, P. D. Pearson, & R. Barr (Eds.), *Handbook of reading research* (Vol. 3, pp. 141–151). Mahwah, NJ: Erlbaum.

Simos, P. G., Fletcher, J. M., Bergman, E., Breier, J. I., Foorman, B. R., Castillo, E. M., et al. (2002). Dyslexia-specific brain activation profile becomes normal following successful remedial reading. *Neurology, 58*, 1203–1213.

Skinner, B. F. (1954). The science of learning and the art of teaching. *Harvard Educational Review, 24*, 86–97.

Skinner, B. F. (1965). Reflections on a decade of teaching machines. In R. Glaser (Ed.), *Teaching machines and programmed learning: 2. Data and directions* (pp. 5–20). Washington, DC: National Education Association.

Slavin, R. E. (1997). *Educational psychology: Theory and practice* (5th ed.). Needham Heights, MA: Allyn & Bacon.

Slavin, R. E. (2003). *Educational psychology: Theory and practice* (7th ed.). Boston: Allyn & Bacon.

Smith, F. (1971). *Understanding reading: A psycholinguistic analysis of reading and learning to read*. New York: Holt, Rinehart, & Winston.

Smith, N. B. (1986). *American reading instruction*. Newark, DE: International Reading Association.

Snow, C. E. (1983). Literacy and language: Relationships during the preschool years. *Harvard Educational Review, 53*, 165–189.

Snow, C. E., Burns, S. M., & Griffin, P. (Eds.). (1998). *Preventing reading difficulties in young children*. Washington, DC: National Academy Press.

Soja, E. (1996). *Thirdspace: Journeys to Los Angeles and other real-and-imagined places*. Cambridge, MA: Blackwell.

Stanovich, K. E. (1980). Toward an interactive–compensatory model of individual differences in the development of reading fluency. *Reading Research Quarterly, 16*, 32–71.

Stanovich, K. E. (1986). Matthew effects in reading: Some consequences of individual differences in the acquisition of literacy. *Reading Research Quarterly, 21*, 360–407.

Stanovich, K. E. (1988). Explaining the differences between the dyslexic and the garden-variety poor reader: The phonological–core variable-difference model. *Journal of Learning Disabilities, 21*, 590–612.

Stanovich, K. E. (2000). *Progress in understanding reading: Scientific foundations and new frontiers*. New York: Guilford Press.

Stanovich, K. E., & Siegel, L. S. (1994). The phenotypic performance profile of reading-disabled children: A regression-based test of the phonological–core variable-difference model. *Journal of Educational Psychology, 86*, 24–53.

Sternberg, R. J. (1996). *Cognitive psychology*. Fort Worth, TX: Holt, Rinehart, & Winston.

Sternberg, R. J., Birney, D., Kirlik, A., Stemler, S., Jarvin, L., & Grigorenko, L. J. (2006). From molehill to mountain: The process of scaling up educational interventions (firsthand experience upscaling the theory of successful intelligence). In M. A. Constas & R. J. Sternberg (Eds.), *Translating theory and research into educational practice: Development in content domains, large scale reform, and intellectual capacity* (pp. 205–221). Mahwah, NJ: Erlbaum.

Stevenson, A., & Lindberg, C. A. (Eds.). (2010). *New Oxford American dictionary*. New York: Oxford University Press.

Strauss, A., & Corbin, J. (1998). *Basics of qualitative research* (2nd ed.). Thousand Oaks, CA: Sage.

Taylor, D. (1983). *Family literacy*. Exeter, NH: Heinemann Educational Books.

Temple, C., Ogle, D., Crawford, A., & Freppon, P. (2011). *All children read: Teaching for literacy in today's diverse classrooms* (3rd ed.). Boston: Pearson.

Thevenot, C., Devidal, M., Barrouillet, P., & Fayol, M. (2007). Why does placing the question before an arithmetic word problem improve performance? A situation model account. *Quarterly Journal of Experimental Psychology, 60*(1), 43–56.

Thomas, R. M. (1996). *Comparing theories of child development* (4th ed.). Pacific Grove, CA: Brooks/Cole.

Thorndike, E. L. (1903). *Educational psychology.* New York: Lemcke & Buechner.

Thorndike, E. L. (1931). *Human learning*. New York: Century.

Tierney, R. J. (1994). Dissensions, tensions, and the models of literacy. In R. B. Ruddell, M. R. Ruddell, & H. Singer (Eds.), *Theoretical models and processes of reading* (4th ed., pp. 1162–1182). Newark, DE: International Reading Association.

Tracey, D. H., & Morrow, L. M. (2002). Preparing young learners for successful reading comprehension: Laying the foundation. In M. Pressley & C. C. Block(Eds.), *Reading comprehension instruction* (pp. 219–233). New York: Guilford Press.

Tracey, D. H., Storer, A. W., & Kazerounian, S. (2010). Cognitive processing perspectives on the new literacies. In E. A. Baker (Ed.), *The new literacies: Multiple perspectives on research and practice* (pp. 106–130). New York: Guilford Press.

Tracey, D. H., & Young, J. W. (2002). Mothers' helping behaviors during children's at-home oral reading practice: Effects of children's reading ability, children's gender, and mothers' educational level. *Journal of Educational Psychology, 94*(4), 729–737.

VanKeer, H., & Vanderlinde, R. (2010). The impact of cross-age peer tutoring on third and sixth graders' reading strategy awareness, reading strategy use, and reading comprehension. *Middle Grades Research Journal, 51*(1), 33–45.

Venezsky, R. L. (1984). The history of reading research. In P. D. Pearson, R. Barr, M. Kamil, & P. Mosenthal (Eds.), *Handbook of reading research* (Vol. 2, pp. 46–67). New York: Longman.

Verhallen, M., Bus, A. G., & de Jong, M. T. (2006). The promise of multimedia stories for kindergarten children at risk. *Journal of Educational Psychology, 98*, 410–419.

Vygotsky, L. S. (1978). *Mind in society: The development of higher psychological processes*. Cambridge, MA: MIT Press.

Vygotsky, L. S. (1986). *Thought and language*. Cambridge, MA: MIT Press. (Original work published 1962)

Vygotsky, L. S. (1987). *Problems of general psychology*. New York: Plenum Press.

Vygotsky, L. S. (1993). *The collected works of L. S. Vygotsky: Vol. 2* (J. Knox & C. Stevens, Trans.). New York: Plenum Press.

Warren, H. C. (1916). Mental association from Plato to Hume. *Psychological Review, 23*(3), 208–230.

Watson, J. B. (1913). Psychology as a behaviorist views it. *Psychological Review, 20*(2), 158–177.

Widmayer, S. A. (2004). *Schema theory: An introduction.* Retrieved December 26, 2004, from chd.gse.edu/immersion/knowledgebase/strategies/cognitivism/SchemaTheory.htm

Wilson, A. (2000). There is no escape from third-space theory: Borderland discourse and the "in between" literacies of prisons. In D. Barton, M. Hamilton, & R. Ivanic (Eds.), *Situated literacies: Reading and writing in context* (pp. 54–69). London: Routledge.

Wilson, A. A. (2011). Literacy instruction on multi-modal texts: Intersecting past, present, and future. In J. B. Cobb & M. K. Kallus (Eds.), *Historical, theoretical, and sociological foundations of reading in the United States* (pp. 377–384). Boston: Pearson.

Wolf, M., & Bowers, P. (1999). The "double-deficit hypothesis" for the developmental dyslexias. *Journal of Educational Psychology, 91*(3), 1–24.

Wolf, M., & Katzir-Cohen, T. (2001). Reading fluency and its intervention. *Scientific Studies of Reading, 5*(3), 211–238.

Wolf, M., Miller, L., & Donnelly, K. (2000). Retrieval, Automaticity, Vocabulary Elaboration, Orthography (RAVE-O): A comprehensive fluency-based reading intervention program. *Journal of Learning Disabilities, 33*, 375–386.

Woodcock, R. W. (1987). *Woodcock Reading Mastery Tests-Revised*. Circle Pines, MN: American Guidance Service.

Woolfolk, A. E. (1998). *Educational psychology* (7th ed.). Boston: Allyn & Bacon.

Yaden, D. B., Rowe, D. W., & McGillivray, L. (2000). Emergent literacy: A matter (polyphony) of perspectives. In M. L. Kamil, P. B. Mosenthal, P. D. Pearson, & R. Barr (Eds.), *Handbook of reading research* (Vol. 3, pp. 425–454). Mahwah, NJ: Erlbaum.

Yopp, H. K., & Yopp, R. H. (2002). Supporting phonemic awareness development in the classroom. In International Reading Association (Eds.), *Evidence-based reading instruction: Putting the National Reading Panel Report into practice* (pp. 3–18). Newark, DE: International Reading Association.

Zambo, D. M. (2006). Learning from picture book characters in read-aloud sessions for students with ADHD. *Teaching Exceptional Children Plus, 2*(4), 1–11.

찾아보기

ㅈ

ㅊ

ㅌ

ㅍ

ㅎ

역자 소개

박태호
한국교원대학교 대학원 졸업(교육학 박사)
현) 공주교육대학교 국어교육과 교수

이경화
한국교원대학교 대학원 졸업(교육학 박사)
현) 한국교원대학교 초등교육과 교수

이향근
한국교원대학교 대학원 졸업(교육학 박사)
현) 서울교육대학교 국어교육과 교수

안부영
한국교원대학교 대학원 졸업(교육학 박사)
현) 남대구초등학교 교사

최민영
한국교원대학교 대학원 박사과정 수료
현) 천안용암초등학교 교사

읽기 교육 이론의 새로운 지평, 2판
심리학, 언어학, 교육학의 학제적 접근과 실제

발행일 2015년 7월 10일 초판 발행, 2018년 2월 25일 2쇄 발행
저자 Diane H. Tracey, Lesley Mandel Morrow | **역자** 박태호, 이경화, 이향근, 안부영, 최민영
발행인 홍진기 | **발행처** 아카데미프레스 | **주소** 413-756 경기도 파주시 문발동 출판정보산업단지 507-9
전화 031-947-7389 | **팩스** 031-947-7698 | **이메일** info@academypress.co.kr
웹사이트 www.academypress.co.kr | **출판등록** 2003. 6. 18 제406-2011-000131호

ISBN 978-89-97544-70-7 93370

값 18,000원